高等职业教育应用型教材·国际经贸系列

经济应用文写作

（第三版）

主　编　严　军　管宏才

副主编　鲍永晖　陈慧颖
　　　　梁玉杰　白　珍
　　　　王　雨

参　编　陈　锐　王　睿
　　　　丁吉米　熊晨希

对外经济贸易大学出版社

中国·北京

图书在版编目（CIP）数据

经济应用文写作 / 严军，管宏才主编. -- 3 版. 北京 ： 对外经济贸易大学出版社，2024. 6. -- (高等职业教育应用型教材). -- ISBN 978-7-5663-2607-2

Ⅰ. F

中国国家版本馆 CIP 数据核字第 2024R1Z175 号

经济应用文写作（第三版）

严　军　管宏才　主编
责任编辑：高　卓

出版发行：对外经济贸易大学出版社
社　　址：北京市朝阳区惠新东街 10 号
网　　址：www.uibep.com
资源网址：www.uibepresources.com
邮政编码：100029
邮购电话：010－64492338
发行部电话：010－64492342
E-mail：uibep@126.com

成品尺寸：185mm×260mm
印　　张：16.25
字　　数：375 千字
ISBN 978-7-5663-2607-2
印　　刷：北京市泰锐印刷有限责任公司
版　　次：2024 年 6 月北京第 3 版
印　　次：2024 年 6 月第 1 次印刷
定　　价：45.00 元

前　　言

经济应用文写作是高校经管类专业普遍开设的一门公共基础课，目的是为提升学生书面语言表达、办理事务的能力，促进综合职业能力培养。为此，按照当今社会对高素质高技术经管类人才需求，根据高等职业院校教育人才培养目标及要求，针对高等职业院校学生的实际情况和教育教学特点，结合教学实践，对教材的理论与体例进行了重新编写，形成了《经济应用文写作》(第三版)。本版教材具有如下特点：

一是编写理念上，深入贯彻落实《关于推动现代职业教育高质量发展的意见》《关于做好党的二十大精神进教材工作的通知》等文件精神，以习近平新时代中国特色社会主义思想和党的二十大精神为指导，坚持落实立德树人根本任务不动摇，将“课程思政”融入教材中，从情境设计、案例选取等方面贴近现实，培养学生社会主义核心价值观和诚实守信、精益求精等品质。

二是编写体例上，按照企业经济活动的“创立—管理—交往”工作工程，遵循学习认知规律，将经济活动领域中商务人员应具备的写作能力进行模块化重构，划分为导论及 4 个模块、9 个项目，力求任务明确、目标清晰、技能凸显，培养学生职业写作能力。

三是编写设置上，注重职业过程情境性，强化写作技能训练。围绕职业过程需求设计项目，并分解为具体学习情境—任务，设置了“学习目标—情境设计—知识导读—任务—同步测试—实训设计—拓展阅读”，适当插入“案例点评—小任务—工具箱”，提升学生学习兴趣，以便学生更好地面对未来的学习、工作和生活。

四是编写内容上，扩大应用范围。根据社会发展和经济活动变化，修订“经济公务文书”；对接互联网营销，增加了“商务网络文案”写作，力争通过新的知识和信息为经济社会服务。

本书由湖北水利水电职业技术学院严军教授、管宏才副教授担任主编，鲍永晖、白珍、梁玉杰和武昌理工学院陈慧颖、湖北省水利厅樊口电排站王雨担任副主编。具体分工如下：项目一、项目二由严军、陈锐、熊晨希编写；项目三由白珍、王睿编写；项目四、项目五由管宏才、梁玉杰、王雨编写；项目六、项目七由梁玉杰、丁吉米编写；项目八、项目九由陈慧颖、鲍永晖编写。

在本书编写过程中，我们参考了大量经济应用文方面的书籍及相关资料，带着修订提纲听取了多方面专家的意见，也向各合作企业进行了文书写作需求调查。樊口电排站王雨、汉口银行熊晨希等同志提供了大量企事业单位案例资料。在前两版教材基础上修订完善而成，最后严军教授负责统稿和审定。在此谨向有关人员表示衷心感谢。限于编写时间和编写水平，书中难免存在不当或错误之处，恳请读者批评指正。

2024 年 3 月于南湖

目　录

模块四　经济交往类文书

导　论

项目一

认知经济应用文写作

学习目标

知识目标：

- 了解应用文的历史与丰富内涵。
- 理解经济应用文的概念、特点、种类、作用。

能力目标：

- 掌握应用文的写作要求和常用表达方法。

素质目标：

- 理解正确价值观对经济应用文写作的重要。
- 具备认真严谨的写作态度。

情境设计

1935年8月1日，中国共产党驻共产国际代表团草拟了《中国苏维埃政府、中国共产党中央为抗日救国告全体同胞书》(即《八一宣言》)，10月1日以中华苏维埃共和国中央政府和中国共产党中央委员会的名义在法国巴黎出版的《救国报》上发表。宣言号召全国人民团结起来，停止内战，抗日救国，组织国防政府和抗日联军。宣言的发表，标志我党建立抗日民族统一战线的策略战线基本形成。在实践中，它获得全国人民和各界人士的热烈支持，在国民党统治区产生了巨大政治影响，有力地鼓舞和推动了抗日救亡运动的发展。

为什么该文能够取得这么大的效应呢？

启示：

“书”在中国古代最初指书信，又称“尺牍”或“信札”，是一种应用性文体。发展到后来，使用逐渐宽泛化。《文心雕龙·书记》篇指出“书”是“书用识哉”，泛指公书笔札，是一种政务应用文体，多记事陈情，将实用性和审美性的完美结合。救国存亡之际，不仅需要振聋发聩呼喊，更需要实际解决问题的方案。《中国苏维埃政府、中国共产党中央为抗日救国告全体同胞书》完美地诠释了应用文处理事务的重要性。

社会交往和管理过程中需要运用相关的应用文书处理事务，应用文是不可或缺的工具，具有较强的实用性。但写作应用文不是一件容易的事，必须遵循相关的规范，了解应用文的性质，把握应用文写作规律，才能真正起到处理事务的作用。

知识导读　经济应用文概述

一、经济应用文的概念

应用文是指国家机关、企事业单位、社会团体或个人，为处理公私事务、传播信息、表述意愿而撰写的具有规范格式和惯用格式的实用文体总称。

经济应用文是指以经济活动为主要研究对象，处理经济事务、研究和解决经济实用问题的具有特定格式的专业应用文。

无论是应用文还是经济应用文，都是人类在长期的社会实践活动中形成的一种文体，是人们传递信息、处理事务、交流感情的工具，有的还是凭证和依据。

二、经济应用文的特点

（一）明确的实用性

经济应用文从效果上说，是“以用为本”，其目的是用来处理经济活动过程中的实际问题。比如订立一份合同，是为了明确双方的权利与义务。因此，我们在撰写前，应当弄清具体的写作目的，思考如何实现这一目的。

（二）内容的客观性

客观性，即科学性、真实性和严谨性。经济应用文写作要遵循经济规律，具有不以人的主观意志为转移的客观性。写作者必须以科学求实态度分析研究经济现状，提出正确观点。材料要求真实无误、明确具体，不能虚构、杜撰、夸大、缩小。语言表述上要求准确、简明、精练，不能模糊；运用比喻、夸张等修辞手法上受到限制。

（三）对象的针对性

经济应用文是为处理经济活动和经济利益事宜的，其结论和措施都直接反映和影响经济效益的好坏，是一种专业人员写作的文本。在写作时，从称呼到内容、词语的选用，褒贬、分寸的把握，结尾的用语，都有很强的针对性的读者对象比较明确。

（四）格式的规范性

所谓规范是指经济应用文的内容结构和文面格式有规律可循，有一定的规范性、体式性和程式化。应用文从是否行文、文字如何表达到文种如何使用、格式如何安排等，形成了约定俗成的格式。

（五）严格的时效性

应用文的性质和写作目的决定了应用文的时效性。应用文有其应用目的，都是针对一定时间内要解决的问题，必须及时写作、及时发文、按时办理，没有时效就失去了效用。

三、经济应用文的作用

经济应用文写作水平不仅是衡量个人能力的标准，也在相当大的程度上反映着管理部门或企事业单位处理日常业务工作的质量和效能。

（一）指导作用

经济应用文往往要公布、宣传国家、政府、企事业单位的经济方针政策、管理制度，用于指导工作，规范行为，比如会议文书、法规文书等，对人们的行为职责作出了明确的规定，具有权威性和指导性。

（二）沟通作用

经济应用文具有告知功能，可以传播信息。现代社会的快速发展，各种组织、政党、行政机关、企事业单位、个人之间的联系日益密切，彼此需要沟通，这些信息的载体是应用文。

（三）宣传作用

经济应用文具有宣传教育功用。如新闻报道，可以发布消息，宣传某种思想、观念，传播指示，引导树立正确的观念；广告等可以及时、快速传递信息；产品说明书可以掌握产品的使用方法。

（四）凭证作用

经济应用文是人类实践活动的直接记录。因此，发挥效用的阶段是作为单位工作的依据，如上级的指示、通知；当应用文转化为档案后，则成为查考历史情况的证据。

四、经济应用文的种类

无论何种领域的应用文，种类繁多，遵循一定的标准，不同的层次有不同的分类。

（一）按照其使用性质分，可分为私务应用文和公务应用文

1. 私务应用文

在日常生活中，人与人之间有许多私人交往，常常要用文书形式体现。比如留言条、请假条、请柬等。这些文书，写作目的明确，格式比较固定，在民间广泛应用。

2. 公务应用文

国家机关、企事业单位、社会团体在工作中办理公务时，根据公务活动的需要使用的各种文书，如请示、报告、合同等。这里所说的公务活动是指传达贯彻国家机关、企事业单位的方针、政策，发布行政法规和规章，施行行政措施，请示和答复问题，指导、布置和商洽工作，报告情况，交流经验，等等。公务应用文的文种和内容丰富，有些日常私务应用文，如信函等，用到公务中也就成了公务应用文。

（二）按照社会功能和应用范围分，可分为行政公文类应用文、通用事务类应用文和专用类应用文

1. 行政公文类应用文

行政公文类应用文是指《党政机关公文处理工作条例》中规定的文种，简称公文。

2. 通用事务类应用文

通用事务类应用文包括计划、总结、调查报告、述职报告、简报、规章制度等。

3. 专用类应用文

专用类应用文是指在一定专业机关或专门的业务活动领域内，因特殊需要而专门形成和使用的应用文。由于分工不同，社会各行各业经管的事务有很大的差异，这样在长

期的工作实践中便逐渐形成了一些与其专业相适应的应用文，成为专用类应用文。专用类应用文除了要遵守应用文的一般规则外，还有很强的专业特点，外行人是很难写好的。一般有以下几种：

（1）财经类，如市场预测报告、经济合同、审计报告等。

（2）司法类，如诉状、答辩状等。

（3）传播类，如消息、广告等。

五、怎样学习经济应用文写作

（一）明确学习经济应用文写作的意义

1. 社会发展的需要

在现代社会生活中，信息的传播和使用，都离不开语言、文字、图表三种表达方式，而应用文作为这三种表达方式的信息载体和交往工具，日益深入到社会、政治、经济、文化、科技、生活等各个领域，因而应用文写作逐渐成为个人工作、学习和日常生活必不可少的技能之一。

2. 个人发展的需要

听、说、读、写是一个人必备的基本素养。随着社会经济生活的发展，应用文的写作日益成为人们衡量其工作能力的重要标准之一。能较好地使用应用文，也可以表现出一个人良好的文化水准、修养风度、温馨的人文情怀，还可以和谐人际关系，提高社交能力。

（二）掌握经济应用文写作的方法

1. 良好的写作基础

（1）要有高尚的道德修养和严谨的工作态度。

要求写作者应该具有诚实、守信、善良的品质和求真务实的态度，能深入社会实际，分析事物严谨细致。

（2）要有相关的政治素质和广博的知识。

首先，应用文写作者要熟悉方针政策，提高思想水平。应用文既是贯彻、执行党和国家方针、政策的工具，又是向有关单位和人民群众进行宣传、借以指导工作的工具，因此要写好应用文，必须要有相关的政治素质。

其次，精通业务知识，理论联系实际。应用文写作，必然要涉及某一方面或某些方面的业务，这就要求写作人员必须具备一定的业务知识，熟悉本行业和本部门的工作规律，能理论联系实际，否则，将写不出文章或会造成一定的损失。

（3）深入调查研究，注意搜集资料。

有价值的应用文是调查研究的产物。只有通过调查研究才能获得大量的第一手资料，才能写出解决实际问题的应用文。

（4）行文严谨简明，反复修改练习。应用文写作过程中，既要重视语言文字的学习研究，又要重视每一文种的基本格式和写作要求，还要掌握相关的专业知识，行文才能明白晓畅、严谨简明。

2. 熟练的写作技巧

刘勰说：“文场笔苑，有术有门。”应用文具有很强的时效性，往往要求“快速成文”，因此，写作者能够把握应用文写作的一般规则、具有熟练的写作技巧是非常重要的。要把握这一点，就必须在学习时：一是提高认识，明确目的。二是认识特点，掌握结构。应用文写作自身的特殊性，使得应用文逐渐形成了一种约定俗成的或法定的基本模式。三是通过大量阅读范文，在积累感性认识的同时，从中悟出一些写作方法和技巧，甚至在应急时可以模仿与自身情况比较吻合的文本去写作。四是以勤学多练为重点。一文一练，这是提高应用文写作能力的根本途径。

3. 有效的学习途径

一是案例分析中学。俗话说："熟读唐诗三百首，不会吟诗也会吟。"我们了解的案例越多，视野就开阔，应用起来思路就越清晰，写作就越自如。

二是实际应用中学。熟能生巧，只有经常练笔，才可能提高实际写作能力。

三是在社会实践中学。应用文写作不仅是一个人写作能力的体现，也是一个人观念、道德、情感、见解的综合体现，还是一个人政策水平和综合能力的体现。古人云："功夫在诗外。"要学会写作，先要学会做人，学会谋事，学会学习，学会创造。只有这样，才可能达到一种"世事洞明皆学问，人情练达即文章"的境界。

任务一 构思经济应用文写作

经济应用文是以经济活动事务为其反映对象内容的一类文章。每起草一篇经济应用文，都有明确的写作目的、限定的写作内容、特定的读者对象、严格的格式规范、明确的完成时间等要求。经济应用文以其特定的内容规定着文章写作的思维活动，形成了经济应用文写作思维必须遵循的基本原则。

一、领会具体的行文意图

文章写作，要先确立主题。应用文的主题，是由具体的行文意图所规定的。应用文写作就其写作动机分析，有"自己需要写"和"需要自己写"之分。"自己需要写"的应用文，行文的意图非常明确。"需要自己写"的应用文，写作主体是"遵命写作"，必须正确、深刻、具体领会行文意图。而领会行文意图，有两个途径：一是来自法定作者——上级管理者的意图；二是来自对材料的占有和分析。

（一）上级管理者的表达特点

（1）管理者具有特殊的思想境界，对问题的分析研判更全面、深刻、准确，处理问题效率更高。

（2）上级管理者的意图有总体性意图和具体性意图之分，有明示性意图和暗示性意图之分，有确定性意图和非确定性意图之分。拟稿人对总体性意图要始终遵循；对具体性意图要灵活执行；对明示性意图要如实贯彻；对暗示性意图要心领神会；对确定性意图要坚决照办；对非确定性意图要完善补充。

（二）领会上级管理者意图的方法

（1）主动询问和及时聆听要求。切忌不懂装懂，否则，无的放矢。

（2）从讲话材料或管理者批示、平时谈话中领会意图。

（3）动笔之前要虚心请教，深刻领会和全面认识管理者布置拟稿任务的精神实质；起草过程中要及时汇报出现的问题，争取领导及时指导；修改阶段要认真听取领导意见，认真审核文稿。

二、遵循事物自身运行规律，广泛占有材料

（一）准确揭示事物规律为依据

经济应用文是以经济活动为对象，在选择和运用材料时必须遵循经济活动的特有运行规律，包括市场活动规律、经济运行规律、国家宏观调控及政策导向规律、事物的本质特征规律等。

（二）勤于“平时”积累和有目的“战时”搜集

平时在读书、看报、开会、听广播或交谈中，及时摘录、剪辑有直接或间接作用的资料，并适当分类整理，以备不时之需。受命写作时，要领会领导意图，明确具体的主题，围绕主题搜集第一手资料，注意从现有的政策法规、领导讲话、文献资料中挖掘有关材料。

三、撰拟写作提纲，完成总体构思

（一）明确应用文总体构思

（1）确定应用文内容的组成情况。明确文章要说明哪些情况，重点阐明什么问题。

（2）确定正文的表达顺序。可以按照事物发展的自然顺序安排；也可以按照“提出问题、分析问题、解决问题”思维过程安排；还可以按照工作的实际步骤、内容的重要程度安排；或是按照因果顺序、总分顺序安排。

（3）安排文章的首尾和衔接过渡，解决开头、结尾以及各层次之间有序表达的问题。

（二）灵活撰拟写作提纲

（1）写作提纲观点要明确，依据要充分，层次要清楚，纲目要详细。

（2）撰拟提纲的组织和操作程序要规范。提纲由撰稿人亲自拟写；边研究边撰写。

（3）养成拟写提纲的良好习惯。拟提纲花时少而效率高，可以保证起草的文章层次清楚、结构严谨、逻辑性强。

四、草拟应用文

（一）草拟文稿解决的问题

（1）要有时效观念。应用文具有时效性，要抓紧拟稿，按时结稿，延误时机，就会影响工作的正常开展。

（2）做好会商工作。应用文内容可能涉及多个单位或部门，这时主办部门要主动协商，协商部门积极配合，双方取得共识后才能对外行文，这样做可避免“政出多门”。

（3）讲究材料与观点的和谐统一。严格掌握用材标准，材料要支持观点，观点要统率材料。

（二）文书草拟的方法

（1）一气呵成法。撰稿人按照提纲的要求撰写出文书，再统一修改加工。该方法可

以保证思路畅通、文气贯通，保持写作进程，适合简短应用文书的写作。

（2）十步一回头法。边起草，边推敲，边修改。该方法字斟句酌，扎扎实实，能提高草拟文书的质量，但速度较慢，思路也时断时续。

五、加工修改应用文

（一）把握加工修改的原则

（1）严肃认真的态度。应用文的实用性决定了撰稿人要有较强的政治责任感和使命感。

（2）实事求是的精神。对文章的观点、材料反复比较、鉴别，做到真实、正确、准确。

（3）讲求修改程序的规范性。有权审定的人可以根据需要对应用文书进行改动。

（4）注重时效性。修改要在起草后即时完成。

（5）增强“短”“少”意识。缩减应用文的篇幅和数量，提高工作效率。

（二）明确修改的范围

（1）修正主旨。

（2）增删材料。

（3）调整结构。

（4）推敲语言。

（5）检查格式。

（三）掌握修改的方式

（1）修改方式灵活多样。可以集体讨论修改、自己修改、领导指定人员修改等。

（2）修改的手段多种。利用删节、补充、变更、调整等手段，具体的运用要酌情而定。

任务二　明确经济应用文写作要素

研究经济应用文写作，就是研究“写什么”和“怎样写”的问题。所谓“没有规矩，无以成方圆”，文章皆由主题、材料、结构、语言四个基本要素构成，应用文也不例外。如果将应用文比作人的话，那么主题是灵魂，材料是血肉，结构是骨骼，语言是细胞，只有把握这四个基本要素，应用文的整体质量才有保证。

一、经济应用文的灵魂——主题的选择

主题是指作者通过文章的具体材料所表达的中心思想、基本观点或要说明的主要问题。主题是应用文的基本观点、中心思想，是应用文的核心和灵魂。每一篇应用文都有一个明确的主题。

（一）主题确定的依据和路径

应用文的主旨是客观实际的真实反映，是写作意图的体现。它一般有两种情况：

1. 根据客观实际的需求在成文前确定

这种主题一般是事务处理意见的体现，其形成主要表现为传达、宣传或者贯彻党的

方针、政策等；或者处理公私事务的需要。

2. 根据事实材料确定写作意图

这种主题一般是调研后产生的。通过对材料的搜集、整理、分析、归纳、总结等逐步形成并确立主旨。

（二）主题拟写的要求

1. 正确

首先，主题必须符合党和国家的路线、方针、政策及国家的法律、法规，符合上级单位的有关指示，能指引正确的方向。其次，还体现在须符合客观实际情况，能反映客观事物的本质规律以及具体的业务规范，帮助人们正确处理工作事务。

2. 鲜明

应用文观点意图要清晰确切，旗帜鲜明，不容置疑；主题必须能够抓住问题的实质；态度鲜明，肯定什么，否定什么，赞成什么，反对什么，要一目了然，不能似是而非，模棱两可，甚至前后矛盾，不知所云。

3. 集中

应用文要求内容单一，一文一事，不可多中心，意多必乱文。

4. 深刻

撰写应用文要求揭示事物的本质及其内部规律，体现出原则性和指导性。例如，写工作总结必须提炼出规律性的认识和行之有效的措施。

（三）主题的表现方法

1. 标题点题

在标题中点明主题。如“关于进一步做好医疗机构药品集中招标采购工作的通知”，直接点明了写作目的。

2. 开宗托旨，开门见山

（1）使用主题句，开宗托旨。在公文和其他应用文书中，明白、准确地表达主题的句子，叫主题句。主题句以介词结构为特征，如“为了……”。

（2）不出现主题句，开宗托旨。有的应用文开宗托旨，首句并不出现主题句，而是直接阐述意义、主张或基本观点。

3. 小标题显旨

小标题显旨的形式，是将文章主题分解成几个部分，每个部分用一个小标题来显示。各个小标题的排序必须注意体现合理的逻辑关系。

4. 片言居要

片言居要是在文章的内容转换之处揭示主题，同时起到承上启下的过渡作用。

5. 呼应显旨

在正文的开头和结尾前后呼应，以突出主题。这种写法多是开头提出与主题相关的问题，篇末与之呼应。

6. 篇末点旨

篇末点旨是在应用文正文的结尾点明写作主题。

二、经济应用文的血肉——材料的选择

材料是构成文章内容的要素，是作者为着某一目的而搜集、选取并在文章中使用的一系列事实或依据。这些事实或依据包括事件、现象或数据、理论依据、公认的原则、公理等。材料是“写入文章”的，因此，何时选择、怎样选择、选择什么材料，就需要深入思考。

（一）材料的类别

文章的主题需通过材料表现，主题要鲜明，材料要具体丰富。一般而言，材料有：历史材料和现实材料，正面材料和反面材料，直接材料和间接材料，文字材料和数字、图表的材料，典型材料和一般材料，等等。

（二）选材的方法

1. 亲身经历

为求得材料的准确、真实，常常需要我们深入现场，亲身实践，亲眼所见，亲自调查，观察事物现象，借用知情者的见闻，得到确切的数据。亲身经历是认识客观事物的基础，也是获取材料的重要方法。观察体验不仅要亲自所为，还要有科学的态度。其主要要求：

（1）要系统而周密。对事物的全貌、各个部分、发展过程等，要全面了解。

（2）要由此及彼、由表及里。不但要观察事物的表象，还要透过表象看到实质，通过比较对照，了解特征，发现问题。

（3）从实际出发，实事求是，尊重客观事实。

（4）广泛深入，细致全面。不能先入为主，主观片面。

2. 检索阅读

检索阅读是获取材料的重要方法。它包括读书看报、翻阅档案，从中查找同类问题或相关问题的现实研究资料及历史资料。具体有以下几种：

（1）熟悉和掌握图书分类，会查分类目录、书名目录、著者目录。

（2）学会利用书目、索引，可以快速有效地获取更多的资料。

（3）熟练使用一些工具书，如字典、辞典、百科全书、手册、文摘等。

（4）上网搜集。

（三）选材的标准

1. 突出主题

材料是服务于主题的，在选材时要根据表现主题的需要来决定对材料的取舍。

2. 真实准确

所谓真实是指确有其事，能反映事物的本质；所谓准确，就是可靠无误。从大的事件到具体细节，一句引语、一个数据，都是实事求是的反映。

3. 典型生动

所谓典型的材料，是能深刻揭示事物的本质特征，具有广泛代表性和说服力的材料。所谓生动的材料，是指那些具有感染力和激励性、能够和谐社会、凝聚人心的材料。

4. 新颖鲜活

新颖是指写进应用文里的材料，一定要有时代感，能够表现客观事物的发展变化趋

势，反映客观事物的最新面貌，以及现实生活中人们最关心的那些新人、新事、新思想、新成果和新问题。

（四）材料的使用

1. 恰当安排材料的先后顺序

常见的处理材料的方法：

（1）筛选法。筛选法是在众多的材料中选择典型的能表现主旨材料的方法。

（2）类化法。类化法是通过确立反映事物本质特征的、与分类目的相适应的标准，将纷繁复杂的材料进行梳理归类的方法。

（3）截取法。截取法是选用一个完整事件的片段或完整事物中的部分以表现观点的一种处理材料方法。叙事性较强的应用文，如简报、通报、调查报告以及应用文中叙事性较强的部分，常用此法。

（4）撮要概述法。撮要概述法是对虽有价值但却非常纷繁的材料加以概括压缩，使精华部分更为突出的方法。

2. 确定材料的详略程度

每一项材料有其前因后果、来龙去脉，要注意剪裁。其标准有两点：

（1）根据主题的需要确定材料的详略。所有材料服从主题需要，表现主题的材料宜详，偏离主题的材料宜略；中心材料宜详，次要材料宜略；典型材料宜详，一般材料宜略。

（2）根据文体的特点确定材料的详略。

三、经济应用文的骨骼——结构的安排

经济应用文的结构是指对应用文的谋篇布局，也就是对主题和材料所作的合理有序的组织和安排，使文章成为一个紧密、有机、统一的整体。

（一）经济应用文结构安排的原则

1. 服从主题的需要

经济应用文一般在标题或开头点明主旨，再围绕主旨安排层次和段落，有的还在结尾加以总结，升华主旨，照应开头。

2. 体现不同文种特点

经济应用文的不同文种有其相应的结构，不能随意混用。在写作时应该注意这些不同文种的结构特点。

（二）经济应用文结构的基本要素

经济应用文的布局因其实用性强，显得程式化，各具体文种大多具有特定的惯用格式。

1. 标题

常见的标题有公文式标题和文章式标准。

（1）公文式标题。公文式的标题是由固定的要素构成，简明直白。一种是由发文机关、事由、文种组成，如“××公司关于做好第一季度销售工作的通知”；另一种是事由、

文种组成，如“关于本年度市场销售情况的调查”。

（2）文章式标题。文章式标题可以直接指明文章的内容、主题，多见于调查报告、新闻、讲话等，如“新时期大学生思想工作方法调查”。

2. 正文

（1）开头。开头又称导语、前言、引言等。常用的有如下几种：

① 目的式。以“为了”“为”阐述发文的意义、行文依据、说明意图，如“依据……规定，根据……要求，制定如下……”。

② 开门见山，直接切入。直接在开头揭示主题，目的是引起读者对文章的注意。

③ 概述式。概述基本情况或背景，如时间、地点、范围、规模等。

④ 提问式。将文章的主题以提问的方式在开头呈现，然后在后文中解答，如调查报告惯用这种手法。

⑤ 引述来文式。在文章的开头用引文表明态度、说明情况，如转发性的通知、批复经常使用。

（2）主体的基本形式。正文的主体是应用文的核心部分，应用文的主题和材料都要体现，即文章层次的安排、思想内容表现的次序。

① 以简单的说明为序，简述“什么事”“怎么做”。内容单一、格式固定、篇幅较小的应用文常用此种形式，如请示、公告、通告等。

② 以时间先后为序。以一定时间内，事物的发生、发展及变化过程为序，如工作总结、新闻、报告等。

③ 以逐层递进为序。按事理的逻辑性，即按提出问题、分析问题、解决问题的过程为序展开内容。

④ 以因果关系为序。按事物的因果关系来安排顺序，或由因寻果，或由果溯因，体现逻辑性。

⑤ 以横向并列为序。按事物组成的各个部分、问题性质的不同方面或轻重主次将材料横向排列。

⑥ 以总分变换为序。围绕某一中心点，“总述—分述”“分述—总述”或“总述—分述—总述”的形式，其中分述部分的内容呈并列状态。

3. 结尾

结尾应简洁明了，与开头呼应，完成写作目的。常用的结尾方式有以下几种：

（1）点题作结。结尾处点明主题，深化观点。

（2）号召作结。结尾处发出号召，寄托希望。

（3）强调作结。强调行文要求。

（4）专用词语结束。如“此布”“此复”。

四、经济应用文的细胞——语言与表达

（一）经济应用文的语言

经济应用文的语言，原则上与一般文章相同，但是由于其功能的特殊性，它在语言

上有其特殊的规定与要求。

1. 准确规范

准确是指要恰当表达思想内容。首先，要辨析词义，正确选用最恰当的词语，恰如其分地表达内容。如“责令”和“责成”在程度不同上不同，“订金”与“定金”性质不同。其次，要注意符合语法。再次，要注意避免歧义。对概念的划分要正确，如“走访了许多机关单位、学校、工厂”中“机关单位”与“学校、工厂”有重叠；判断要恰当，推理要合乎逻辑，如“形式主义不应一概反对，应用文的形式不但不应反对，还要加以重视”中犯了偷换概念的错误。最后，要注意不同文种的风格色彩，避免使用不确定的词，如“最近表现不好”“这项工作已基本完成”这些句子信息量过大。

规范是指恰当使用规范性书面语和文言词语，忌使用口语、俚语、方言、简称。

2. 简明精练

首先，语言要抓住关键，删繁就简。行文时去掉套话、空话，适当使用缩略语。

其次，话语表达不宜太长，表述层次不宜太多，尽量用短句。还可以恰当使用格式语、专业语和人工语言符号。

最后，语言要明确。即作者提倡什么，反对什么，态度要鲜明，是非要明确，不能模棱两可，含混不清。

3. 平实得体

平实指语言平易、自然、朴素、实在，它不言过其实、不哗众取宠，而是切实、平稳、客观地表述文意，易于让人相信、接受和实行。

得体指应用文在用词、语气、语体风格等方面要符合文体的要求，语言适度有分寸。如公文语言要严肃庄重；调查报告、总结的语言要朴素平实；经济契约类文书要用好专业术语。

（二）经济应用文的表达

1. 表达方式

一般来说，经济应用文写作主要采用叙述、议论、说明三种表达方式。由于文体性质和写作目的不同，其表达方式也不尽相同。

（1）叙述。在应用文中主要是叙述事实经过，交代问题的缘由。叙述主要有概述、顺叙、倒叙等。要求真实客观、直截了当、简明扼要、具体完整。

（2）说明。说明是对事物的形态、性质、特征、构造、功能等作介绍，或是对事理进行解说、阐释的表达方式。常用说明方法有定义说明法、举例说明法、诠释说明法、分类说明法、比较说明法以及数字图表说明法等。说明时要求客观、准确、简明。

（3）议论。议论是就某个问题或时间进行分析评论，发布观点看法的表达方式。较常用于调查报告、司法文书、总结、评论等应用文体。依据文种，可以恰当选择例证、引证、类比、归纳等方法，要求论点鲜明正确，论据充分典型，论证有理有力。

2. 表达技巧

经济应用文由于文种的限制，写作上要求严谨、庄重、准确、朴实。经济应用文的表达技巧有以下四点：

（1）善于揣摩受众心理。要在了解、分析受众心理需求的基础上，选择必要的手段来打动人心。

（2）善于抓住诉求重心。一篇好的经济应用文，要么诉诸人们的理性，要么诉诸人们的感性。

（3）善于综合有用信息，也就是要广泛搜集、分析并采用各种材料、数据，使文章更有说服力，如市场预测、营销策划文书、财经分析等都离不开信息的综合利用。

（4）善于借助表述形式。经济应用文的结构、语言一般都有相应的要求，是必须遵循的，但也有许多应用文种在表述形式上是可以借鉴文学的表现形式的，特别是一些商业策划活动、法律文书以及个人事务性应用文，是可以适当借鉴的。

任务小结

经济应用文是国家机关、企事业单位为处理经济活动中事务、传播经济信息、表述经济意愿而撰写的具有惯用格式的实用文体，起到沟通信息、宣传教育、指导工作、情感交流、凭证记录作用。规范制作和正确使用应用文是处理公私事务的必备要求。写作时要善于领会行文意图，恰当确立主题；遵循处理事务对象自身运行规律广泛占有材料和选择材料；根据材料适当安排结构，巧妙运用语言进行表达。

同步测试

一、概念解释

应用文　经济应用文

二、复习思考

1. 经济应用文的特点有哪些？
2. 经济应用文的种类有哪些？
3. 经济应用文的语言有哪些要求？

三、问题诊断

下面是一位同学写的书信，请从结构和语言上指出他的错误，并加以修改。

建华和新生，你们好！

惊悉你们俩人考上大学，非常高兴，谨向你们致以衷心祝贺！说来惭愧，咱们三人曾同学五年，独我落选。不过，鄙人这次虽然高考不幸，名落深山，但决不恢心，决心明年再考，即使考不上也不悲观，学府外自学成材的人不是大有人在吗？时至今日，学习计划已具雏形，诸君学习成绩显著，有何经验之谈或锦囊妙计，莫保守，来信告我。

余不赘陈，愿我们在学习的道路上比翼双飞。

此致

敬礼

实训设计

1. 实训目的

掌握应用文观点、材料、结构、语言的写作技巧。

2. 实训项目

中国共产党人深刻认识到，只有把马克思主义基本原理同中国具体实际相结合、同中华优秀传统文化相结合，坚持运用辩证唯物主义和历史唯物主义，才能正确回答时代和实践提出的重大问题，才能始终保持马克思主义的蓬勃生机和旺盛活力。

坚持和发展马克思主义，必须同中国具体实际相结合。我们坚持以马克思主义为指导，是要运用其科学的世界观和方法论解决中国的问题，而不是要背诵和重复其具体结论和词句，更不能把马克思主义当成一成不变的教条。我们必须坚持解放思想、实事求是、与时俱进、求真务实，一切从实际出发，着眼解决新时代改革开放和社会主义现代化建设的实际问题，不断回答中国之问、世界之问、人民之问、时代之问，作出符合中国实际和时代要求的正确回答，得出符合客观规律的科学认识，形成与时俱进的理论成果，更好指导中国实践。

坚持和发展马克思主义，必须同中华优秀传统文化相结合。只有植根本国、本民族历史文化沃土，马克思主义真理之树才能根深叶茂。中华优秀传统文化源远流长、博大精深，是中华文明的智慧结晶，其中蕴含的天下为公、民为邦本、为政以德、革故鼎新、任人唯贤、天人合一、自强不息、厚德载物、讲信修睦、亲仁善邻等，是中国人民在长期生产生活中积累的宇宙观、天下观、社会观、道德观的重要体现，同科学社会主义价值观主张具有高度契合性。我们必须坚定历史自信、文化自信，坚持古为今用、推陈出新，把马克思主义思想精髓同中华优秀传统文化精华贯通起来、同人民群众日用而不觉的共同价值观念融通起来，不断赋予科学理论鲜明的中国特色，不断夯实马克思主义中国化时代化的历史基础和群众基础，让马克思主义在中国牢牢扎根。

资料来源：节选自《高举中国特色社会主义伟大旗帜　为全面建设社会主义现代化国家而团结奋斗——在中国共产党第二十次全国代表大会上的报告》。

3. 实训思路

（1）分析本文的文体。

（2）指出本文的观点和材料。

（3）分析本文的结构特点。

（4）探讨本文的语言是否恰当准确。

4. 实训做法

可将学生进行分组，讨论半小时后，由每组派代表抽签讲解上述问题。

拓展阅读

应用文常用经典惯用语

开端用语：根据、查、兹、兹因、兹有、为了、关于、按照、前接、近查等。
称谓用语：第一人称用“本”“我”，第二人称用“贵”“你”，第三人称用“该”。
经办用语：兹经、业经、前经、即经等。
引叙用语：悉、近悉、惊悉、前接、近接等。
期请用语：即请查照、希即遵照、希、希予、请、拟请、恳请、务必、务求等。
表态用语：照办、同意、可行、不宜、不可、同意、不同意、遵照执行等。
征询用语：当否、可否、妥否、是否可行、是否妥当、是否同意等。
期复用语：请批示、请批复、请复、请告知、请批转等。
结尾用语：为要、为盼、为荷、特此函达等。

模块一　经济调研信息类文书

项目二

经济调研文书

学习目标

知识目标：

- 理解企业创始之初必备调研文书的种类、特点、性质和作用。
- 理解经济调研文书的写作思路和表达方式。
- 掌握经济调研文书的格式和写法。

能力目标：

- 能够区分写作情境，使用不同种类的经济调研文书。
- 能够熟练运用正确格式拟写调研文书。
- 能够搜集、整理、归纳、分析和使用信息。

素质目标：

- 具有实事求是、团结协作的品质。
- 具备遵纪守法、诚实守信的意识。

情境设计

“我们合作社目前参与的村民中，有一半是贫困户，今年四、五月卖出了 18 万多公斤木瓜，人均增加近 6 000 元的纯收入。”马山县白山镇兴华润田种植专业合作社负责人韦情告诉记者。

两年前，90 后大学毕业生韦情作出了一个令人吃惊的决定：返乡种植木瓜。对此，父母和乡亲都不理解。当记者问到韦情为什么会想到种植木瓜？他说：“大学学过种植技术，有一点理论基础。毕业实习选择某农产品电商公司做了半年运营。做运营期间，主要负责对农产品运营数据分析进行选品。”韦情说当时就想到毕业后的去向，便与同窗好友一起对农产品市场和产地进行了考察，觉得种植前景很好，而且周期短，200 多天就可以出产品了，资金周转快。毕业后，在了解了国家对大学生创业扶助政策后，他们便通过申报和自筹启动资金，从村里流转了 155 亩土地，开始种植大白皮水果木瓜。现在木瓜获得了丰收，每天都有大卡车进村装木瓜。

资料来源：百度文库。

从上述情况看，他们返乡创业之所以能够成功，除了专业知识外，更重要的是什么？上述活动以文书的形式表述出来，分别应该是什么文书？

启示：

习近平总书记在党的二十大报告中指出，弘扬党的光荣传统和优良作风，促进党员干部特别是领导干部带头深入调查研究，扑下身子干实事、谋实招、求实效。习近平总书记强调，调查研究是谋事之基、成事之道。没有调查，就没有发言权，更没有决策权。无论机关事业单位还是企业要作出决策，必须有可靠的依据，依据从何而来，当然是调查研究而来。因此，创立企业、管理企业，必须遵循市场规律，了解社会经济发展趋势、行业趋势和市场需求，完成深入的市场调查、市场预测、经济活动分析和可行性研究等任务，才能为决策提供保证。两个90后大学生创业能够成功，正是因为进行了调查、分析，形成了经营策划方案，才能成功。没有这些前期调研报告和策划方案作依托，草草开张，可能会导致狼狈收场。

知识导读　经济调研文书概述

一、经济调研文书的概念

经济调研文书是对经济活动进行调查、研究、预测、决定的应用文章。它用以记载和反映国家、企业、个人的经济信息，是经济活动中的重要凭证，是沟通经济信息、分析经济活动状况、促进经济效益提高的管理工具。

经济调研类文书包括市场调查报告、市场预测报告、经济活动分析报告、可行性研究报告、查账和审计报告、资产评估报告、经营策划书等。

二、经济调研文书的特点

（一）内容的真实性

经济调研文书是进行经济活动的指导性和参考性文书，因此，要确保内容和相关数据的真实可靠性，否则，就失去了其应有的价值，有时甚至会造成巨大的经济损失。

（二）行文的时效性

经济调研文书反映的是某个时期或阶段的经济状况，有明确的针对性，因此，有很强的时效性。

（三）建议的可行性

经济调研文书一般应提出相应的意见和建议，这些意见和建议是建立在对相关问题的分析和研究基础上的，因此，一般具有很强的可行性。

（四）表述的简明性

经济调研文书要如实反映社会经济问题，以便指导和规范市场经济行为和活动，因此，用语要求严密和简明，语言要贴切、概念准确、判断恰当、推理符合逻辑，能简洁明了地表达作者的意图。

三、经济调研文书的写作要求

（一）深入调查研究，掌握可靠有效的材料

无论哪一种经济调研文书，都需要以切实可靠的材料为基础进行分析研究，这些材料不是凭空想象出来的，而是来自社会经济活动本身。因此，以实事求是的精神深入地进行调查研究是做好经济调研文书的前提。

（二）科学规范行文，使用简洁明确的语言

经济调研文书与其他的应用文体一样有着严格的行文规范，个别文种（如审计报告）要由法定部门或法定人员严格按照相关法规的要求撰写，不能按照个人喜好随意篡改。语言的使用也要尽可能简洁明确，不要拖沓冗长，也不要随意使用一些专用名词，以免造成误解。

任务一　经济调查报告和经济预测报告

一、经济调查报告

（一）经济调查报告的概念

经济调查报告是对经济活动过程中某一现象、某一事件或某一问题进行深入细致的调查，进而对调查所得材料进行认真分析研究之后写成的反映调查研究成果、揭示事物本质和规律的文书。常见的考察报告、调查记、调查汇报、调查与思考等，均属于调查报告的范畴。

（二）经济调查报告的作用

1. 决策依据作用

调查报告通过真实反映现实实际情况和问题，使制定的方针政策更符合实际。加强调查研究，掌握国民经济各部门发展情况和社会经济动态，及时予以反映，为管理者的决策提供事实依据。

2. 宣传启示作用

可以通过典型调查、宣传、介绍先进经验和先进任务事迹，借以推广新生事物、先进典型，指导全面工作。

3. 揭露问题、澄清真相作用

通过典型调查，揭露社会问题，改正工作中的失误；可以在社会上对某一事件、某一问题争论不休或众说纷纭时，澄清事实真相。

（三）经济调查报告的特点

1. 内容的真实性

市场调查报告必须以翔实具体的数据和事实来说明主旨，揭示事物的本质。因此，在调查过程中坚持科学严谨的态度，不可随意编造。

2. 目标的针对性

经济调查报告的主旨是有的放矢，目的是反映解决经济发展过程中遇到的一些问题和新情况，以引起相关部门和社会公众的注意和重视。因此，必须明确调查目的，选好切入点，有针对性地反映问题和解决问题。

3. 表述的理论性

经济调查报告需要事实印证，但绝不是简单地堆砌材料，必须在分析材料的基础上概括总结出共性和规律，以便发挥其参考指导作用。

（四）经济调查报告的分类

根据经济调查报告的内容，可将其分为以下三类：

1. 情况调查报告

情况调查报告是比较系统地反映本地区、本单位基本情况的一种调查报告。其基本功能是向有关读者（一般是有关方面的决策者或者业内人士）提供调查对象真实、准确、完整的情况，为研究和决策提供依据。

2. 典型经验调查报告

典型经验调查报告是通过分析典型事例，总结工作中出现的新经验，从而指导和推动某方面工作的一种调查报告。其基本功能是及时反映经济中的典型经验，用于指导全局。它要在反映情况的基础上总结出其蕴含的本质和规律，以供他人借鉴。

3. 问题调查报告

问题调查报告是针对经济活动中某一方面的问题，进行专项调查的一种调查报告。它要澄清事实真相，判明问题的原因和性质，确定造成的危害，并提出解决问题的途径和建议，为问题的最后处理提供依据，也为其他有关方面提供参考和借鉴。

（五）经济调研的程序、方式和方法

1. 调查的程序

调研是一项十分复杂的工作，要想顺利完成调研任务，必须依据科学的程序，有计划、有组织、有步骤地进行。

（1）设定目标，包括调查对象、调查地点、调查时间、调查次数等。

（2）划定调查资料的范围。以此来确定调查的方向和重点。

（3）选定调查人员，设计调查方法。根据调查的内容、对象、时间、条件等来决定以何种方式进行调查。

（4）实施调查。调查时一般应遵循以上程序中已设定的目标范围和方法，但也不排除在调查中进行调整。

2. 调查的方式

（1）普遍调查。普遍调查是对调查对象总体所包含的全部个体都进行调查。这种调查方式可以获得系统、完整、多项目的数据和资料，获得的信息最准确、最权威，但工作量大，难度高，需要花费大量人力、物力，一般多用于重大项目，如人口普查、工业普查、国有资产普查等。

（2）典型调查。根据调查目的，对被调研对象进行全面分析的基础上，有意识地选择若干具有代表性的单位，进行深入细致的调查，“解剖麻雀”的方式，从典型到共性，以调查结果推论全面情况。范围小，对象少，节省人力、物力和时间，但典型样本带有一定主观性，选择不好会影响调查结果的准确性。

（3）抽样调查。抽样调查是一种非全面调查，它是按照科学的原理和计算方法从全部调查研究对象汇总，按随机原则抽取部分单位作为样本进行调查，取得资料，并据此对全部调查研究对象作出估计和推断的一种调查方式。抽样调查的特点：一是样本按随机原则抽取，不加任何选择；二是抽取的全部样本用来代表总体，而不是以个别样本代表总体；三是样本差异越大，抽样误差越大；抽样数目越大，抽样误差越小。

3. 调查方法

（1）观察法。观察法有三种：一是直接观察法，即现场对调查对象进行观察；二是实际痕迹测量法，即调查人员观察被调查对象行为发生后的痕迹；三是行为记录法，即在取得被调查同意之后，用一定装置记录调查对象的某一行为。

观察法适合单一、小规模调查，事前应拟好详细的调查提纲，有的放矢地深入一线调查。

（2）访问法。这是最常用的市场调查方法。调查表、问卷法、谈话法都是访问法。其中，问卷法是最为常见的。科学设计问卷是访问成功的关键。因此，必须做好问卷设计。

① 明确调查目的，列出调查表所需搜集的信息。即解决“是什么”“为什么”的问题。

② 确定调查的总体，包括人数、人群。

③ 确定调查问题和类型。一般而言，问题的设计从形式上来说，分为封闭式问题（即客观题）和开放式问题（即主观题）。一般多采用封闭式问题，有固定答案供选择，包括单选题和多选题，有利于调查结果的统计和分析。同时，设置 1～3 个开放式问题，由被调查者自己作答，能搜集到调查者主观看法。

④ 按照问题的类型、难易程度，题型（单选、多选、判断等）安排好问题的次序。

设计问卷应注意下列事项：一是问题要短；二是问卷上每一个问题只能包含一项内容；三是问题中不要使用专门术语；四是问题答案不宜过多，问题的含义不要模棱两可。

（3）实验法。这是在事先确定调查的问题中，选择影响这些问题的诸多因素中的一个或几个，进行试验后取得一定结果，然后再推断出总体可能的结果。比如展销、试用、演示、品尝等都属于这种方式。实验法是研究因果关系的一种重要方法，比如新产品上市，可以小规模实验，调查用户和有关人员的反映，预测产品的销售潜力，再生产规模和产量。

（六）经济调查报告的格式与写法

案例点评

寻乌县扶贫脱贫工作调查报告

寻乌地处江西省东南端，是坐落在赣、闽、粤三省交界的山区县，全县总面积 2 351 平方公里，辖 15 个乡（镇），184 个村（居），人口 33 万。改革开放以来，寻乌经济社会得到长足发展，但受自然和历史条件影响，欠发达、后发展的现状没有得到根本性改变，属于国家扶贫开发重点县。贫困落后仍然是寻乌的基本特征，基础设施欠账多，产业结构单一，县级财力薄弱，农村贫困面依然较广、贫困程度较深。目前，全县还有贫困村65个、贫困人口28 819人，贫困发生率为10.5%，脱贫攻坚是寻乌当前和今后一个时期最重要的政治任务。为深入贯彻落实习近平总书记关于精准扶贫系列重要指示精神，坚决打赢脱贫攻坚战，寻乌县发扬“深入唯实”的寻乌调查精神，开展了精准扶贫“寻乌再调查”活动，并形成本调查报告。

一、脱贫进展及主要做法

近年来，中央先后安排中宣部、国家统计局、国家供销总社三个中央部委和国家单位对口支援寻乌。在部委的有力帮扶下，寻乌扶贫脱贫事业迈入了“快车道”。全县贫困人口由2013年底的65 728人下降到2016年底的14 432人，贫困发生率下降了近25个百分点。

（一）千斤重担众人挑，把扶贫脱贫责任落到每个干部肩上。寻乌县把脱贫攻坚确立为“书记工程”，建立了县、乡、村三级党组织书记负总责的精准扶贫责任落实机制。同时，通过落实“2+10864”（即每位现职县级领导包2个贫困村，每个贫困村至少有1个县直、驻县单位帮扶，每位县级领导、正科级、副科级和一般干部分别结对10户、8户、6户、4户贫困户）工作机制，向贫困村选派第一书记和驻村工作队，实现了“县级领导包村、单位对口帮村、干部结对帮扶”三个全覆盖，让全县各级干部人人肩上有责任、个个身上有任务，确保每个贫困村都有驻村工作队、每户贫困户都有干部帮扶，较好地解决了“谁帮扶”的问题。特别是在选好第一书记、充分发挥第一书记作用方面，开展了有益探索，出台了《村党支部第一书记脱贫攻坚工作考核办法》，向65个贫困村派驻了第一书记，除9名为市级以上单位派驻干部外，其余均在县科级后备干部中择优选派，在精准扶贫工作一线锤炼、识别和使用干部。

（二）磨刀不误砍柴工，把扶贫脱贫的基础性工作做实做细。为摸清贫困户底数，寻乌县出台了《寻乌县精准识别工作指导意见》，先后组织开展了5次贫困农户调查和精准识别工作。寻乌县在对象识别过程中，注重发挥群众主体作用，严格执行“七步法”（即农户申请、村民小组评议、组级公示、村民代表大会审核、村委会公示、乡（镇）人民政府复核和县扶贫和移民办批准、村公告以及扶贫对象签字）的识别程序，做到全过程“阳光公开”，摸清摸实贫困户相关信息，并按照“一户一档”“一户一卡”的要求进行分类建档，做到了户有卡、村有档、乡有册、县有库。对扶贫脱贫信息系统实行精准动态管理，对贫困户基本情况、家庭状况及时更新，使得精准帮扶与信息管理一致，较好地解决了“帮扶谁”的问题。

（三）政策落实全覆盖，确保每个贫困家庭至少享受一项以上扶贫政策。根据贫困户和贫困人口的实际需求，出台了《寻乌县产业扶贫实施方案》等14个专项扶贫政策，以乡（镇）、村和扶贫工作队为主体，按照因人因户、因类因村施策的要求，做到项目到村、政策到户、滴灌到人。对具备劳动能力的一般贫困人口，主要是通过扶持发展产业和帮助转移就业脱贫；对具备部分劳动能力的扶贫低保人口，主要是通过低保补助+扶持发展产业、低保补助+帮助转移就业脱贫；对基本丧失劳动能力的纯低保户和分散供养的五保户，主要是通过低保、五保补助+投资收益扶持脱贫；对生存条件恶劣的贫困人口，则采取易地搬迁安居的方式脱贫，等等，实现了全覆盖，不落下任何一个贫困家庭，较好地解决了“如何帮”的问题。

（四）积极探索闯新路，不断创新扶贫脱贫的工作机制。为解决好督查监管不力的问题，寻乌县组建了县委脱贫攻坚“四支队伍”，即由分管脱贫攻坚县领导组成的脱贫指导组、由若干科级干部组成的脱贫督查组、由纪检审计工作人员组成的巡察审计组、由精准扶贫办业务干部组成的模拟评估组，形成工作联动机制，推动工作落实。为尽可能地筹集扶贫资金，寻乌县出台了《寻乌县统筹整合财政涉农扶贫资金实施意见（试行）》，整合各类涉农资金 8.23 亿元用于扶贫开发。为撬动金融资本，寻乌县积极推进金融扶贫试点创新，2015 年至今，累计为贫困户发放“产业扶贫信贷通”贷款 25 186 万元。同时，还组建了县扶贫开发公司，投入扶贫资产收益资金 1 000 万元，并将土地开发整理和“增减挂”形成的土地指标等资产或收益划入扶贫开发公司，通过资本运作的方式，促进扶贫资产（金）保值增值。

二、存在的主要问题

要进一步实现贫困面貌的深刻改变、巩固脱贫成效、持续提升群众满意度，还存在一些不容忽视的问题。

（一）县域经济的带动能力较弱。寻乌工业经济基础薄弱，工业企业少、规模小，工业企业吸纳就业的能力十分有限。据统计，37 家规模以上企业正常用工需求约 3 500 余人，服务业为老百姓提供的就业机会也不多，第二产业、第三产业对带动群众脱贫致富的作用还不明显。

（二）农业产业升级转型任重道远。寻乌县虽然在农业产业的升级转型方面做了大量工作，但也面临诸多不确定因素。新推广的葡萄、百香果、猕猴桃、蓝莓、蔬菜等替代产业，当前效益虽然可观，但能否成长为规模产业、主导产业，成为群众的长久致富产业，还有待时间和市场的检验。

（三）少数贫困户的主观能动性不够。在当前“含金量”十足的帮扶政策面前，少数贫困人口产生了“等、靠、要”的思想，寄希望于政府给钱、给物，通过自身努力去改变贫困面貌的动力不足，存在“靠着墙根晒太阳、等着别人送小康”现象。

（四）脱贫退出的资金保障缺口较大。由于县级财力弱，扶贫资金的筹措难以满足投入需求，特别是保障 14 个专项扶贫政策的实施、完成 65 个“十三五”贫困村的人居环境整治任务，还需投入大量资金。

三、对扶贫脱贫工作的有关思考

打赢脱贫攻坚战，必须深入学习领会习近平总书记扶贫开发战略思想，把思想和行动统一到中央部署和习近平总书记的重要讲话精神上来，以攻坚拔寨的勇气和真抓实干的作风，履行好精准扶贫脱贫的责任与担当。

（一）立足精准要求，提升扶贫成效。“精准”是精准扶贫的核心要义。习近平总书记关于扶贫工作“六个精准”的要求，强调精准扶贫要扶到点上、根上。寻乌在扶贫脱贫工作中要牢牢把握这一核心精神，进一步完善产业扶贫、就业扶贫、移民扶贫、教育扶贫、兜底扶贫、××扶贫等重点领域政策措施，由贫困户自主选择适合自身发展需求的项目，报由相关职能部门帮扶实施，构建政府“配菜”、贫困户“点菜”、相关职能部门“上菜”的“菜单式”脱贫模式，努力提升扶贫成效。

（二）立足脱贫引领，加快县域发展。习近平总书记强调，脱贫攻坚任务重的地区党委和政府要把脱贫攻坚作为“十三五”期间头等大事和第一民生工程来抓，坚持以脱贫攻坚统揽经济社会发展全局。对寻乌而言，始终坚持脱贫引领不动摇，把脱贫攻坚和县域经济发展两方面工作有机结合起来，将富民与强县统一起来，通过县域经济发展促进脱贫攻坚，通过脱贫攻坚促进县域经济发展，尤其是要以脱贫攻坚的纵深推进，补齐贫困地区的基础设施短板、缩小城乡差距、增强县域经济的内生动力，壮大实体经济，加快地方经济发展，为贫困户、贫困村创造更多的发展机会、就业机会，努力提升其自身“造血”功能。

（三）立足利益联结，实现合作发展。习近平总书记强调，精准脱贫，关键是要找准路子、构建好的体制机制。农业产业是贫困人口实现脱贫致富的重要渠道，积极探索建立贫困户与龙头企业、合作社、家庭农场紧密的利益联结机制。具体合作模式可以是：经营主体提供产前、产中、产后服务，贫困户参与生产环节中的生产活动，可解决贫困农户面临的信息、技术、资金、市场等方面的困难，织密、织牢贫困户与企业之间的利益联结之网，以实现真正意义上的合作发展。

（四）立足自力更生，激发内生动力。习近平总书记指出，扶贫先扶志、扶贫必扶智。以倡导自力更生，激发内生动力为目标，做到履职不越位、引导不包办。一方面，强化政府在政策落实、产业规划、兜底保障等方面的责任，着力改善贫困村条件，提高贫困户素质和劳动技能，为贫困户发展创造更多的机会。另一方面，在帮扶机制上，通过财政奖补、信贷贴息、互助合作及技能培训等形式进行帮扶，对贫困户“授之以渔”，以帮助群众找准路子和解决瓶颈困难为重点，发挥群众主体作用，激发贫困群众发展生产的主动性和积极性，特别是要坚持以文化扶贫的深入实施为先导，落实好精神塑造和能力转化工作，转变贫困户的思想观念，为脱贫致富提供根本保证和持久支撑。

（五）立足开源节流，多方筹措资金。习近平总书记指出，要积极开辟扶贫开发新的资金渠道，多渠道增加扶贫开发资金。一方面，要坚持新增财力向扶贫领域倾斜，坚持政府投入在扶贫开发中的主体和主导作用，调动企业、社会组织和成功人士等社会力量参与扶贫济困，拓宽筹资渠道，为扶贫资金“开源”。另一方面，要进一步压缩其他领域的行政性开支，并加强扶贫资金使用的监管，在全县范围内开展贫困地区扶贫资金专项审计，着力发现和杜绝扶贫资金的违规使用，提高扶贫资金的使用效益，确保每一分扶贫款都用在刀刃上。

（六）立足斩断穷根，巩固脱贫成果。习近平总书记指出，打好脱贫攻坚战，要采取稳定脱贫措施，建立长效扶贫机制，把扶贫工作锲而不舍抓下去。在扶贫脱贫政策的实施过程中，既要实施“短平快”的发展项目，让贫困户如期实现脱贫；又要注重“以短养长”，让贫困户找到稳定的增收致富之路，巩固提升脱贫成果。在工作机制上，要扶上马、送一程，脱贫后 2 年内保持原有扶持政策不变，工作队包村、干部结对帮扶不脱钩，解决工作中出现的新情况、新问题，巩固扩大脱贫成果。

资料来源：中共寻乌县委. 寻乌县扶贫脱贫工作调查报告. 人民日报，2017－03－17（6）.

想一想：

这是一篇什么类型的调查报告？这篇调查报告的主题是什么？从结构上看分为几个部分？侧重点是什么？

评一评：

本文是一篇典型的情况调查报告。这篇调查报告在《人民日报》上发表后获习近平总书记的批示，要求全党要大兴调研之风，要实事求是，有一说一，避免以偏概全下结论。全文主题是通过对前期的脱贫情况调查，找到打赢脱贫攻坚战的措施。全文分为四个部分：前言简要概述调查对象基本情况和调查目的。主体部分首先介绍前期脱贫攻坚取得成果和取得方法；其次，找出存在的问题；最后，提出解决问题的方法。全文“深入唯实”，既有事实与数据，又有规律性分析，既报喜也报忧，既提出问题，也提出解决问题的参考意见，相关部门的决策提供了依据。

小任务

以“乡村振兴家乡行”为主题，拟定调研方案。

工具箱

不同类型的经济调查报告，其写法不完全一致，但一般由标题、称谓、书名或落款三部分组成。

1. 标题

经济调查报告的标题分为公文式标题和新闻式标题两种。

公文式标题格式一般由“调查者+调查对象（主要事由）+文种（调查报告）”组成，如“××学院关于××届学生创新创业调查报告”，亦可酌情省略调查者、“关于”以及文种，如“湖南农民运动考察”等。

新闻式标题又称文章式标题，撮其要旨，也可提出问题，包括陈述式、提问式和正副题结合使用三种。陈述式，如“消费者眼中的×××”；提问式，如“药价为何居高不下”；正副标题结合式，即正题陈述主要结论或提出中心问题，副题标明调查的对象、范围、问题，如“‘泥巴换外汇’——陶瓷品出口情况调查”。

2. 正文

（1）前言。前言必须概括而扼要。

第一种是写明调查的起因或目的、时间和地点、对象或范围、经过与方法以及人员组成等调查本身的情况，从中引出中心问题或基本结论来。

第二种是写明调查对象的历史背景、大致发展经过、现实状况、主要成绩、突出问题等基本情况，进而提出中心问题或主要观点来。

第三种是开门见山，直接概括出调查的结果，如肯定做法、指出问题、提示影响、说明中心内容等。

（2）主体。这是调查报告最主要的部分，一般由三部分内容构成：

基本情况。叙述调查得来的材料，有时可用数据、图表说明；必要时还应对市场的背景资料。如地理、气候、政治、经济等的变化趋势作出说明。

分析归纳。对调查得来的数据资料分析归纳；调查者发现了哪些问题，得出了哪些结论等。这部分也可和基本情况合在一起写，即边介绍情况，边分析归纳问题。

提出建议。根据分析研究，提出相应的对策及措施。

（3）结尾。结尾的写法也比较多，可以提出解决问题的方法、对策或下一步改进工作的建议；或总结全文的主要观点，进一步深化主题；或提出问题，引发人们的进一步思考；或展望前景，发出鼓舞和号召。

3. 落款

作者姓名和调查时间，可写在正文右下方，也可写在标题下。

（七）经济调查报告的写作要求

1. 目的明确，调查要有针对性

调查报告写作前应明确调查主题和调查对象，回答解决什么问题、干什么用的。

2. 深入调查，掌握第一手资料

应根据调查对象和调查内容，选择最佳调查方式，确定调查的方法，拟定调查提纲，在调查中点面结合，充分占有第一手资料才有可能写出有价值的调查报告。

3. 精心选材，做到观点和材料一致

调查报告中的材料不是越多越好，而是要对材料进行筛选，从中找出典型材料。只有这样提炼出来的观点才更具有说服力，更能印证主题。

4. 认真分析，揭示事物规律

观点是一篇调查报告的灵魂。调查报告不能停留在情况、经验、问题的叙述上，应从具体情况中找到事物的内在联系，概括出规律，这样才能起到指导作用。

二、经济预测报告

（一）经济预测报告的概念

经济预测报告是在经济理论的指导下对未来一定时期的经济活动进行深入调查的基础上，运用科学的方法和手段对经济信息进行分析研究后，对未来一段时间内一定范围的供需状况和经济发展趋势作出预计和测算的书面报告。一般简称为经济预测。

（二）经济预测报告的特点

1. 科学性

经济预测是在占有详尽的信息资料的基础上，依据科学的方法，经过严密的推理和科学运算得出的准确结论，因此，能够保证预测结果的科学性和精确度。常见的预测方法有判断预测法、科学测算法等。

2. 预见性

经济预测是在深入分析市场既往历史和现状的基础上，对市场未来的发展趋势作出预见性的判断。经济预测报告应合理而正确的预判，使预测结果和未来的实际情况的偏差概率达到最小化。

3. 时效性

时效性是指经济预测报告的内容和结果存在时间性要求，必须及时准确地把握经济的现状和未来发展趋势，才能使企业在竞争中掌握主动。

（三）经济预测报告的类型

经济预测报告依据不同标准有不同的分类方法。

（1）按预测的范围划分为宏观预测报告和微观预测报告。

（2）按预测的对象划分为经济需求预测报告、市场占有率预测报告、产品发展预测报告、资源预测报告等。

（3）按空间层次划分为全国性经济预测报告、地区性经济预测报告。

（4）按时间层次划分为短期经济预测报告、中期经济预测报告和长期经济预测报告。

（四）经济预测程序或方法

当企业要开发一种新产品或向新的市场扩展时，就要运用科学的方法，对影响市场供求变化的诸因素进行调查研究，分析和预见其发展趋势，掌握市场供求变化的规律，为经营决策提供可靠的依据。

1. 市场预测过程

（1）确定预测目标。确定预测目标，就是根据经营活动存在的问题，拟定预测的项目，制订预测工作计划，编制预算，调配力量，组织实施，以保证预测工作有计划、有节奏地进行。

（2）搜集资料。在预测计划的指导下，调查和搜集预测有关资料是进行经济预测的重要一环，也是预测的基础性工作。

（3）选择预测方法。根据预测的目标以及各种预测方法的适用条件和性能，选择合适的预测方法。有时可以运用多种预测方法来预测同一目标。预测方法的选用是否恰当，将直接影响预测的精确性和可靠性。

（4）预测分析和修正。分析判断是对调查搜集的资料进行综合分析，并通过判断、推理，使感性认识上升为理性认识，从事物的现象深入到事物的本质，从而预测市场未来的发展变化趋势。

（5）编写预测报告。

2. 经济预测方法

一般可以分为定性预测法和定量预测法两大类。

定性预测法又称直观判断法、经验预测法，是预测中经常使用的方法。定性预测主要依靠预测人员所掌握的信息、经验和综合判断能力，预测未来经济的状况和发展趋势。常见的方法有德尔菲（Delphi）专家法、调查研究法、业务人员估计法等。

定量预测法又称数字预测法、统计预测法，是对预测对象的量化分析。定量预测是根据已掌握的比较完备的历史统计数据，运用一定的数学方法进行科学的数量分析和预测，从而预测未来经济发展的前景和变动趋势。常见的方法有时间序列预测法、回归预测法。

（五）经济预测报告的格式与写法

案例点评

中国零售行业百货业态市场分析与预测报告（2021）（节选）

一、百货零售业发展现状

（一）高端百货业绩突出

2020 年，百货行业仍有很多亮眼的数据。例如，北京 SKP 实现销售收入 177 亿元，保持两位数增长。2 月下旬杭州大厦恢复营业当天 5 小时实现销售过千万，12 月中旬的内购会，实现 4.5 亿元的销售额，刷新历年纪录。上海恒隆广场 2020 年收入增长 20%，达到 20.32 亿元，其中商场租金收入较 2019 年上涨 34%，零售额则同比上涨 60%。2020 年无锡恒隆广场物业组合的总收入同比增加 26%，达到 3.63 亿元，其中，零售额上涨 72%。2020 年 1—6 月，广州太古汇零售额增长 3%，租用率为 99%；上海兴业太古汇零售额增长 2%，租用率为 94%。

这些企业的共同特点是奢侈品占比较大，而且对周边辐射能力强。例如，上海港汇恒隆广场是上海顶级百货店之一，杭州大厦、南京德基、北京 SKP 等也都是所在城市的奢侈品地标，吸引了所在城市及周边城市，乃至周边省份的消费者前往消费。受益于奢侈品消费回流，这些企业销售明显提升。（略）

贝恩报告显示，2020 年境内市场在中国消费者全球奢侈品消费中的占比为 70%～75%，创下新高。许多品牌在中国市场都出现了两位数甚至三位数的增长。展望未来，各类消费品品类、各类终端市场、各个零售业态都面临不小的压力，而奢侈品的销售，在供、需两个主要方面利好，前者主要是国际市场的出行限制，主要供应方来自国内高端百货；后者是国内消费者仍有升级消费需求，具有较强的拉动作用。相信与奢侈品密切相关联的商场仍有亮点可以期待。

（二）数字化进程明显加速

2020 年，各行各业数字化进程加速。无论是开展线上业务的企业数量，企业投入的资源，用户数量，还是销售规模，增速明显提升。其中尤以百货应用为主的直播带货和超市普遍上线的到家服务最为突出，同时结合私域流量和社群营销，在消费者无法到店或不愿到店的情况下，这些手段为保持企业销售、满足消费者需求作出了突出贡献。

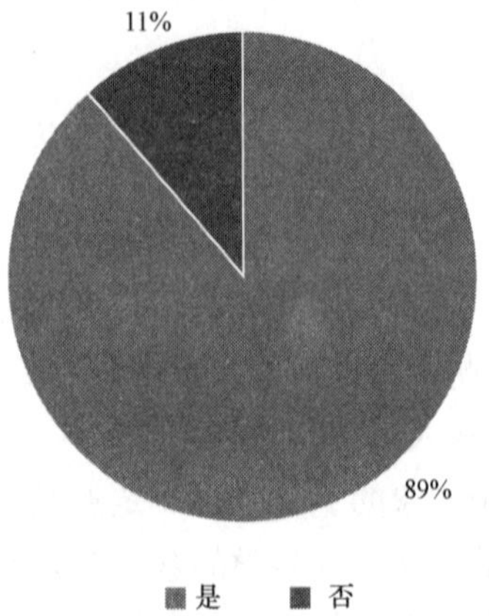

图 1　百货企业开展线上业务情况

资料来源：中国百货商业协会、高瞻智库。

根据中国百货商业协会和利丰研究中心共同发起的调查显示，近九成的企业已经开展线上业务，其中，94%的企业通过小程序/公众号商城开展线上业务，75%的企业开展了线上直播，开展团购和到家业务的分别有 32%和 31%，如图 1 和图 2 所示。同时，还有 75%的企业表示，会加快线上业务。

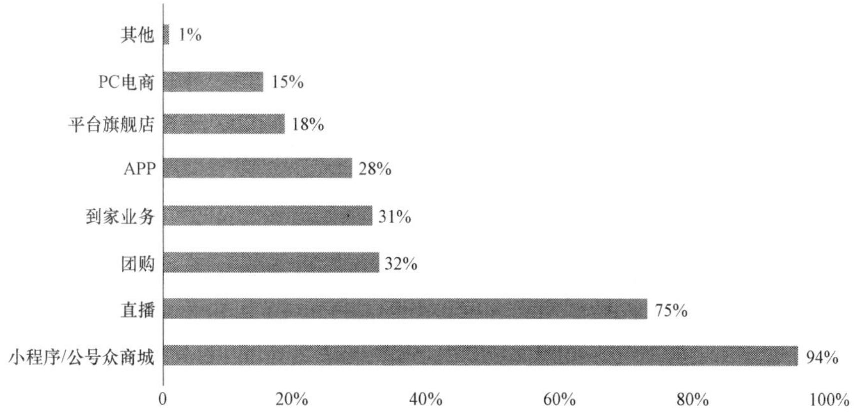

图 2　百货企业线上业务模式

资料来源：中国百货商业协会、高瞻智库。

另一方面，线上的销售额也明显提升。66%的受访企业表示，与去年同期比，线上销售额有增加，如图 3 所示。在一项关于企业使用了哪些服务商的系统和技术的调查中，提供线上营销及线上商城的服务商，出现了明显的集中化趋势，如图 4 所示。

（三）化妆品成百货主打品类

在过去的两年，社会对消费升级、降级、分级有诸多讨论，但可以肯定的是，在化妆品类上，消费确实是升级的，特别是近年对中高端化妆品需求明显提升。其中“95 后”在高端品牌上的消费增长最为显著。16～25 岁年轻消费者对高端品牌、高价格商品的接受度越来越高，消费贡献逐年增强。

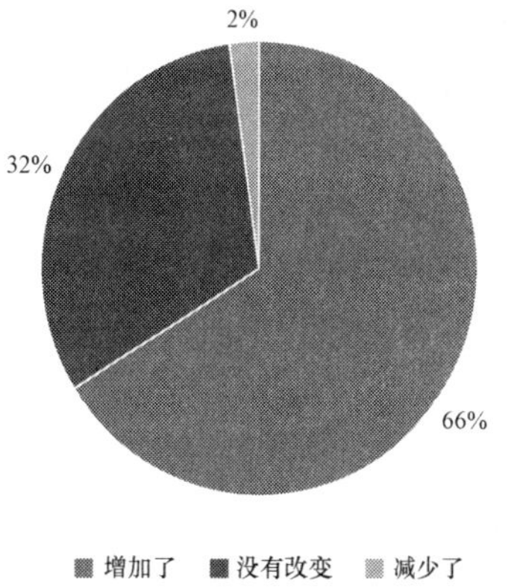

图 3　线上业务销售同比增减情况

资料来源：中国百货商业协会、高瞻智库。

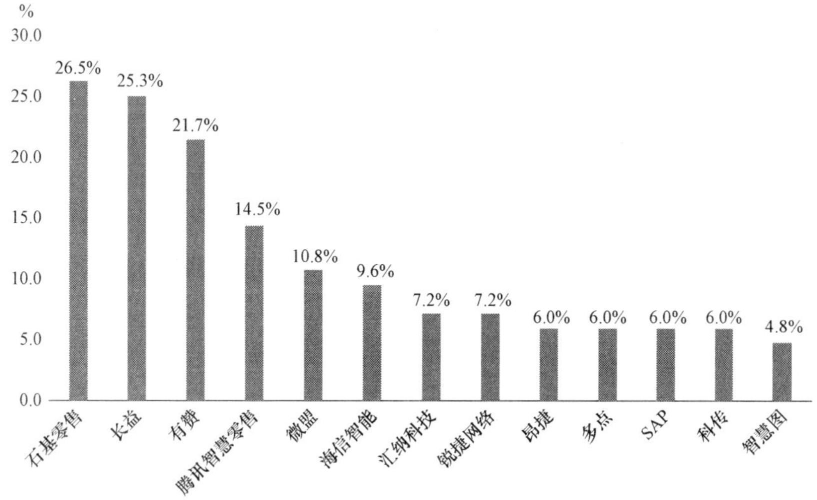

图 4　当前百货企业使用的服务商的服务情况

资料来源：中国百货商业协会、高瞻智库。

百货店作为中高端化妆品的主渠道，化妆品正在成为其当家品类。2020 年以 177 亿元问鼎全球“店王”的北京 SKP，几乎是跟随消费升级的趋势同步布局奢侈品、高端美妆，一层的“美妆世界”早在 2015 年就开始运营，如今北京 SKP 已拥有中国品牌最全的高端化妆品区。杭州大厦、南京金鹰、武汉广场、深圳华强北茂业、成都王府井、西安开元等也都是化妆品销售的能手。在三、四线的百货企业，化妆品也逐渐为核心品类。

波士顿咨询（BCG）和腾讯的联合调查显示，消费者购买奢侈品的渠道发生了结构性改变，线上渠道占比从上年的 12%上升到 33%，本土消费占比加大，国内线下购买从上年的 32%扩大至 59%。

贝恩报告显示，中国奢侈品销售额线上渗透率从 2019 年的 13%增长到 2020 年的 23%。其中，奢侈品、美妆品类全年线上渗透率从 2019 年 18%左右攀升到 2020 年的 38%左右。欧睿（Euromonitor）预测，到 2024 年，化妆品线上渗透率将超过 50%，如图 5 所示。化妆品线上渗透率上升的原因，具体来看，主要有两方面，一是品牌商加大了线上渠道的力度，在平台上开设旗舰店。例如，迪奥（Dior）等品牌加入了微信视频号阵营，迪奥还成为首个入驻哔哩哔哩（bilibili）和抖音两个平台的奢侈品牌。二是百货店通过小程序商城、直播、社群营销等手段，加大品牌宣传，提升销售业绩。如汉光百货利用自身粉丝数量庞大的微信平台推出“微信试用频道”，每周二固定由品牌方提供明星产品供客人免费申领。

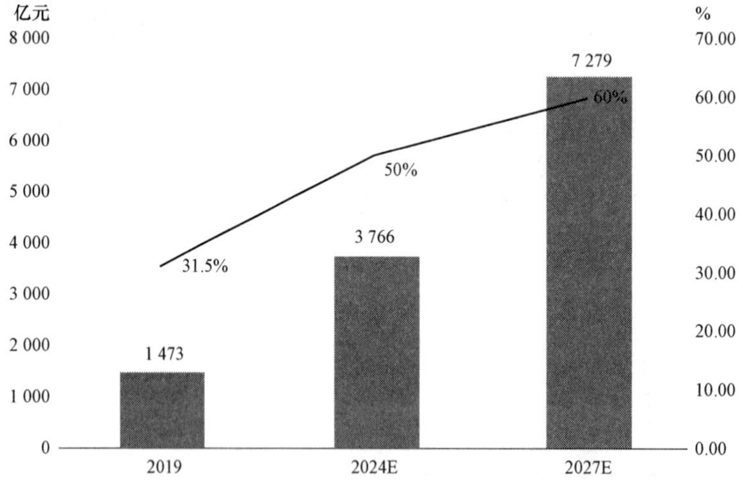

图 5　2024 年和 2027 年中国化妆品线上规模及渗透率预测

资料来源：欧睿、中国百货商业协会、高瞻智库。

（四）重视会员和私域流量

在中国百货商业协会发布的《2020 零售业会员运营报告》中，关于“当前企业核心竞争力是什么”的调查，“庞大的活跃会员群体”获得大多数高管的高度认同，会员运营在存量市场时代的重要性超过以往任何时间，得会员者得天下。相比公域流量的成本高、获取难等问题，以会员为核心的私域流量成为百货企业的宝贵资产。

无论是直播，社群营销还是流量转化，私域流量是核心和基础。零售企业越来越意识到，借助微信公众号、抖音、快手、微博等新媒体手段，打造属于自己企业的私域流量尤为重要。

2020年，无论是品牌商、百货企业还是购物中心等很多业态，都尝试进行直播，在企业的实践中，公域流量，如抖音、快手等平台的直播流量、转化率要远远低于私域流量。公共大平台上的用户数量虽多，但不一定是自己的客群，而私域流量虽然人流少，但都是自己的流量，一定比例是忠实于企业的顾客，转化率相当高。在消费恢复阶段，前期通过直播、小程序等新媒体的宣传发挥了重要作用，后期到店消费，拉动企业的消费回升。

二、百货零售业发展问题

（一）突发情况影响业绩

2020年下半年，消费持续恢复。据商务部监测，10月1日至8日，全国零售和餐饮重点监测企业销售额约1.6万亿元，日均销售额比去年“十一”黄金周增长4.9%。

2020年前三季度，A股上市的42家以百货经营为主的企业，营业收入实现正增长的只有3家，其余均有比较明显的下降。总体上看，营业收入同比下降超过60%的企业占45%，同比下降60%～40%的企业占比19%，同比下降40%～20%的企业占比19%，同比下降10%以内的企业占比10%。（略）

（二）商品力亟须提升

商品力是零售企业经营能力的核心体现，无论何种渠道、何种方式，让顾客能持续买到好的商品，是一个零售商能持续发展的动力和源泉。纵观业绩较好的百货店，如北京SKP、汉光百货、杭州大厦等，核心都是商品力。但是，整体来看，大部分百货店的商品力较弱，商品同质化严重，综合因素包括形象定位、品类组合、经营管理方式、与品牌商互动关系、价格水平等，导致一些百货店对消费者没有吸引力。（略）

（三）转型升级迫切

（略）百货密集的转型、改造升级持续进行。以北京为例，自2016年起，北京就开始逐步推进“一点一策”老旧升级改造，仍在持续推进，引导和推动包括王府井购物中心右安门店、天虹百货、新华百货、长安商场等传统商场向社区型购物中心转型升级。这些升级改造，希望使传统商场更贴近周边居民消费需求，提升自身服务质量，集合购物、餐饮、娱乐、休闲、幼儿教育、社区互动等项目，以一站式、多元化的消费服务，延伸了社区居民居家生活的空间，满足多层次、高品质的消费需求，把逐渐失去的消费拉回来。

（四）数字化存障碍

过去的一年，虽然百货零售业的数字化发展有了较大提升，线上业务也有了明显的发展，但总体上仍然处于初级阶段，数字化发展存在诸多障碍，还有很长的路要走。

一是思想不统一，推进困难。大部分企业对数字化建设的目的、方式等，在企业内部有思想不统一、意识水平不一致的情况。一方面，企业的主要负责人的认识和接受程度决定了数字化转型的决心和力度。即便“决策层”有决心，但执行层的认识不足，也会影响到转型效果。另一方面，转型过程中，难免会触及现有部门的利益而导致执行受阻，制约数字化全面推进。

二是系统太多，打通困难。（略）

三是投入产出无法量化，难以决策。（略）

四是人才匮乏，组织架构不适应。（略）

（五）自采自营挑战多

（略）目前，我国百货店主要采取联营模式，自营占比平均不到10%。联营是把双刃剑，优势是轻资产，百货店在商品上不占压资金，人工成本也极低，这是百货行业得以应对疫情影响的重要因素。联营的问题也是显而易见，它导致百货店的商品经营能力严重削弱，这也是百货业被行业专家所诟病的一个方面。

开展自采自营，最核心的是商品自营能力的建立，既需要主观的努力尝试，如资金投入，买手队伍的培养、激励与试错机制的建立，也需要客观环境的支持，如供应链的成熟、社会诚信机制的完善等，都需要较长时间实现。

例如，一家年销售30亿元的百货公司，10%自营，即自营销售实现3亿元，按年周转6次，用于商品采购的资金约为5 000万元，现实中大部分百货不具备这样的资金能力，而这只是按10%的自营占比估算的。另外，如果自采造成积压和亏损，大部分企业对负责人的容忍度也是比较低，即激励机制不匹配。（略）

三、百货零售业发展趋势

（一）调改升级加速，新增长点逐步显现

2020年，新开的购物中心数量大幅减少。相比之下，调改升级项目数量连年增加。据赢商大数据不完全统计，2020年改造项目已达37个，体量超400万平方米，约占总体量的一成，该数据是2018年的两倍左右。

随着消费需求升级、市场竞争加剧，调改升级是必然趋势。与时俱进的调改是百货店保持业绩、持续竞争优势和活力的重要步骤。未来，调改升级后新项目的全新亮相，也将成为释放城市商业新活力的重要支撑。

调改升级项目改造成功的核心在于能否切实满足辐射人群的消费需求，因此在制定调改策略时需要通过细分定位寻求差异化，更好地定位目标消费群体。在此基础上，针对目标消费群体，围绕各种场景做好扎实的商品组合至关重要。（略）

相比业态调整，空间变化及硬件调整更能够直接地给消费者带来视觉冲击。商业空间的新鲜感、趣味性、差异化对于消费者而言具有强烈的吸引力，能够有效起到聚集人气、增加客流的作用。

（二）线上线下融合提速，人货场全渠道布局

当前线上线下的全渠道融合发展已成为主流趋势，消费场景向线上转移。巩固“线下体验+线上购买”的模式，协同线上线下融合发展，将会成为百货业优胜劣汰的重要举措。调查显示（见图6），73.2%的受访企业表示融合线上线下全渠道业务是2021年百货业应该关注的发展方向。

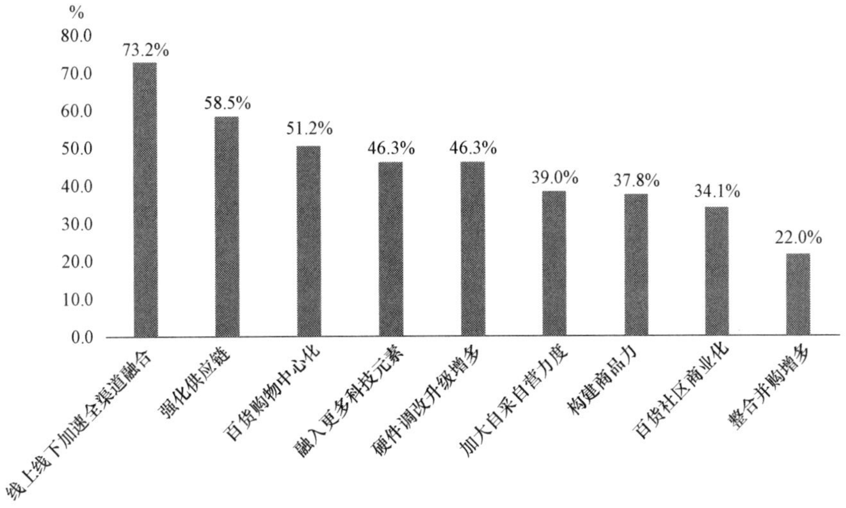

图 6　未来 12 个月百货企业关注的方向

资料来源：中国百货商业协会、高瞻智库。

线上渠道在 2020 年大放异彩。国家统计局数据显示，2020 年网上零售额增长 10.9%，达到 11.76 万亿元。其中，实物商品网上零售额增长 14.8%，达到 9.76 万亿元，占社会消费品零售总额的比重为 24.9%，较上年提升 4.2 个百分点。居民消费线上化使线上渠道快速向下沉市场渗透。各大百货企业借此机会加大力度布局线上业务，实现人货场的全面“在线”。

资料来源：欧睿、中国百货商业协会、高瞻智库。

想一想：

这篇经济预测报告结构共分几部分？其特点是什么？

评一评：

本文是一篇全国性行业经济预测报告。它包括三个方面：百货零售业发展现状、百货零售业存在问题和市场发展展望。全文数据翔实，案例典型，观点鲜明，既有对现状回顾，并分析原因、预测趋势，也有对现状中的问题提出，便于总结，最后提出建议。从报告中可以看出，预测来源于市场调查，需在调查的基础上进行分析总结，形成对经济趋势的展望。

小任务

对本区域你所学专业就业情况进行调查，并进行分析，形成就业预测报告。

工具箱

通常来说，经济预测报告主要包括以下主要内容：

1. 标题

通常由预测时限、区域、目标和文种四部分组成。如“2022 年电子商务行业现状调查及市场前景分析预测报告”；也可使用文章式标题，如“未来三年中国新能源汽车市场发展展望”等。

2. 正文

（1）导言。主要用来揭示全篇的主旨，交代写作的目的和动机，介绍预测的方法与过程。

（2）主体。一般由现状、预测及建议三部分组成：

现状。用准确全面的数据和现实情况说明预测对象的历史和发展现状。

预测。这是预测报告的重点，是在深入分析预测对象现状的基础上形成对预测对象未来前景的估计。这个部分也可与现状的分析合二为一，边分析现状，边预测发展趋势。

建议。这是预测报告的根本目的。在分析现状、预测未来、明确预测对象发展趋势及规律的基础上，提出切实可行的建议，为未来指出方向，提供办法。一般要有针对性，具体明确；还要有可操作性，便于实施。

（3）结尾。多数预测报告都没有结尾，一般写完后就结束全文。如有结尾，一般简洁照应开头，或归纳全文，以深化主题；或重申观点，以加深认识。

3. 落款

落款包括署名和日期。

（六）经济预测报告的写作要求

1. 材料要具体真实

市场预测报告中选用的材料必须具体而且真实才能够进行科学的预测；相反，则会导致错误的判断，那就会失去预测报告应有的价值，甚至造成经济损失。

2. 预测要准确无误

运用定性预测法和定量预测法等科学预测方法，获得正确的结果。

3. 建议要切实可行

切忌说大话、套话、空话。

任务二　商业计划书和经营策划书

一、商业计划书

（一）商业计划书的概念

商业计划书是公司、企业或项目单位为了达到招商融资和其他发展目标，根据一定的格式和内容要求编辑整理的、向受众全面展示公司和项目目前状况、未来发展潜力的书面材料。它通过综合分析项目的内部和外部因素，全面描述项目的性质、潜在优势、市场前景、团队构建、如何实施该项目、财务管理、投资收益、风险预测与控制、投资退出机制等方面的内容。

（二）商业计划书的格式与写法

案例点评

××果业有限公司商业计划书

一、××果业有限公司概况

1. 公司简介

××果业有限公司是集果品的生产、加工、贮运、销售为一体的股份制企业。主营××品牌绿色食品苹果、有机苹果、××葡萄等果品。（略）

公司注册资金1 100万元，实行董事会领导下的总经理负责制。公司设立子公司××绿色果业有限公司、××良种苗木繁育中心和××示范园基地。公司具有高素质的管理团队和一流的技术人才，科研力量雄厚，基础设施完善。经过多年发展，公司在长武县建有贮藏量8 000吨的果品保鲜库和高标准的果品加工车间，依托××县区位优势自建××葡萄基地650亩，是国家绿色食品发展中心颁证的绿色食品生产基地。

……

公司坚持“以工业化为基础、以标准化为手段、以品牌建设为先导、以整合资源为策略”的经营理念，定位高端消费群体，以安全、营养和一流品质赢得市场。公司已建立了成熟的销售网络，目前××有机苹果已成功开拓上海、深圳、广州、杭州、西安、重庆等国内高端水果市场，在××等大型连锁超市都设有××苹果专柜，在国内高端苹果市场上，占据了一定位置，成为中国有机苹果第一品牌。

2. 公司概况（略）

3. 公司组织机构

部门设置：行政部、生产技术部、销售部、发展规划部、财务部；

分支机构：

××绿色果业有限公司（控股公司）；

××良种苗木繁育中心（下属实体）；

××示范园基地（下属实体）。

4. 公司发展沿革（略）

5. 股东及股权结构

目前，集团注册资本为人民币1 100万元，由3名自然人股东共同出资构成。（略）

6. 管理团队（略）

7. 业务与产品（略）

二、生产基地介绍

1. 苹果生产基地（共计17 044亩）：

（1）×××基地（略）

（2）××××基地（略）

（3）××绿色果业有限公司（略）

2. ××良种苗木繁育中心（略）

3. 示范园基地（略）

三、行业及企业优势

1. 有机苹果生产的技术领先优势（略）

2. 产业优势（略）

3. 区位优势（略）

4. 品牌优势（略）

5. 项目优势（略）

四、投资要点

1. 国内领先的有机苹果生产技术和经营实践（略）

2. 独具特色的经营模式和经营理念

（1）公司采用“企业+合作社+农户”生产种植方式，让果农以企业的标准和规范进行精细生产，企业负责农资供应和产品收购，与果农建立起长期、稳固和合作关系。以相对较低、推广较快的方式进行规范化、标准化的果品生产。（略）

（2）科学合理的营销模式：

精准定位：世界最好的精品苹果、有机苹果第一品牌

差异化营销：作为有机苹果的××苹果，以黄土风情的原××风格表现自己的自然、天然、绿色、有机的本质，以大、中型超市专柜为主，与普通苹果的销售模式明显区分。

品质保障：严格遵守执行国际农业领域最先进的良好农业操作规范（CPA）和有机种植体系，保障了××果品的高品质。

品牌引领：注重品牌推广和宣传。

全程立体营销：标准规范的基地建设+国际标准的储存及深加工体系+精品标准终端。

3. 商机无限的苹果产业（略）

4. 前景广阔的综合深加工及冷链物流建设项目

（1）主要建设内容：

日产 12 吨的果蔬休闲食品生产线 3 条；1 万吨气调库；2 万吨冷藏库；每小时 20 吨的果品光电分选线、包装线各一条；6 万～8 万吨的物流系统；企业技术中心 1 个。

（2）项目主要指标：

项目实际投资预计约 1.5 亿元。

项目投资回收期：3 年。

项目建成后形成的综合能力：年加工 10 000 吨鲜果、生产 1 000 吨果蔬（主要是苹果干和苹果脆片）休闲食品、3 万吨鲜果的储存能力。

（3）经济效益：预计项目建成后年总收入 3 亿元，实现利润 4 500 万元。

（4）项目进展情况：项目已经于 2021 年 3 月 16 日与××管委会签订投资协议，被

正式批准立项；设备调研考察工作已经完成；建设方案初步确定。

五、投资合作方案

（一）经营目标

1. 完善法人治理，科学规范运作；

2. 利用各方优势，实现快速发展；

3. 迅速占领资源，打造果业品牌；

4. 稳步提升业绩，早日实现上市。

（二）运作方案

1. 由××××果业集团完成注册新公司——××××果业有限公司（以下简称××公司，已经于2010年12月完成注册）。

2. ××××果业集团以经过评估的经营性资产对××公司进行增资，增资总值约为3 000万元；

3. 投资人以现金方式认购××公司股份，投资人认购的股份约为2 000万股，增资后的××公司注册资金约为人民币5 000万元（暂定）；

4. 投资人认购股份的价格为2.0元/股；（略）

六、未来三年经营业绩预测（略）

七、投资资金拟使用方向

项目	预计资金需求额（万元）
空港冷链物流项目征地等	2 000
空港冷链物流项目1万吨冷库	1 000（总费用1 500）
空港冷链物流项目光电分选线	1 000（总费用1 500）
合计	4 000

八、××公司未来五年发展规划及设想

第一阶段（2021—2023年）

★ 联合投资资本，扩大经营规模，提升经营业绩；

★ 建成××新区“年处理1万吨果蔬休闲食品综合深加工及冷链配送”项目，形成3万吨鲜果的储存能力；

★ 建设5万亩有机苹果生产基地；

★ 完善营销网络，逐步拓展海外市场；实现销售收入2亿～3亿元；

★ 成为国家级农业产业化重点龙头企业。

第二阶段（2024—2025年）

★ 建设10万亩有机苹果生产基地；

★ 扩大深加工规模，成为国内主要鲜果和苹果深加工产品供应商；

★ 扩大苹果脆片等生产规模，实现日产3吨的生产能力；

★ 建成北京、上海、重庆、深圳等分销中心，扩大海外销售网络；

★ 稳步提升业绩，实现销售收入 4 亿～5 亿元，并完成上市。

××果业有限公司

202×年 5 月 28 日

资料来源：百度文库。

想一想：

商业计划书应包含几个部分？与经营策划书、可行性研究报告等有何不同？

评一评：

这是一份较为翔实的投资商业计划书。该文格式较为规范，首先介绍公司概况，分析了市场优势和投资优势，并详细介绍了融资项目要点、方案、资金使用预算、业绩预测、股权分配等，重点突出，详略得当，能让投资者一目了然。商业计划书一般用于吸引投资、融资，经营策划书是针对内部运营，可行性研究报告是项目立项时可行性研究。

小任务

请按照大学生“互联网+”创业比赛要求，写一份创业计划书

工具箱

商业计划书是反映公司和项目光明前景和增长潜力的书面文件，其目的是向潜在的资助者推销自己的公司。商业计划的准备程序包括搜集准确、令人信服的信息及在动笔之前认真编写提纲。一般有规范体式要求。

1. 封面

一般提供计划书项目名称、制作单位等。

2. 目录

商业计划书要列出正文小标题目录。

3. 正文

（1）商业计划摘要（或称执行概要）。此部分是投资人首先要看到的内容，故置于商业计划书的第一部分。商业计划摘要是整个商业计划书的浓缩版，需要精练地列明项目计划的目的、任务及关键要点。

（2）公司情况。此部分介绍公司基本情况、宗旨或价值取向及其历史，描述公司的现状、战略和未来计划。

（3）管理团队与组织结构。此部分应该描述管理层的人员及其背景及对主要人员的额外需求等。公司聘用的主要外部顾问和咨询专家的情况也应包括在内。

（4）项目（产品或服务）的描述。此部分详细描述产品或服务特性、元素、生产过程和产品或服务的质量、研发过程、市场竞争优势、市场前景预测等。

（5）市场分析。此部分客观描述行业内的市场状况，介绍产品（或服务）乃至创业企业在行业中所处的地位。此部分一般包括市场组成、目标市场、行业分析、竞争分析等。

（6）项目实施方案（策略分析）。此部分描述价值体现、市场策略、销售策略、进度计划等。

（7）财务分析。合理的财务预测是赢得投资的最重要的因素。因此，商业计划书中应包含成本分析、收入及利润预测、财务模型分析预测、融资计划、资金用途等内容。

（8）风险控制。分析可能面临的创业风险以及风险将导致的损失，包括环境、政策、资金、技术、市场、操作、管理以及法律责任等层面的风险。着重分析主要风险给企业带来的威胁，其他风险可简略介绍。

（三）商业计划书的写作要求

（1）写作前要撰写提纲和概要。商业计划书是寻求外界支持的书面材料，提纲和概要可以帮助理清思路，明确内容。

（2）写作目的要明确，按照规范格式写作。商业计划书是企业对自身经营情况和能力的综合总结和展望，目的是突出企业的投资价值。因此，在写作上要遵循严格的规范格式，数据要准确。

二、经营策划书

（一）经营策划书的概念

在企业的经营过程中，对某个未来的活动或者事件进行策划并展现出来的文书就是经营策划书。通过经营策划，使企业在经营过程中实现获得利润的目的。

一般按内容和项目分为商业策划书、广告策划书、活动策划书、营销策划书、网站策划书、营销型网站策划书、公关策划书等。

（二）经营策划书的特点

（1）客观性。经营策划书是企业在特定的时期为特定的产品或服务制定的经营策略，因此一定要针对企业的实际情况来制定，不能泛泛而谈，这样才能达到预期的效果。

（2）创新性。创新性是经营策划书的生命。在尊重企业客观现实的基础上，策划部门应尽可能地试用新的经营战略，或对原有的营销战略进行重构，避免因循守旧。

（3）可行性。经营策划书一旦确定下来，就对企业的经营活动产生指导作用，是每个部门都要严格执行的，因此要有很强的可行性。

（三）经营策划书的格式与写法

案例点评

蜂花品牌营销策划方案设计

1. 前言

1.1　项目背景

蜂花品牌是一家以生产和销售蜂产品为主的企业，其产品包括蜂蜜、蜂王浆、蜂花粉等。蜂花品牌秉承着天然、绿色、健康的理念，致力于为消费者提供优质的蜂产品。由于市场竞争激烈，蜂花品牌需要进一步加强品牌营销活动，提高品牌知名度和市场份额，进一步拓展销售渠道，实现可持续发展。

1.2　项目目标

通过本次蜂花品牌的营销策划方案设计，旨在实现以下目标：

（1）提升品牌知名度。通过有效的品牌推广活动，让更多的消费者了解并认可蜂花品牌，增加品牌曝光度。

（2）增加市场份额。通过差异化的产品定位与创新，满足不同消费群体的需求，不断扩大市场份额。

（3）开拓新销售渠道。寻找新的销售渠道，如电商平台、线下门店等，并与合作伙伴进行合作，拓展销售渠道，增加销售额。

（4）提高客户满意度。通过提供高品质的产品和优质的售后服务，增强客户满意度，建立良好的品牌口碑。

2. 市场分析

2.1　目标市场

针对蜂花品牌的产品，主要目标市场为年龄在25～40岁之间的健康意识较高的中产阶层消费者。这一消费群体注重健康养生，崇尚天然、绿色的生活方式，对品牌的信誉和产品质量有较高要求。

2.2　市场需求

随着人们生活水平的提高和健康意识的增强，蜂产品的市场需求逐渐增长。消费者希望能购买到天然、绿色、健康的蜂产品，满足他们日常生活中对高品质的需求。

2.3　市场竞争

蜂产品市场竞争激烈，除了传统的蜂产品品牌，还存在很多其他的竞争对手。这些竞争对手通过不同的产品定位和推广手段，争夺市场份额。为了在激烈的竞争中占据有利地位，蜂花品牌需要持续加强品牌推广，提升产品质量和品牌形象。

3. 品牌定位与差异化

3.1　品牌定位

蜂花品牌的定位是“天然、绿色、健康”。蜂花品牌将产品的天然属性与健康的理念相结合，通过自然的原产地和专业的生产工艺，为消费者提供高品质的蜂产品。

3.2　差异化竞争策略

为了与竞争对手区别开来，蜂花品牌将根据消费者需求的差异来推出多个系列的蜂产品，并通过创新的包装和推广活动来吸引目标消费群体。此外，蜂花品牌还将注重产品质量的稳定性和售后服务的优化，与其他品牌形成差异化竞争。

4. 品牌推广策略

4.1　品牌形象设计

首先，蜂花品牌需要对自身的品牌形象进行设计，包括标志、口号等，以便形成统一的品牌形象，提高品牌辨识度。

4.2　线上推广

为了提高品牌知名度和销售渠道，蜂花品牌需要进行线上推广活动。具体推广策略包括：

（1）建立官方网站和社交媒体账号，通过发布蜂产品的相关信息、品牌故事等，吸引消费者的关注。

（2）利用搜索引擎优化（SEO）技术，提高蜂花品牌的搜索排名，增加品牌访问量和曝光度。

（3）与知名博主或微信公众号合作，进行产品推荐和宣传。

4.3　线下推广

为了进一步拓展销售渠道，蜂花品牌需要进行线下推广活动。具体推广策略包括：

（1）参加食品展览会和农产品展销会等，展示蜂花品牌的产品，并与潜在合作伙伴进行洽谈。

（2）通过线下门店与合作伙伴进行合作，扩大销售渠道。

（3）举办消费者活动，如免费品尝会、产品讲座等，提升品牌知名度和消费者的购买欲望。

5. 产品策略与创新

5.1　产品策略

为了满足不同消费群体的需求，蜂花品牌将推出不同系列的蜂产品，包括：

（1）天然系列：强调原产地和原料的天然属性，满足消费者对天然食品的需求。

（2）功能性系列：针对不同功能需求，如养生、美容等，推出具有相应功能的蜂产品。

（3）礼品系列：设计独特的包装和礼盒，方便消费者购买并作为礼品送给亲友。

5.2　产品创新

为了在市场竞争中脱颖而出，蜂花品牌需要进行产品创新。具体创新策略包括：

（1）研发新品种的蜂产品，如添加特定植物精华提取物的蜂蜜、蜂蜜蜂王浆复合产品等。

（2）改善产品包装，设计独特的外观和功能，增加产品吸引力。

（3）注重产品质量的稳定性和可追溯性，建立质量监控体系，确保产品的高品质。

6. 销售渠道拓展与客户关系管理

6.1　销售渠道拓展

为了提高销售额，蜂花品牌需要开拓新的销售渠道。具体策略包括：

（1）与电商平台进行合作，如京东、天猫等，在线上销售产品，提高销售量。

（2）与线下门店合作，如超市、健身房等，在消费者经常出现的场所销售产品。

（3）与合作伙伴共建线下专卖店，打造蜂花品牌的形象和渠道。

6.2　客户关系管理

为了提高客户满意度和建立良好的品牌口碑，蜂花品牌将加强客户关系管理。具体策略包括：

（1）建立客户数据库，跟踪客户的购买行为，及时提供售后服务和产品咨询。

（2）定期派发产品样品和礼品，回馈老客户，并吸引新客户。

（3）通过客户调研和反馈，了解客户需求和意见，不断改进产品和服务质量。

7. 预算与时间安排

本次蜂花品牌营销策划方案预计实施时间为 1 年，具体预算和时间安排如下：

品牌形象设计：预计花费 2 个月时间，预算 10 万元。

线上推广活动：预计花费 6 个月时间，预算 50 万元。

线下推广活动：预计花费4个月时间，预算30万元。

产品策略与创新：预计花费3个月时间，预算20万元。

销售渠道拓展：预计花费4个月时间，预算30万元。

客户关系管理：预计花费3个月时间，预算20万元。

总预算为160万元。

8. 评估与控制

为了确保营销策略的有效性和实施效果，蜂花品牌将定期进行评估与控制。具体控制策略包括：

（1）制订具体的推广计划和目标，并进行进展追踪和监督。

（2）定期收集客户反馈和市场调研数据，分析消费者需求和市场趋势。

（3）根据市场情况和消费者反馈调整策略，优化推广活动和产品定位。

通过以上的蜂花品牌营销策划方案设计，相信蜂花品牌将能够提高品牌知名度，增加市场份额，并实现可持续发展。

资料来源：百度文库。

想一想：

在做该经营策划书前需要做哪些工作？该经营策划书是否具有可行性和可操作性？论证是否充分？

评一评：

这篇策划书简洁明晰，目标和主题明确。作为营销策划方案，通过调研，明确产品定位，细分目标市场，选择了品牌推广策略、产品策略、渠道推广等，该品牌策划方案具有可行性和可操作性。

小任务

企业在做经营策划书的时候，应该对目标市场进行哪些分析？

工具箱

策划书没有一成不变的格式，它依据产品或营销活动的不同要求，在策划内容与编制格式上也有变化。但是从营销策划活动一般规律来看，有些要素是共同的。一般可采用下列结构进行营销策划

1. 封面

策划书的封面可提供以下信息：

（1）策划书的名称；

（2）被策划的客户；

（3）策划机构或策划人的名称；

（4）策划完成日期及本策划适用时间段。

2. 正文

（1）策划目的。对本营销策划所要达到的目标、宗旨树立明确的观点，要求全员统一思想，协调行动，共同努力保证策划高质量地完成。

（2）分析当前的营销环境状况。① 当前市场状况及市场前景分析：包括产品的市场性、现实市场及潜在市场状况、市场成长状况和消费者的接受性。② 对产品市场影响因素进行分析。主要是对影响产品的不可控因素进行分析，如宏观环境、政治环境、居民经济条件、消费者收入水平、消费结构的变化、消费心理等。

（3）问题分析与市场机会。① 针对产品目前营销现状进行问题分析。一般分析营销中存在的具体问题如销售渠道、消费者等问题。② 针对产品特点分析优、劣势。分析各目标市场或消费群特点进行市场细分，对不同的消费需求尽量予以满足，抓住主要消费群作为营销重点，找出与竞争对手差距，把握利用好市场机会。

（4）营销目标。营销目标是在前面目的任务基础上公司所要实现的具体目标，诸如"总销售量为×××万件，预计毛利×××万元，市场占有率实现××"等。

（5）营销战略（具体营销方案）。① 营销宗旨。这是策划方案的重要部分。② 产品策略。通过产品市场机会与问题分析，提出合理的产品策略建议，包括产品定位、产品质量、产品品牌、产品包装、产品服务等。③ 价格策略。根据相关定价原则制定合理价格。④ 销售渠道。⑤ 广告宣传。一般应服从公司整体营销宣传策略；在一定时段推出广告；不定期的配合阶段性的促销活动等。

（6）策划方案各项费用预算。记载的是整个营销方案推进过程中的费用投入，包括营销过程中的总费用、阶段费用、项目费用等，其原则是以较少的投入获得最优的效果。

（7）方案调整。这一部分是作为策划方案的补充部分。在方案执行中都可能出现与现实情况不相适应的地方，因此，方案在执行时必须随时根据市场的反馈及时调整。

（四）经营策划书的写作要求

（1）经营策划书的撰写要建立在调查研究和可行性分析的基础上，只有这样策划才能有针对性地进行，使其具有可行性。

（2）经营策划书要做得具体、精细，具有可操作性。

任务三　可行性研究报告和审计报告

一、可行性研究报告

（一）可行性研究报告的概念

可行性研究报告是成立公司、开发新产品、实施新体制、投资建设项目前，进行全面分析、论证、评估，对项目成功的可行性进行研究，以确定其技术上先进、合理，经济上有效益，为决策提供依据的一种书面报告。

国家计划委员会1983年颁发的《关于建设项目进行可行性研究的试行管理办法》规定，凡大型工业交通项目，重大技术考查项目，利用外资项目，技术引进和设备进口项目都要进行可行性研究；凡编制可行性研究的建设项目，不附可行性研究报告者，不得审批设计任务书。

可行性研究报告是科学决策的有效工具，经过定性和定量的分析和计算，能够确保项目的切实“可行性”，是财政、金融、会计、营销、环保、税务等多个部门的专业人士在深入分析论证和对比的基础上得出的科学结论，在项目的建设和经营过程中最大限度地避免失误，为企业取得经济效益和社会效益提供了可靠的保证。

（二）可行性研究报告的特点

1. 科学性

可行性研究报告不仅要阐明项目在技术和经济上所依据的理论和原理，还要运用大量的数字、资料论证该项目的实际可行性。论证过程需要介绍、分类、比较、图表数字等说明方法的支持。

2. 论证性

可行性研究是个集思广益的过程，需要宏观和微观、现实和长远、政治和经济等多方面的综合论证。总之，只有充分的论证、深入的分析才能保证结论的正确性。

3. 综合性

可行性研究报告的内容涉及市场需求、技术上的可行性、资金的预算等不同领域不同内容，必须由多学科共同合作完成，具有很强的综合性。

4. 系统性

可行性研究报告要求解决项目应否实施、何时实施及如何实施等系列问题。因此，作者必须围绕影响项目的各种因素进行全面系统的分析，所以可行性研究报告是一个系统工程。

（三）可行性研究报告的格式与写法

案例点评

××省××厅办公区立体车库建设项目可行性研究报告

1. 项目概况

1.1 项目名称

××省××厅办公区立体车库建设项目

1.2 建设单位基本情况（略）

1.3 项目概况

1.3.1 建设目标

近年来，随着车辆进入家庭速度的发展，厅机关大院停车难问题日益凸显，部分职工车辆找不到停车位，考虑到现车位资源的不足，以及未来车位需求的增加，本项目建设旨在针对厅机关大院车位资源不足的情况下，进行车位资源的增加，以满足未来的需要。本项目旨在充分利用现有场地，改善停车条件，缓解××厅机关及办事群众停车难的问题。充分按照打造“技术领先，环保节能”精品工程的目标，在2018年内全力完成××厅办公区立体车库建设前期工作，确保2019年建成并投入使用，基本解决机关干部职工停车难问题。

1.3.2 主要建设内容及规模

立体车库占地面积约为464.41平方米。

新建8层平面移动立体智能停车库，设计车位135个。

包括立体车库基础，泊位设施设备及安装、外装饰工程、建设消防、配电等公用工程设施。

1.3.3　投资估算与资金筹措

项目建设投资1 192.64万元，资金来源于财政预算资金。

1.3.4　项目建设期

12个月。

1.4　编制的主要依据

（1）住房城乡建设部《关于印发城市停车设施规划导则的通知》（建城〔2015〕129号）；（略）

1.5　研究的简要综合结论

（1）随着××市经济社会的飞速发展，城市治安交通工作的重要性日趋明显。因此，建设与完善业务办公配套的停车设施，对提高区域应急处突和提高管理服务水平，构建和谐社会有着重要意义。

（2）××省××厅开展机械式立体停车场的建设，对在××市内普及机械式立体停车场可以起到引领示范作用；推行××厅机关的各项便民措施，切实提高工作效率，弥补前期建设中车位的不足，是十分必要的。

（3）本项目新增先进的设备，拟使用较为先进的平移类设备，兼容性强、系统架构简单、安全性有保障、运行维护方便，技术方案是可行的。

（4）本项目的选址位于办公楼左侧，老水文楼L型包围区域，在原有停车区域的基础上进行立体车库的建设，有利于充分利用有限的资源，增加车位，缓解车位紧张的问题。

2. 项目建设的必要性

2.1　项目提出的背景

2.1.1　政策背景（略）

2.1.1.1　国家层面

国家发展改革委《关于加强城市停车设施建设的指导意见》（发改基础〔2015〕1788号）指出总体思路。（略）

2.1.1.2　省市层面

××市人民政府出台《关于加快推进停车设施建设的通知》（×政规〔2015〕7号）。（略）

2.1.2　项目背景

随着我国城市经济和汽车工业的迅速发展，拥有私家车的家庭越来越多，而与此相对应的是城市停车状况的尴尬。停车问题是城市在发展过程中出现的静态交通（车辆停放状态）问题，静态交通是相对于动态交通（车辆行驶状态）而存在的一种交通形态，二者相互联系，互相影响，停车设施是城市静态交通的主要内容，随着城市的不断发展，

各种车辆的不断增加，对停车设施的需求也在不断增加，如果两者之间失去平衡，城市里就会出现停车难等一系列问题。（略）

2.2 项目建设的必要性

（1）项目建设是节约城市土地资源的需要。（略）

（2）项目的建设是满足厅办公人员实际诉求，完成厅办公楼配套设施建设的需要。

若按工作人员人数测算，前实际在机关大院工作的人员为 778 人。其中，机关公务员 133 人、参公人员 111 人、事业编人员 81 人，××局人员 119 人，×××局人员 148 人，借用和劳务派遣人员 48 人，安保服务人员 10 人。按人员数与停车位 1:0.7 配置停车位（各地比例标准在 0.7～0.8 之间，××厅按 0.7 计算），需 455 个停车位。（略）

综上所述，该项目的建设是十分必要和迫切的。为此，××省××厅特提出立体停车库建设项目。

3. 项目选址及建设规模

3.1 项目选址

本项目选址位于××省××厅院内东北角，项目建设用地为现状为地面停车区，现状停车 19 辆。项目用地面积 2 166.106 平方米，用地内已建有水文楼，4 层，17 米高。本次规划停车库位于水文楼西侧，与水文楼毗邻建设。土地性质为办公用地，场地现场平整，并已进行了地质勘测。项目建设场地符合停车场总平面布置的相关规定，地域内地势平坦，市政供电、给排水、供气、通信等基础设施齐备，为项目顺利实施提供了保障。但项目用地范围内有绿化植物需要移植。（略）

3.2 项目区建设条件

3.2.1 项目区气象条件（略）

3.2.2 项目区区域地质条件（略）

3.2.3 项目区社会环境条件（略）

3.2.4 项目区市政公用设施依托条件

供电：本项目供电由××区供电公司经市政电网提供，供电能力充足。

供水：供水由××市××区水务集团经市政管网提供，水质优良，四季供应均衡，厅办公楼有消防水箱。

排水：××厅周边排水系统属高灌低排明渠暗管网络结构，雨水入渠，污水经处理后经暗管排入市政排水管网。

通信：区域内通信与市政通信网相联，线路畅通。省、市联网的电视网，宽带网已建设完成，移动通信网络已覆盖全区，通信条件方便。

3.3 项目场址建设条件

3.3.1 场址工程地质条件（略）

3.3.2 场区地震情况（略）

3.3.2.1 抗震设防类别

根据设计和建设单位提供的资料，结合国家和××省现行规范、标准，拟建工程抗震设防类别为丙类（标准设防类）。

3.3.2.2　地震稳定性

场地及附近没有发震断裂构造及地震诱因，也没有滑坡、崩塌、

液化、泥石流等地震稳定性灾害产生的条件。拟建场地属建筑抗震一般地段。

3.3.3　场区岩土工程情况（略）

3.4　主要建设内容与规模

项目选址位于办公楼左侧的老水文楼 L 型包围区域，立体车库占地面积约为 464.41 平方米，在限定的用地范围内，同时建筑高度尽量不超过水文楼的情况下，本项目拟建设 8 层，总建筑高度 18.40 米（1 层高 2.99 米，2 层高 2.45 米，3—7 层高 2.05 米，车库顶层设备层 2.30 米）智能立体车库，停车位 135 个。

4. 工程方案（略）

5. 运营管理方案（略）

6. 环境影响评价

6.1　环境和现状（略）

6.2　主要污染物（略）

6.3　影响分析和防治措施（略）

7. 项目组织与管理（略）

8. 项目招投标

8.1　招标依据

《中华人民共和国招标投标法》;（略）

9. 投资估算与资金筹措

9.1　建设投资估算的范围（略）

9.2　投资估算（略）

9.3　资金筹措

本项目建设投资 1 192.64 万元，资金来源为财政预算资金。

9.4　资金使用计划

根据项目实施进度安排，本项目建设投资在建设期 12 个月内完成。

10. 劳动安全、卫生与消防（略）

11. 社会影响分析

11.1　社会影响分析

本项目的实施，可解决××厅机关车位紧缺的问题，可使××省××厅提高办事效率，是规范化管理的要求，是政府机关全面深化改革的需要，项目建设加强了基础设施建设，为国家的改革、发展、稳定提供强有力的物质保障和良好的服务，具有良好的社会效益。（略）

11.2　社会风险（略）

12. 社会稳定风险分析

12.1　编制依据

《国家发展改革委重大固定资产投资项目社会稳定风险评估暂行办法》（发改投资〔2012〕2492 号）;（略）

12.2　社会稳定风险调查（略）

12.2.1　调查的内容和范围（略）

12.2.2　调查的方式和方法（略）

通过初测实地踏勘情况，以会议汇报形式征询当地的发展改革、建设交通、环保等职能部门的意见，以及发函、公示、问卷调查、走访群众、座谈会等多种方式和方法，以达到广泛调查、充分搜集各方意见和诉求的目的。针对社会各界和群众意见、建议，开展风险分析的情况以及制订、优化完善预防和化解措施的情况。

12.3　拟建项目的合法性、合理性

12.3.1　项目的合法性

项目建设符合《市人民政府办公厅关于转发××市 2018 年停车场规划建设工作方案的通知》（×政办〔2018〕59 号）、《市人民政府办公厅关于加快推进停车设施建设的通知》（×政规〔2015〕7 号）文件精神。

12.3.2　项目的合理性

项目建设是适应城市发展，缓解城市停车需求，响应《市人民政府办公厅关于转发××市 2018 年停车场规划建设工作方案的通知》（×政办〔2018〕59 号）文件精神的需要，项目建设规模及内容符合《城市停车设施建设指南》等相关规范。

12.4　利益相关方的诉求

利益相关方主要涉及建设方案、××环境保护、交通影响、施工措施及对周边生产生活的其他影响等，通过广泛调查、充分搜集各方意见和诉求的目的，针对社会各界和群众意见、建议，开展风险分析。

12.5　社会稳定风险识别（略）

12.6　风险估计及初始风险等判断（略）

12.7　防范和化解措施

针对主要风险因素研究提出各项综合和专项的风险防范和化解措施策略，详见下表。（略）

13. 结论与建议

13.1　研究结论

随着××市经济社会的飞速发展，城市治安交通工作的重要性日趋明显。因此，建设与完善业务办公配套的停车设施，对提高区域应急处突和提高管理服务水平，构建和谐社会有着重要意义。

××省××厅开展机械式立体停车场的建设，对在××市内普及机械式立体停车场可以起到引领示范作用；弥补前期建设中车位的不足，是十分必要的。

本项目新增先进的设备，使用较为先进的平面移动类设备，兼容性强、系统架构简单、安全性有保障、运行维护方便，技术方案是可行的。

本项目的选址位于办公楼左侧，老水文楼 L 型包围区域，在原有停车区域的基础上进行立体车库的建设，有利于充分利用有限的资源，增加车位，项目建设虽不能完全解决水利厅停车难问题，但可在一定程度上缓解停车压力。

13.2　建议

项目批准后，要组织专门人员，精心设计，精心施工，争取早竣工、早受益。

建议项目建设单位落实项目资金，以确保本项目顺利实施。

加强管理，确保安全。建筑施工安全是工程建设施工中最重要的环节，绝不可掉以轻心。要注意科学安排工程进度，合理调配施工人员，有效开展施工安全教育，制定、完善各项安全制度和应急预案，加强施工全程安全控制，杜绝各类安全事故的发生。

1. 附表：建设项目投资估算表

2. 附件：（略）

建设单位：××省××厅

编制单位：××市技术经济工程咨询中心（盖章）

证书编号：工咨甲××

编制时间：201×年 8 月

想一想：

该可行性研究报告的结论是如何得出的？是否确实具有可行性？

评一评：

这是一份工程项目可行性研究报告。工程项目建设对建设区域相关方面影响巨大，如果事先不做相关的可行性研究，建设或者建成后出现问题，对建设区域会造成巨大的经济影响和社会影响。因此，该立体车库项目从 12 个方面对项目建设的可行性进行了充分论证，既有建设依据，也有调研数据，还有对环境等影响评估，最后得出了可行性结论。整个报告数据翔实，依据明确，为决策者提供有力的参考依据。

小任务

学校拟在学生公寓开展“一站式社区”建设，××学院决定在该学院所属学生公寓 1 楼建设“××文创社区”，请同学们分析讨论其建设规模及可行性，并完成一篇可行性研究报告。

工具箱

可行性研究报告篇幅的长短和内容的繁简，往往取决于项目的大小和问题的难易。一般来讲，可行性研究报告的结构包括标题、正文、落款和附件四部分。

1. 标题

一般由拟建项目名称和可行性研究报告（文种）名称组成

2. 正文

正文包括前言、主体、结尾三部分

（1）前言。前言又称总论，简要地陈述项目提出的依据和背景、指导思想、基本情况和基本设想。

（2）主体。主体是可行性研究报告的分析论证部分。要求采用系统分析方法，以经济效益为中心，围绕影响项目的各种因素，运用大量的数据资料论证拟建项目是否可行。

主体一般包括：

① 市场需求情况。它包括国内、国际市场的现状、动向以及本产品状况。

② 原材料、能源、交通情况。它包括原料、辅助材料、能源、半成品、配件等品种、规格、数量、质量、来源渠道和供应状况等。

③ 项目地址的选择和建设条件。它包括项目地址的自然条件、经济条件、社会条件和交通运输条件，土建工程要说明建筑面积、结构、实物工程量、造价，以及“三废”处理的措施。

④ 技术、设备和生产工艺。它包括技术名称、技术水平、技术引进、工艺流程和要求；设备的名称、型号、规格、数量、质量以及配套工程、辅助设施、人员培训等情况。

⑤ 资金筹集、财务和经济评价。它包括全部工程所需投资额、流动资金的需求量、各项资金的筹措方式及贷款偿付期限和方式；对资金投入进行的分析论证；投产后的经济效益、社会效益预测以及其敏感性分析。

⑥ 环境保护等。

（3）结尾。即结论与评价。从市场，技术、条件、资金、效益各方面进行分析、评价和比较，明确提出该项目是否可行的结论；也可指出问题，提出建议。

3. 附件

有关资料和证明文件附上，作为正文的依据和证明备查。

4. 落款

落款包括项目主办单位、负责人，主要技术负责人，经济负责人以及年、月、日。

（四）可行性研究报告的写作要求

1. 坚持实事求是的工作作风

通过深入的调查研究、材料分析和准确的数据计算得出正确的结论。

2. 掌握科学合理的分析方法

在可行性分析过程中考虑问题要全面，不仅要看到有利因素，也要看到不利因素。为了准确深入地认识事物，就要把定量分析和定性分析结合起来。

3. 树立团结合作的协作精神

可行性研究报告涉及自然学和社会科学，从调查到分析、研究、计算，其间大量的工作需要各种专业的相关人才通力合作，因此，要树立团结合作的协作精神，保证工作的顺利完成。

二、审计报告

（一）审计报告的概念

审计报告又称审计报告书或者查账报告书。它是审计人员在对被审计单位的财务收支、经济效益进行审查后，根据审计结果向审计授权单位或委托单位作出的书面文字材料。按照审计工作规程的要求，每项审计项目完成后都必须编制审计报告。审计报告是对审计项目的审计过程和结果的全面总结，也为审计机关对审计结果作出审计结论和处理决定提供了前提和依据。

（二）审计报告的特点

1. 参照性

审计报告是国家审计机关作出审计结论和处理决定的重要依据，也是被审计单位执行审计结论和改进工作的重要依据。

2. 检验性

审计报告是审计机关成果的一种总结，通过它可以检查审计工作任务的完成情况，衡量审计人员政策业务水平和工作质量的高低。

3. 公正性

审计报告是鉴证文件。审计人员以政府的政策法规为标准，以充分的证据和公正的立场，对审计过程中发现的问题作出公正公平的评价，因此，作为审计结果的审计报告在实际经济活动中起到一定的公正作用。

（三）审计报告的种类

（1）依据审计范围的不同，可将其分为综合审计报告和专项审计报告。

（2）依据审计内容的不同，可将其划分为财务审计报告、经济效益审计报告和财经法纪审计报告。

（3）依据审计组织的不同，可将其划分为内部审计报告和外部审计报告。

（四）审计报告的结构和写法

案例点评

关于××有限公司2021年财务收支及经济责任的审计报告

审字〔2022〕××号

××总公司：

我们受贵公司委托，对截至2021年12月31日贵公司下属××有限公司财务收支情况及公司法定代表人××同志任职期间的经济责任履行情况进行了审计。提供真实、合法、完整的会计资料和相关资料是的责任，我们的责任是在实施审计工作的基础上对审计报告的准确性、可靠性发表审计意见。我们的审计依据是《中国注册会计师审计准则》《党政主要领导干部和国有企事业单位主要领导人员经济责任审计规定》（中办发〔2019〕45号）、《党政主要领导干部和国有企业领导人员经济责任审计规定实施细则》（审经责发〔2014〕102号）等文件精神。在审计过程中，我们结合实际情况，实施了包括了解内控及其执行情况，检查会计资料及经济业务合同、会议纪要等相关资料，张贴审计公示告知书，与被审计单位相关人员座谈、交换意见等我们认为必要的审计程序，我们相信，我们的审计工作获取了充分适当的审计证据，为发表意见提供了合理的基础。现将审计情况报告如下：

一、审计目的

通过对公司开展年度经济责任审计，强化国有企事业单位主要领导人员的管理监督，促进领导干部履职尽责、担当作为，贯彻新发展理念，聚焦经济责任，促进单位全面深化改革和可持续发展。

二、审计依据和审计内容

（一）审计依据

1.《中国注册会计师审计准则》；

2.《党政主要领导干部和国有企事业单位主要领导人员经济责任审计规定》（中办发〔2019〕45 号）；

3.《党政主要领导干部和国有企业领导人员经济责任审计规定实施细则》（审经责发〔2014〕102 号）；

4.《委托合同书》。

（二）审计内容

1. 贯彻执行党和国家经济方针政策、决策部署情况；

2. 企业发展战略规划的制定、执行和效果情况；

3. 重大经济事项的决策、执行和效果情况；

4. 企业法人治理结构的建立、健全和运行情况，内部控制制度的制定和执行情况；

5. 企业财务的真实合法效益情况，风险管控情况，境外资产管理情况，××环境保护情况；

6. 在经济活动中落实有关党风廉政建设责任和遵守廉洁从业规定情况；

7. 以往审计发现问题的整改情况；

8. 其他需要审计的内容。

三、基本情况

（一）单位基本情况（略）

（二）单位财务状况（略）

四、履行经济责任的情况

（一）贯彻执行党和国家经济方针政策、决策部署情况

2021 年度，在××的正确领导下，严格按照国家的法律、法规和国家经济方针政策及决策部署开展工作，深入贯彻执行新时代党的建设总要求，认真落实国家及总公司等廉政建设工作的部署和要求，聚焦企业主责主业，提质增效，为公司稳定发展提供坚强保证。

（二）企业发展战略规划的制定、执行和效果情况

公司的远景发展目标和规划，主要是配合总公司××部做好线上、线下人才培养并面向社会做好行业培训工作，为职院稳定发展做好保障工作。

（三）重大经济事项的决策、执行和效果情况（略）

（四）企业法人治理结构的建立、健全和运行情况，内部控制制度的制定和执行情况

1. 企业法人治理结构方面。（略）

2. 内部控制方面。（略）

（五）企业财务的真实合法效益情况，风险管控情况，××环境保护情况（略）

（六）在经济活动中落实有关党风廉政建设责任和遵守廉洁从业规定情况（略）

（七）以往审计发现问题的整改情况

2020 度财务收支审计和经济责任审计发现的问题，绝大部分已整改，合同履行不规范等个别问题仍然存在。如 2021 年×月×号凭证中，××机房维护及维修配件费×××元，未按约定双方签字盖章后七个工作日内付款。

五、审计发现的主要问题及相关建议

（一）合同管理方面

1. 未按照合同约定收缴管理费。（略）

上述事项不符合《企业会计准则——基本准则》第十九条“企业对于已经发生的交易或者事项，应当及时进行会计确认、计量和报告，不得提前或者延后”的规定。

审计建议：严格执行合同，按时收缴管理费，保证收入确认的及时性。

2. 合同签订不严谨，且延迟确认成本。（略）

审计建议：加强对委托服务类协议签订内容的审核，以保障自身合法权益；按照提供服务期间，及时确认成本。

3. 先提供服务，事后补签合同。

（1）2021 年 2 月×号凭证反映。（略）

（2）2021 年 6 月×号凭证反映。（略）

审计建议：增强风险意识，避免事后补签合同。

（二）资产管理方面

审计建议：固定资产分类及折旧年限参照《企业所得税法实施条例》第六十条“除国务院财政、税务主管部门另有规定外，固定资产计算折旧的最低年限如下：房屋、建筑物，为 20 年；飞机、火车、轮船、机器、机械和其他生产设备，为 10 年；与生产经营活动有关的器具、工具、家具等，为 5 年；飞机、火车、轮船以外的运输工具，为 4 年；电子设备，为 3 年”的规定，设为房屋及建筑物 20 年；机器设备 10 年；运输设备 4 年；电子设备 3 年；其他设备 5 年。无特殊情况，不短于税法规定的最低年限，以免需要确认递延所得税。

建议按月计提折旧、摊销，折旧表列明资产编号、资产类型、固定资产名称、存放地点、使用状况、残值率等相关信息。

（三）账务管理方面

1. 自 2021 年 4 月 1 日至 2021 年 12 月 31 日，武汉市增值税小规模纳税人适用 3%征收率的应税销售收入，减按 1%征收率征收增值税。（略）

审计建议：按 3%征收率计缴增值税，减免的 2%记入“其他收益”科目。

2. 代扣个税手续费，核算时记入“其他业务收入”（2021 年 3 月×号凭证）。（略）

审计建议：代扣个税手续费，记入“其他收益”科目。

（四）税务风险方面

1. 提前确认收入，存在税务风险

（1）2021 年×月×号凭证反映：自 2020 年 3 月 1 日至 2021 年 3 月 31 日，对湖北省增值税小规模纳税人，适用 3%征收率的应税销售收入，免征增值税。自 2021 年 4 月 1 日至 2021 年 12 月 31 日，武汉市增值税小规模纳税人适用 3%征收率的应税销售收入，

减按1%征收率征收增值税。（略）

审计建议：在合同约定的服务期限内确认收入，根据相关政策计缴增值税，避免税务风险。

2. 推迟确认收入、未申报应税销售收入，存在税务风险（略）

六、审计结论

2021年度，××履职尽责、担当作为，贯彻新发展理念，聚焦经济责任，圆满完成了线上线下培训、竞赛等各项目标任务，全年实现利润×××万元，有效促进公司全面深化改革和可持续发展。本次审计未发现××同志存在个人经济问题，审计期间未收到关于××同志个人经济问题的举报。

七、附表

1. 2021年12月31日资产负债表；
2. 2021年利润表；
3. 2021年度财务检查情况表。

八、附件

1.《省财政厅关于准予××会计师事务有限公司转制的批复》（×财会发〔2022〕10号）；
2. 会计师事务所执业证书；
3. 公司营业执照；
4. 注册会计师执业证书。

××会计师事务所　　中国注册会计师：××

2022年×月×日

想一想：

本文是否符合审计报告的特点？

评一评：

本文属于专项审计报告，依据相关法规审计撰写，分项说明情况，依据发现提出有针对性的意见和建议，用语简明扼要。

小任务

根据上述审计报告归纳审计报告的基本框架。

工具箱

1. 标题

审计报告的标题有两种写法，一种是“审计机关+被审计单位名称+审计内容+文种”，如“××市审计局对××公司2008年度财务收支状况的审计报告”；另一种是“被审计单位名称+审计内容+文种”，如“关于××学院资产负债表的审计报告”。

2. 主送单位

主送单位即审计报告的受文单位，务必注明全称或规范化简称。例如，××市审计局、××学院等。书写时要顶格，后面以冒号引领全文。

3. 正文

审计报告的正文包括引言、主体和结尾三个部分。

（1）引言。主要包括审计的依据、时间、内容、范围、审计方式及有关情况的概括说明等。该部分一般以“现将审计结果（情况）报告如下”等语句过渡到下文。

（2）主体。审计报告的主体部分主要包括以下几方面内容：

① 基本情况。概述被审计单位的基本生产经营情况，包括单位经济性质、生产规模、经营状况等。

② 发现问题。这是审计报告阐述的重点。审计报告不仅要说明发现的问题，还要说明问题产生的原因。

③ 审计决议。该部分主要是针对审计过程中发现的问题确定问题的性质和责任，以便依据国家法律、法规、政策和制度等规定和标准分别对问题提出处理意见。

④ 审计评价和建议。审计评价是审计机关对被审计单位作出的结论性评语，可分为肯定性评价和否定性评价。审计建议是审计机关针对审计过程中发现的问题提出的旨在帮助被审计单位改进工作的意见和要求。

（3）结尾。结尾一般运用公文惯用语，如“当否，请审批”“特此报告”等。

4. 落款

在正文的右下方签署审计机关和审计人员的名称。凡参加审计的人员都要签名盖章，以示负责。日期要具体到年月日，且要书写完整，书写在签名的下一行。

5. 附件

附件一般是审计过程中发现问题的证明材料，附在正文之后，作为审计报告结论的佐证。可在正文落款位置左侧先注明附件等。

（五）审计报告写作要求

1. 实事求是，证据确凿

审计报告的撰写是建立在对审计材料整理分析的基础上的，因此，对审计材料的收集审核一定要秉着实事求是的态度，以确保材料翔实，证据充分确凿。

2. 依法办事，观点正确

审计要依据政府的有关方针、政策、法律法规进行。法律法规是衡量一个单位或当事人的经济行为是否符合财经法纪的唯一标准，因此，只有严格依法办事才能提出正确的观点。

3. 科学分析，结论正确

审计报告不是单纯的审核材料的堆砌，而是通过对列入报告的事件和数据进行科学的分析，才能准确判断被审计单位出现财经问题的原因，然后得出结论并提出有针对性的意见或建议。

4. 语言简明，表达清晰

审计报告所采用的数据要精确，语言表述要简明扼要，措辞要准确得体，不能滥用术语或专用名词，以免引起误解。

任务小结

市场经济条件下，企业自主经营、自负盈亏，因此前期的经济调研报告、经济预测报告、可行性研究报告等相关活动信息文书都对企业起着重要的参考和指导作用：商业计划书、营销策划书的成功与否甚至直接决定着企业的兴衰成败；而审计报告则是对企业单位、个人在经济活动过程中是否规范诚信经营的检验。因此，学习和掌握经济调研类文书的写法，并能在实际工作中写出规范文书是企业成立之初必备能力。

同步测试

一、概念解释

经济调查报告　经济预测报告　可行性研究报告　经营策划书

二、复习思考

1. 用表格说明经济预测报告、可行性研究报告的异同。
2. 经济调查活动有哪些程序和方式？
3. 商业计划书和经营策划书的异同？

三、问题诊断

阅读下面这个案例，回答问题：

20××年 5 月，某地一个商场开业庆典，推出了一个策划项目：凡是手持百元人民币号码尾数为“88”的可抵 200 元消费。结果顾客手持“中奖”人民币蜂拥而至，柜台被挤坏，还有人员受伤，主办商家只好提前宣布活动中止。这次活动招致顾客不满，还受到中国人民银行的警告，工商部门也上门来干预。

1. 以上案例策划失败，错在哪些地方？
2. 为什么会造成如此局面？
3. 假如让你来策划这家商场的开业庆典，说说你的策划思路。

实训设计

1. 实训目的

了解经济调查的程序，熟悉经济调查报告、经营策划书的格式与注意事项，掌握上述三种文书的写法。

2. 实训项目

××职业技术学院管理学院大三学生××等 3 人实习后，决定共同开办××乡村研学公司。请学生进行相关市场经济调查，并在此基础上作出市场经济调查报告，若上述活动成立则进一步进行市场营销策划。请完整演示该过程。

3. 实训思路

（1）让学生能厘清整个思路。

（2）让学生掌握调研的程序和方式。

（3）让学生学会经济调查报告和营销策略，练习写作市场调研类文书。

4. 实训做法

（1）学生每 10 人为一个团队，根据各自的特长和爱好自由组合，进行市场调研等活动。学生需分工合作，每组分别准备经济调查报告、营销策划书各一份。

（2）课下做好资料搜集准备。

① 市场调查前需做的准备：

A. 每个团队内部根据各自的特长合理分工；

B. 确定调查的范围和对象；

C. 做好调查表。

② 经济调查报告、营销策划书等文书的写作准备：

A. 整理市场调研所得的材料，去粗取精，筛选有用信息；

B. 明确主题。

（3）学生课下拟好文书，用两节课讨论，论证各自方案的可行性。

拓展阅读

习近平：以深化调查研究推动解决发展难题

习近平总书记在学习贯彻习近平新时代中国特色社会主义思想主题教育工作会议上强调，要"以深化调查研究推动解决发展难题"。在全党大兴调查研究，是在全党开展的主题教育的重要内容，我们要深刻领会习近平总书记关于调查研究的重要指示精神，深刻认识调查研究的极端重要性，切实提高调查研究实效。今天，我们梳理了习近平总书记的部分相关重要论述，邀您一起学习领悟。

各地区各部门各单位各方面都要在深入调查研究的基础上明确自己工作方面的短板是什么，以扎实的思路、举措尽快把短板补齐，避免各种各样的短板牵扯我们的工作、影响既定目标的实现。

——2016 年 1 月 29 日，习近平在中共中央政治局第三十次集体学习时的讲话

要正确认识当前经济形势，深入调查研究，以更大的力度推进全面深化改革，积极破解发展面临的各种难题、化解来自各方面的风险挑战和巨大压力，为推进改革发展、战胜各种风险挑战凝聚广泛共识、汇聚强大力量。

——2020 年 7 月 28 日，习近平在中共中央召开的党外人士座谈会上的讲话

要大兴调查研究之风，多到分管领域的基层一线去，多到困难多、群众意见集中、工作打不开局面的地方去，体察实情、解剖麻雀，全面掌握情况，做到心中有数。要营造环境、创造条件，鼓励基层干部群众讲真话、讲实话、讲心里话。对发现的问题，要分析原因、找准症结，有针对性地研究解决。

——2022 年 12 月 26 日至 27 日，习近平在中共中央政治局民主生活会上的讲话

既要到工作局面好和先进的地方去总结经验，又要到困难较多、情况复杂、矛盾尖

锐的地方去研究问题，特别是要多到群众意见多的地方去，多到工作做得差的地方去，既要听群众的顺耳话，也要听群众的逆耳言，这样才能听到实话、察到实情、收到实效。

——2017 年 10 月 25 日，习近平在党的十九届一中全会上的讲话

调查研究要注重实效，使调研的过程成为加深对党的创新理论领悟的过程，成为保持同人民群众血肉联系的过程，成为推动事业发展的过程。要防止为调研而调研，防止搞“出发一车子、开会一屋子、发言念稿子”式的调研，防止扎堆调研、“作秀式”调研。

——2019 年 5 月 31 日，习近平在“不忘初心、牢记使命”主题教育工作会议上的讲话

现在，各方面对调查研究是重视的，但还要下更大功夫，关键是把调查研究做深做实，避免浮在表面、流于形式。要眼睛向下、脚步向下，经常扑下身子、沉到一线，近的远的都要去，好的差的都要看，干部群众表扬和批评都要听，真正把情况摸实摸透。

——2021 年 9 月 1 日，习近平在中央党校（国家行政学院）中青年干部培训班开班式上的讲话

现在，经济形势变化很快，我们不熟悉、不知道的事情很多，要做好工作，就要深入调研、加强分析、加强学习、提高本领。

——2016 年 12 月 14 日，习近平在中央经济工作会议上的讲话

各级党政干部要把调查研究、求真务实作为基本功，不能脱离实际，想当然、拍脑袋；要强化系统观念，统筹处理好两难甚至多难问题，不能“按下葫芦起了瓢”。

——2022 年 12 月 23 日，习近平在中央农村工作会议上的讲话

年轻干部要提高调查研究能力。调查研究是做好工作的基本功。一定要学会调查研究，在调查研究中提高工作本领。调查研究要经常化。要坚持到群众中去、到实践中去，倾听基层干部群众所想所急所盼，了解和掌握真实情况，不能走马观花、蜻蜓点水，一得自矜、以偏概全。

——2020 年 10 月 10 日，习近平在中央党校（国家行政学院）中青年干部培训班开班式上的讲话

项目三

经济信息传播文书

学习目标

知识目标：

- 了解经济信息传播文书的概念、特点及写作要求。
- 理解不同类别经济信息传播文书的区别。
- 掌握经济信息传播文书的写作格式。

能力目标：

- 学会区别写作情境，使用不同种类的经济信息传播文书。
- 能够结合实际撰写商业广告、经济消息等文书。

素质目标：

- 具备观察、搜集、辨识信息素养。
- 具有正确、鲜明的处理和运用信息能力。

情境设计

某学院帮助对口联系的乡村成立了农产品公司。最近该农产品公司根据该村实际，研发出新品猕猴桃汁。该公司请求某学院帮助他们对该产品进行推广，希望能够在市场占据一定份额。

该学院相关协作乡村振兴部门应该做些什么呢？为了宣传该产品，应该撰写哪些文案？

启示：

从上述情境来看，推广商品，首先要对商品的性能功效进行分析，对商品进行说明，以便于消费者了解；为了引起社会的关注，可以运用各种媒体广告、新闻消息等进行宣传。而要做好以上工作，就必须掌握并能够撰写商品说明书、经济广告文、经济消息等经济信息传播文书，并且可以以评论的形式对商品进行分析，加大商品的影响力。

知识导读 经济信息传播文书概述

一、经济信息传播文书的概念

经济信息传播文书是指人们对经济现象进行说明、传播、报道的一种应用文体。经济信息传播文书能有效地对经济信息进行说明、传播，为经济生产带来直接效益，为消费者提供消费指南。

经济信息传播文书包括商品说明书、商业广告、经济消息、经济评论等。

二、经济信息传播文书的特点

（一）准确性和真实性

经济信息传播文书的写作要求必须客观真实的反映商品的内容，不允许有任何的夸张和虚构的成分。

（二）指导性

经济信息传播文书是对消费者消费行为的指导，同时也对企业生产发展起一定的指导作用。

（三）时效性

经济信息传播文书要求在内容的表述上要明确而有针对性，对商品的性能、使用说明进行介绍。同时，它是对正在发生的经济现象进行分析评价，因此具有非常强的实效性。

（四）严密性

经济信息传播文书的写作语言真实反映事物的本质特征，概念准确，推理符合逻辑，能够简洁明了地对事物进行分析评价，避免使用容易产生歧义的笼统语言。

三、经济信息传播文书的写作要求

（一）选用恰当表述方法

经济信息传播文书不同文种有不同的表述方法，要从行文的需要选择恰当的表达方式，叙述事件、说明情况、表述问题要恰如其分、清楚简洁。

（二）结构合理规范

根据不同文体的不同功能确定不同的写作结构，通过结构的安排使读者一目了然地了解商品的信息以及商品发展趋向、国家的政策等各方面。

（三）主题鲜明集中

要围绕主题选择能反映事物本质的典型材料来组织文章，一文一事，重点突出。凡是引用人名、地名、数据、资料要查对核实，确保准确无误。

任务一　商品说明书和商业广告文

一、商品说明书

（一）商品说明书的概念

商品说明书又称使用说明，是一种向消费者介绍商品（包括服务等）的性能、特征、用途、使用和保养方法等知识的文书材料，以说明为主要表达方式，语言平易、朴实、易懂。

商品说明书主要是指导消费者如何使用该商品，也是生产者对该商品质量保证的承诺。商品说明书具有推介性，增加人们对商品的了解，建立消费者与厂家的联系；具有一定的法律性，商品经营者以说明书的形式向消费者约定除执行国家强制性执行标准外，还保证商品的质量、性能。商品说明书一般随商品附送。

（二）商品说明书的特点

1. 实用性

商品说明书有着明确的实用目的，主要用于指导消费者对商品的使用，为方便消费者了解商品、正确使用商品而制作的，所以商品说明书必须围绕具有实用价值的内容来写作。

2. 知识性

商品说明书的写作必须将商品的结构、性能、特征、功用等向消费者交代清楚，因此，具有知识性的特点。

3. 条理性

商品说明书的写作要抓住商品的具体特点，抓住其内在规律，注意表达的顺序，做到条理清晰，层次分明，以便于消费者正确理解商品的内容。

4. 科学性

要以客观的态度介绍商品的情况，必须实事求是，不得有虚假或欺骗行为。商品的功用和指标要符合国家质量标准，运用的数据要准确无误。

5. 通俗性

很多消费者没有专业知识，就有必要用通俗浅显和大众喜闻乐见的语言，清楚明白地介绍商品，使消费者使用商品得心应手，注意事项中有数，维护维修方便快捷。

（三）商品说明书的格式与写法

案例点评

××牌抗病毒口服液使用说明书

本品系以板蓝根、藿香、连翘、芦根、生地、郁金等中药为原料，用科学方法精心研制而成。它是实施《新药审批办法》以来通过的，第一个用于治疗病毒性疾患的纯中药新药。

本品经××大学附属第一医院、××大学××医院和××市第二人民医院等单位严格的临床验证，证明对治疗上呼吸道炎、支气管炎、流行性出血性结膜炎（红眼病）、腮腺炎等病毒性疾患有显著疗效。总有效率达 91.27%。其中，对流行性出血性结膜炎（红眼病）和经病毒分离阳性的上呼吸道炎疗效率均为 100%，并有明显缩短病程的效果。

本品疗效确切，服用安全、方便，尤其适用于儿童患者。

[性状] 本品为棕红色液体，味辛，微苦。

[功能与主治] 抗病毒药。功效清热祛湿，凉血解毒，用于治疗风热感冒、瘟病发热及上呼吸道感染、流感、腮腺炎等病毒感染疾患。

[用法与用量] 口服，一次 10ml，一日 2～3 次，宜饭后服用，小儿酌减。

[注意事项]临床症状较重，病程较长或合并有细菌感染的患者应加服其他治疗药物。

[规格] 每支 10ml。

[贮藏] 置阴凉处保存。

[生产企业]（略）

资料来源：百度文库。

想一想：

这则药品说明书是由哪几部分组成的？在表达方式和语言上有什么特点？

评一评：

这则药品说明书由标题、正文和落款三部分组成。标题由药品名称和文种组成，简洁明了地指明说明书的主题。最突出的优点，是其对药品的介绍，用了××医科大学附属医院等单位的临床疗效以作证明，其次对消费者的需要和利益也考虑得比较周到。该文运用了说明的表达方式，语言明晰、准确，体现了商品说明书的说明性、实事求是性和指导性的特点。

小任务

请为某农产品公司的猕猴桃汁写一份商品说明书，要求语言简洁准确，内容完整，结构清晰。

工具箱

商品说明书一般由标题、正文、落款三部分组成。

1. 标题

标题主要由“商品全称（含品牌和型号）+商品说明书（使用说明）”构成，如“××光驱使用说明”。有的标题只写商品名称，如“三九胃泰”。

2. 正文

一般包括以下几方面的内容：

（1）商品的概况（如名称、产地、规格、成分、发展史、制作方法等）；

（2）商品的性能、规格、用途；

（3）安装方法、使用方法、保养和维修方法；

（4）附件、备件及其他需要说明的内容。有的比较复杂的内容可以图文并茂，便于操作。

以上这些内容要素可视商品的具体情况各有侧重和变动前后顺序。

3. 落款

说明书的最后要标明商品生产企业的名称、地址、邮编、电话号码、网址等。有的说明书还需要写清维修地址、联系电话以及定点销售单位的地址及联系方式等。

（四）商品说明书的写作要求

1. 内容真实

商品说明书必须如实、全面介绍商品的实际情况，使消费者正确认识商品，避免因不了解商品、错误操作而造成的损坏。

2. 语言准确、通俗

对商品的介绍用词要客观准确，通俗易懂；表述要条理清晰，不能让消费者产生歧义。操作性强的商品，可以采用图文并茂的方式说明操作的步骤和方法。

二、商业广告文

（一）商业广告文的概念

商业广告指商品经营者或服务提供者承担费用，通过一定的媒介和形式直接或者间接地介绍自己所推销商品或服务的一种商业活动。

商业广告在经济活动中起到重要作用。能够迅速有效地把商品信息传递给消费者，引导消费者接受企业生产的商品、提供的服务；帮助商品在较短时间内占有一定的市场份额；是影响消费者消费行为的主要手段之一。

商业广告文指商业广告作品中的语言文字部分，它能够详细、准确、直接地传递商品信息，并能够补充和加强广告作品中非语言文字要素的表现力。

（二）商业广告文的特点

1. 真实性

真实性是广告生存的基础。语言真实才能赢得消费者的信赖，哗众取宠不仅损害了消费者的利益，而且也破坏了广告在人们心目中的形象。

2. 独创性

独创性是广告的生命力所在，商业广告文的大忌是人云亦云。广告的创意表现在两个方面：一是发现商品独特之处与消费者心理的契合点；二是有独特的表现手法。

3. 简明性

用尽可能简洁的语言为受众提供丰富的商品信息，使其在短暂的瞬间获得鲜明深刻的印象，这是商业广告文的目的。

4. 效益性

广告文的效益性是商业广告的目的，包括经济效益和社会效益两方面。

（三）商业广告文的格式与写法

案例点评

标题：穿哈撒韦衬衫的男人

图片：戴眼罩的男人

正文文案：

美国人开始认识到：穿一套高档西服，却配一件大量生产的廉价衬衫，既破坏整体效果，又滑稽透顶。因此，哈撒韦衬衫的日渐流行，正是它所处阶层的需要。

首先，哈撒韦衬衫耐穿性极强——可以穿很多年。

其次，因为哈撒韦衬衫精致裁剪的衣领，能使你看起来更年轻、更高贵。整件衬衫不惜工本的剪裁，会令你觉得更为舒适。下摆很长，可以深入你的裤腰。纽扣是用珍珠母做成的——非常大。也非常有男子气，甚至缝纫上也存在着一种南北战争前的高雅。

最重要的是哈撒韦衬衫使用从世界各地进口的最有名的布料来缝制——从英国来的棉毛混纺的斜纹布，从苏格兰奥斯特拉德来的毛织波纹绸，从西印度群岛来的手织绸，从英格兰曼彻斯特来的宽幅细毛布，从巴黎来的亚麻细布。穿着如此风格的衬衫，定会使您得到超乎衬衫本身的众多满足。

哈撒韦是缅因州小城沃特威的一个小公司里虔诚的手艺人缝制的，他们世代在那里工作了整整 114 年。

假如你想在离你最近的店家买到哈撒韦衬衫，请写明信片："C. F. 哈撒韦。缅因州•沃特威"，即复。

资料来源：https://zhuanlan.zhihu.com.

想一想：

这则广告为什么获得如此大的成功？

评一评：

该广告是广告大师大卫•奥格威的经典作品，广告看似朴实无华，但却暗藏心机。文案的标题直接点明品牌名，直白、准确，快速给受众提供信息，让受众能对号入座，标题下给出"戴眼罩男人"图片，将平淡的叙述情节化，推动人们往下阅读；文案围绕购买理由，基于消费者的既有认知，运用"故事诉求"来撰写文案。文案最后给出了购买指令和购买指南，降低了消费者的选择成本，让消费者行动。大卫•奥格威说过："在照片中注入的故事诉求越多，读你广告的人也就越多。"

小任务

某农产品公司的猕猴桃汁已通过质监部门的检测，认为其中含有多种对人体有益的有机成分。作为本产品的推广人员，请为本产品拟定一份广告文案。

工具箱

商业广告文的写作格式包括标题、正文、随文和广告标语。

1. 标题

标题是广告给受众的第一印象，必须是广告内容的凝聚和提炼，能突出广告的主题，新颖别致，有强大的吸引力和感染力。它有以下三种形式：

（1）直接标题。直截了当地用商品的名称、品牌等作为广告标题的核心内容，直接表明广告的主题和销售重点。它的特点是简洁明了、一目了然。比如宣传环保的公益广告标题“绿色——生命之源”。

（2）间接标题。不直接点明广告主题或介绍商品，而是采用暗示、引导性的方式。引起消费者阅读正文的兴趣。它的特点是含蓄蕴藉、充满诱惑。比如“手下留情，脚下留青”，暗示公众要有环保意识。

（3）复合标题。它是对直接标题和间接标题的综合运用，往往采用正标题和副标题两部分，它的特点结合了以上两种标题的长处，更具吸引力和感染力，运用起来更灵活、更全面。比如“白加黑—治疗感冒，黑白分明”。

2. 广告正文

正文是广告文案的核心，也是广告标题具体化。一般应写明商品的名称、用途、规格、特点、产地、性能、价格、出售方式、出售时间、地点等内容。作为广告文案的主导内容实现消费者对商品的诉求，如表明主题、提供证明、鼓励行动等，引起消费者对商品的兴趣，使之产生购买的欲望。因此，正文在写作手法上大多采取如下形式：

（1）说明式。以介绍、说明、证明等手段来传达广告主体——企业（品牌）、商品（服务）的理性信息。这种方法自然朴实、清楚明白。比如：

无论怎么喝，总是不一般的香浓！这种不一般，你一喝便明显感到。伊利纯牛奶全乳固体含量高达 12.2%以上，这意味着伊利纯牛奶更香浓美味，营养成分更高！

（2）叙事体式。叙事体式包括故事式、生活片段式等形式。通过故事的发生、发展过程引人入胜，吸引受众的视听兴趣，又以故事中事件的处理和商品介入所获得的结果来说服受众。比如海飞丝洗发水文案：

（孩子）妈妈，你的肩膀有一粒粒白点；

（母亲）还好，我看到了海飞丝广告；

四个星期后，用普通洗发水这边还有头皮屑，用海飞丝这边就完全没有了。

（3）论说体式。以深刻的哲理、严密的思辨性和语言的逻辑性见长。一般用于为企业或品牌塑造一个观念形象、一种价值理念；推出一种消费新观念或消费形态，以达到间接带动商品消费的目的。比如，《南方周末》曾推出以“静有所听、清有所见、恒有所得”系列广告即用此体。

（节选）在这浮躁的年代，静，也是一种责任。在静中聆听最细微的声音，在静中思想得到最真实的感悟。南方周末，思想人生，思想新闻。南方周末，深入成就深度。

（4）抒情体式。以抒发情感为主要表达方式和广告主题。它是在广告商品或劳务的事实上进行抒情，多用生动形象的语言，“我化”“情化”的描写，引起消费者的情感共鸣，赢得他们的认同。比如，南方黑芝麻糊广告以南方黑芝麻糊纯正的味道为契合点，运用温情的形式，勾起人们记忆中对它的怀念。

它，还是那个味道！

黑……芝麻糊哎——

小时候，一听见黑芝麻糊的叫卖声，我就再也坐不住了……

如今，不管过了多久，它还是记忆中的那个味道！

南方黑芝麻糊，滴滴好味道。

——一股浓香，一缕温情。

附文：南方黑芝麻糊广西南方儿童食品厂荣誉出品。

（5）文艺体式。用各种文艺的写作手法来创作出来的广告形式，包括诗歌、散文、曲艺、相声等。比如娃哈哈所采用的说唱形式的广告词：

（节选）唱：中国有个娃哈哈；说：千家万户都知道它。

唱：一日两只营养液；说：每天吃饭就是香。

唱：银耳燕窝好气派；说：送给爷爷和奶奶。

唱：酸酸甜甜新果奶；说：妈妈我要喝。

3. 随文

随文又称附文，是指附于正文后面的那些较次要的、备查备用的广告信息，是整个广告文稿的有机组成部分，是对广告文稿的进一步补充，并为广大消费者提供必要的线索、资料，起指导购买的作用。

随文的内容包括商标、厂标、企业名称、商品名称、通信地址、电话号码、网址、查询方式、银行账号、联系人，甚至法人代表、法律顾问等。有些比较著名的品牌进行广告宣传时有时将随文略去。

4. 广告标语

广告标语又称广告口号，通常放在广告的结尾部分，体现广告主体、定位和创意的一两句经典言辞。其作用使消费者一听到或一看到就能产生明确的认知或识别。

广告标语要求突出商品个性或企业精神，有强烈的品牌意识。功能上富有鼓动色彩，契合公众心态，富有亲和力和感召力，发掘文化概念；遣词造句上应简洁精练，容易流传；在表现形式上，灵活多样，富于变化。具体写法：

（1）强调商品的特点给消费者带来的好处。如“保护嗓子，请选用金嗓子喉宝”（金嗓子喉宝）。

（2）突出企业经营特点。如“海尔，中国造”（海尔集团）。

（3）号召消费者采取购买行为。如“钻石恒久远　一颗永留传”（德比尔斯集团）。

（4）简短易记，朗朗上口。如“晶晶亮，透心凉”（雪碧）。

（5）巧用修辞手法。如“轻轻地抬起你的小脚，我对着你的脚微笑”（公益广告）。

（6）突出个性，彰显竞争对手没有的特色。如“一切皆有可能”（李宁）。

任务二　经济消息和经济评论

一、经济消息

（一）经济消息的概念

1. 消息

消息通常被称为新闻。“新闻”一词有广义和狭义之分。广义的新闻是指各种新闻体裁的总称，包括消息、通讯、特写、调查报告等；狭义的新闻是指消息。这里所讲的消息，指的是狭义新闻，它是对新近发生的有社会意义并引起公众兴趣的事实的简短报道。因此，事实具体、文字简洁、篇幅短小、报道迅速、信息量大、传播面广是其主要特征。

2. 经济消息

经济消息是指以简洁明了的文字，快速及时地对经济领域中新近发生的有新闻价值的事实的报道。从报道内容看，经济消息所报道的是经济活动、经济信息、经济政策、经济管理、经济现象、经济观念等经济领域中的情况与问题；从报道面来看，它包括工业、农业、商业、财政、金融、消费以及国内外市场等各个方面。

（二）经济消息的种类

按照写作形式、写作体裁和写作特点大致可以划分为以下几种：

1. 经济动态消息

经济动态消息又称动态新闻或经济简讯，是指报道国内外新近发生或正在发生的经济事件和相关活动的一种新闻体裁。它是新闻中最常见的一种，也是报纸上数量最多的一类新闻。这类新闻一事一报，篇幅短小。

2. 经济综合消息

经济综合消息又称综合新闻，是围绕一个主题，综合反映某一地区、某一系统或某一时期带有全局性的新情况、新成绩、新问题、新动态的新闻报道。

3. 经济典型消息

经济典型消息是对具有普遍意义的典型性经验或者事件的报道，注重用事实说话，由事实引出经验，偏重于交代情况、做法，反映变化及效果，重视提供背景材料，突出表现内容的现实针对性，使受众从中学习先进经验或吸取教训，具有借鉴意义。

4. 经济述评

经济述评又称述评性经济消息，是媒体对新近或正在发生的重要经济事件、经济现象或带有普遍性的经济问题所进行的夹叙夹议的新闻报道，往往以报道新闻事件为基础，以评论剖析事实，从而揭示其特点、本质和意义，给人以启发和引导的方式。在文字表现上，是述多于评，但在内容上又往往评重于述。

（三）经济消息的特点

1. 消息的一般特点：新、真、快、短

（1）新。从时间上说，它报道的是新近发生的事情；从内容上说，它反映的是新鲜、新奇的事情。

（2）真。真实是报道的基础。消息使用的材料必须是真实准确，不能虚构夸张。其次报道的背景材料要真实可靠，无论引用什么材料都要认真查对、核实。

（3）快。新闻报道就是“抢新闻“，要在第一时间传播消息，让读者接收到最新的消息。经济消息要及时反映经济社会各种情况，反映事件的发展和变化。

（4）短。篇幅短小，内容简明扼要是消息区别于新闻其他文体的主要标志。简短就是要做到内容概括集中，语言精练而准确。

2. 经济消息的特殊性

（1）专业性。经济消息报道经济领域重大新问题、新发现等，服务于经济活动，又影响经济活动。写作经济消息必须熟悉相关经济政策，具有一定经济知识。

（2）指导性。经济消息要报道经济事件中有价值的事实，能够对经济现象起到正确的认识指导作用，特别是能够对读者起到积极的引导作用。

（四）经济消息的格式与写法

案例点评

利益面前，干部退一步
虹桥镇二次改制突出“公平共享”，干部退股、再次分配

本报讯（记者　徐蒙　实习生　谢金晶）曾是集体资产改制“排头兵”的闵行区虹桥镇，又一次来到改革的当口。最近，虹桥镇先锋村、虹五村等 10 个村进行了“推倒重来”的第二次改制，并定下规则：所有干部退出当年的“岗位股”和受让的村民股权。

为何要推倒重来？20 世纪 90 年代末，虹桥镇推行改制入股，十多年来，乡村变城市，农民并没有全数变股东。当年改制时，村里还有农田，商务楼才零星开建，村民意识不到股权的价值，宁可变现，纷纷将股权转让给村干部，加上当年为进行岗位激励、鼓励干部多持股而设的“岗位股”，村干部手里的股权渐渐多了。虹桥镇党委书记张有为告诉记者，当年改制最成功的先锋村，55%的村民手中没有或只有少量股份。

现在的虹桥镇，已是上海“黄金地段”。当年改制中，土地和物业都没有出让，酒店、写字楼等产权仍属集体资产，十多年后资产规模今非昔比。可是盘子越大，不公平的因素也被放得越大：早年退光股权的村民，虽然社会保障不错，却享受不到资产增值红利，心里不是滋味。

“虽然当初转让是村民自愿，但这不等于公平。”张有为解释。改制后土地仍属于全体村民集体所有，而集体资产增值，说到底还是依托城镇化后的土地增值。村民为城镇化作出贡献，却得不到实惠，说明不公平；一大半村民享受不到发展的红利，说明没有共享。

二次改制，虹桥镇坚守“公平、共享”四字原则。而干部退股，就是要把虽说自由自愿，但也因当年信息不对称而多获的利益“让出来”。有些村干部心里有想法，或者说能不能“拖一拖”，或者说最好“别折腾”。

镇党委意识到，如果“拖一拖”，往后就更难改；要是“不折腾”，干群矛盾就会加深。

二次改制中，干部退股没有商量余地，以制度保证必须退出。最先完成的先锋村，没有一名干部不退股，共将 538 万股岗位股和 200 多万股受让股全部退还村民，占全部原始股 37%。没想到，一些干部退股后反倒踏实了，感觉一身轻了，再也不会被村民背后议论“拿多了”。

干部退股、再次分配只是一个开头。在此基础上，虹桥镇已拟订方案，年内将镇级集体资产也量化分配到每位村民。最近，还将进行全镇民主选举，选出 55 名村民股东代

表，并建立董事会、监事会和股东代表大会。当集体资产真正握在村民手中后，怎么管理资产，干部说了不算，镇长书记也无权动用，只有“三会”通过，才能真正拍板。

资料来源：解放日报，2013－08－29，1版。

想一想：

这篇例文属于何种消息？在内容上体现了消息的什么特点？全文对材料是如何进行安排的？

评一评：

这则消息是第24届中国新闻奖一等奖获奖作品。全文从小切口反映了大主题，体现了消息的素材鲜活特色，短消息蕴含大寓意。标题有特色，吸引力强；导语简练，开门见山点出事件核心——“干部退股”；主体部分运用“倒金字塔式”结构，将人们关心的“Why（何故）”放在前面，穿插对比性背景材料，简要说明改革必行。结尾运用总结式，对导语进行回应，揭示主题，文字简练生动。

小任务

某学院支援对口支持乡村建设的某农产品公司猕猴桃汁顺利投放市场，经某学院学生的农产品直播运营，取得了不错的销售成果，彰显了学校与区域经济对接后的乡村振兴成果，相关部门觉得对这一典型要进行宣传。请根据以上材料写一份经济消息。

工具箱

无论何种消息，一般有六个要素，即何时、何地、何人、何事、何因及如何发生，简称“六要素”，即：何时（When）、何地（Where）、何人（Who）、何事（What）、何因（Why）、如何（How）。在五个W和一个H中，最主要的是What（何事）、Who（何人）。

大多数消息的结构都是“倒金字塔”式的，即：最重要的材料放在开头，次要材料放在后面。消息的写作结构一般由“标题＋消息头＋导语＋主体（＋背景材料）＋结语”组成。

1. 标题

标题是消息的眉目。一般用简洁的语言概括内容的精华，吸引读者，激发读者的阅读兴趣。消息标题应简洁、准确表明“何人（物）做何事”。其形式主要有如下两种：

（1）单一式标题。高度概括消息的主旨。例如：

国家助学贷款累计发放超4 000亿元惠及2 000多万名学生

山东省五莲县持续优化营商环境

以上两个例子可以看出单行标题的特点是鲜明、醒目，能够吸引读者阅读。

（2）复合式标题。一般由引题、正标题和副题组成。

引题（又称肩题、眉题），常用来揭示消息的思想意义或交代背景，说明原因，烘托气氛。

正题是标题的主题，概括与说明主要事实和思想内容。

副题（又称辅题、脚题）提示报道的事实结果，或作内容提要。

常见复合式标题构成有如下几种形式：

① 引题+正题，如：

以学正风，大兴务实之风（引题）

——推动主题教育取得实实在在的成效（正题）

② 引题+正题+副题，如：

只顾自家热　不管他人寒（引题）

180 多户偷“热”80 多万元（正题）

目前，整个新市区供热系统每天损失的热水达千余吨（副题）

③ 正题+副题，如：

江西加大金融服务青年创业力度（正题）

创业贷助力梦想成真（财经故事）（副题）

2. 消息头

消息头是消息的标志，是新闻发出媒体、地点和时间的交代与说明。消息头的构成：媒体+地点+时间。如“新华社北京（1949 年）10 月 1 日电”。

3. 导语

导语是指一篇消息的第一自然段或第一句话。一般用简明生动的文字，写出消息中最主要、最新鲜的事实，鲜明地提示消息的主题思想。导语的写作要求：一是要抓住事情的核心，二是要能吸引读者看下去。因此，导语写作应包含消息中最有新闻价值的要素，即“倒金字塔结构”。常见导语写作类型如下：

（1）叙述型导语。直截了当用客观事实说话，简明扼要地反映出新闻中最重要最新鲜的事实，突出新闻要旨，让读者获得对新闻事实一个总的印象。或开门见山叙述事实，或概括主要内容。如：

新华社北京（1949 年）10 月 1 日电　中华人民共和国毛泽东主席今日在新中国首都宣布中华人民共和国中央人民政府成立。——李普《开国大典》

（2）描写型导语。抓住新闻中的主要事实，事件发展的高潮，事件的某一有意义的侧面或某个特定的场景等，作简洁质朴的传神的描写，以造成现场感来感染和吸引读者。如：

（节选）为不惊扰这些可爱的精灵，可可西里至五道梁一线，铁路夜间停止施工，拔走彩旗，灯光休眠，机器熄火；作为高原生命线的青藏公路，过往车辆在夜间停驶 3 小时。这里又呈现一种远古洪荒的宁静，只有高原的夜风为这群母子结成的队伍送行。潜伏下来的观察哨称：跨越铁路线，母藏羚羊若无其事，像跨过自己家的门槛一样；小羊羔紧紧依着母羊，流露出一种莫名其妙的惊喜。——朱海燕《请过路吧，亲爱的藏羚羊》

（3）议论型导语。从议论入手或是把叙事和议论交织在一起。用夹叙夹议的方法对新闻事实进行简要评论的导语。如：

在香港飘扬了一百五十多年的英国米字旗最后一次在这里降落后，接载查尔斯王子和离任港督彭定康回国的英国皇家游轮“不列颠尼亚”号驶离维多利亚港湾——这是英国撤离香港的最后时刻。英国的告别仪式是 30 日下午在港岛半山上的港督府（香港礼宾府）拉开序幕的。在蒙蒙细雨中，末任港督告别了这个曾居住了二十五任港督的庭院。

（4）引语式导语。巧妙地援引新闻中主要人物的话来点明题旨，或引出主要新闻事实，或是引用某些警句名言来开头。如：

新华网福州 11 月 30 日专电（张笑雪）冬季到了，为了给瘦弱的儿子增强体质，福州一女士近期每天做一碗鹿茸炖肉，没想到儿子吃后失眠，还不时流鼻血。福州市第一医院针灸科主任戴永辉提醒，进补一定要根据个人体质，盲目进补很可能适得其反。

在写作导语时，要明确集中地反映出整篇消息的主要内容：六要素不一定要个个俱全，但必须具备时间、地点、事情三个要素。

4. 主体

主体紧接导语之后，主要对导语提出的问题进行阐释；或是具体展开导语中交代的主要事实；或是补充导语里没有揭示的事实。主体的写作要中心明确，围绕导语确定的中心选择材料；主体的内容要和导语一致，而且要详略得当。

因主体部分内容较多，所以要特别注意安排好结构，要做到结构严谨，层次清晰。主体部分的结构有：

纵式结构。它按照事件发生的时间顺序来安排层次。

横式结构。它按空间转换或事物的逻辑顺序来安排层次。

纵横结合式结构。它是前两种结构的交叉使用，尤其适用于综合消息的写作。

5. 背景材料

背景材料是指与新闻事实有联系的历史条件、社会环境、政治因素、地理特征、科学知识及其他相关材料。经济消息交代背景材料，有助于说明事实发生的原因，提示事实的性质和意义，增加知识性和趣味性，也有利于通过对比和衬托，深化主题。背景材料按性质大致分为三类：

（1）对比性背景。它是对事物进行前后、左右、正反的比较，以突出新闻事实的重要意义，或阐明一定的主题思想。

（2）说明性背景。它是说明事情产生的条件，包括介绍时代背景、地理环境、历史演变等，借以引导和帮助读者加深对新闻的理解。尽量把新闻事实的表述和解释糅合在一起，以保持新闻事实的表述的连贯性。

（3）注释性背景。消息中涉及一些新科技、新工艺、新产品，往往要加以注释。用通俗的语言“翻译”给读者，既能方便阅读，又能丰富内容。

背景材料在消息中没有固定的位置，可长可短，但背景材料必须是与事实材料有直接的关系，能够突出深化主题，为读者理解消化信息服务，在写作时要详略得当，不可喧宾夺主。

6. 结语

结语是消息的最后一句话或者最后一段话，是对消息主体的自然延伸或归结，并与导语相呼应。结语的作用是结束全文，加强对主题的表达，加深读者对消息的感受。常见的有总结式、补充式、证实式、评论式、呼吁式、展望式等。

（五）经济消息的写作要求

1. 结构严谨、层次清晰、重点突出、简明扼要

最常使用的是“倒金字塔”式写法，这是现行消息写作中最常用的一种结构方式，它以事实的重要性程度或受众关心程度依次递减的次序，先主后次地安排具体材料。

2. 围绕经济生活选材，精心提炼新闻主题

要求作者要了解经济学、管理学等相关知识，从专业的角度客观准确地对经济领域的新闻进行及时深入的报道，能够对经济生活起到指导性的作用。选择新闻主题时应正确、集中、新颖、深刻。

3. 要素要齐全，语言要准确通俗

经济消息的目的是为公众了解经济信息、洞察经济形势、进行经济决策提供参考，新闻六要素不可或缺，且要准确真实。语言运用上要通俗易懂，便于大众接受、传播信息。

二、经济评论

（一）经济评论的概念

经济评论是对当前经济领域中出现的问题或现象以及广为人们关注的经济方面的事实发表意见、看法的一种议论性的应用文体。它包括有关经济方面的社论、短评、述评、专论、纵横谈等。

经济评论可以随时对当前经济活动中发生的事实加以评析，或者对一些不明朗的问题展开争论，提高人们对事物的看法、认识。有具体、明确的评论对象，讲求时效性，最忌“马后炮”，篇幅短小，形式多样。

（二）经济评论的种类

1. 国家权威性经济评论

它是国家权威性媒体发表的经济社论、经济评论员文章和经济短评等代表国家立场观点的评论。

2. 探讨性经济评论

它是侧重点放在对当前经济热点进行理论探索讨论，或对经济活动中的具体问题进行评价分析的评论文章。

3. 反馈性经济评论

它是反映消费者意见的经济评论。

4. 经济杂文

它是以散文笔法写作的形象生动、富于文采的经济短评和随笔。

（三）经济评论的特点

1. 理论与政策性

经济评论的目的是指明是非，于分析评论中认识、总结规律。因此，经济评论必须坚持正确的立场，以党和国家的经济政策作为评论的标准与尺度，以事实为依据，站在理论的高度进行评论。

2. 新闻性

经济评论要体现现实的针对性和实效性，用经济新闻中最新的事实作为评论的基础，要讲求事实的新和评论的快，并且要做到有的放矢，议事、谈问题都紧扣主题。

3. 群众性

经济评论是面向广大消费者，告诉人们现在的经济状况，指出问题、总结经验，引起社会各界的广泛关注。同时，经济评论还会吸引和鼓励广大群众关心和参与评论工作。

（四）经济评论的格式与写法

案例点评

让家门口的幸福感越来越强（节选）

一刻钟便民生活圈是指在步行15分钟左右的范围内，以满足居民日常生活基本消费和品质消费为目标的社区商圈。这两年，不少居民发现，“小修小补”正有序回归，“一点多用”的服务综合体陆续建成，养老、托幼等服务水平逐渐提升……一刻钟便民生活圈已成为惠民生、促消费、畅通城市经济微循环的重要载体。

对社区居民来说，步行一刻钟就能满足买菜、就餐、理发等生活需求，还能享受医疗康养、休闲娱乐等品质服务，这是实实在在的便利与近在咫尺的幸福。一刻钟便民生活圈，提升了市民的生活品质，折射出城市的发展温度。

为居民提供便利，关键在于聚焦居民需求，按照“缺什么、补什么”的原则，将居民所需所盼作为社区“添什么”的依据。随着新型城镇化建设积极推进，居民生活方式发生转变，人们对于生活便利的需求愈加多元。这意味着家门口不仅要有便利店、早餐店、菜市场、维修点等基本保障类业态，还要积极引入运动健身房、新式书店、茶艺咖啡馆等品质提升类业态，更要因地制宜配建老年康护、幼儿托管、残障人士照护等特定群体服务设施。不断丰富社区消费业态、完善服务功能，一刻钟便民生活圈才能更好满足居民多样化的消费需求。

截至目前，80个试点地区共建设便民生活圈1 402个，覆盖居民社区2 766个，服务居民3 200多万人。一个个数字背后，是便民生活圈不断织密民生服务网络、提升居民幸福指数的探索实践。北京市朝阳区呼北社区便捷服务综合中心设置维修区、裁缝室、智能快递柜等区域，实现服务叠加、“一点多用”；天津市滨海新区中新天津生态城搭建远程诊疗系统，汇聚更丰富的医疗资源，居民在社区卫生服务站就能预约医生进行远程会诊；上海市普陀区曹杨新村街道将一幢闲置小楼改造成社区食堂，吸引周边居民前来用餐……善用新技术，优化公共设施空间布局，才能更好满足民生需求，以精细化城市治理提升群众生活幸福感。

在建设一刻钟便民生活圈的过程中，经营主体的成长、社区居民的参与发挥着重要作用。从试点地区实践来看，简化社区店铺开业程序，鼓励大企业向社区店铺输出品牌、管理和服务等，可以有效激发各类经营主体活力。再比如，组建社区志愿服务队，能更好调动起居民参与清洁保洁、代购配送等社区服务的热情。积极探索政府引导、市场主导、社会参与的便民生活圈建设新模式，有利于增强社区服务供给能力，让便民生活圈真正“落地生根”。

创建一刻钟便民生活圈，是满足人民群众日益增长的美好生活需要的重要举措。未来，当布局合理、业态齐全、功能完善的社区商业日益便利化、标准化、智慧化、品质化，广大居民家门口的幸福感定会越来越强。

资料来源：朱金宜. 让家门口的幸福感越来越强. 人民日报，2023－06－12（5）.

想一想：

本文由几个部分组成？作者是如何对问题进行分析的？

评一评：

本文是一篇非常典型的热点评论。标题直接表明观点，态度鲜明；导语部分承接标题引出所要评论的问题；正文对引出的问题边摆出事实依据，边进行评述，夹叙夹议；结尾再一次表明主题，提出呼吁。

小任务

某学院与某乡村联合开展农产品研发运营，这种植根于乡村振兴的政校合作、校企合作正是党的二十大报告中提出的教育要明确培养目标，对教育的发展将产生重要影响。试写作一份经济评论对该现象进行分析。

工具箱

1. 标题

经济评论的标题要求简洁生动，有针对性，要把所论观点在标题中直接或间接地揭示出来。如“国有品牌何以流失”“经济考核不是唱戏”等。短评的标题常用单标题，也有用双标题的，如“分歧加深、协调徒有虚名——西方各国财长和中央银行行长会议述评”，无论用何种形式的标题，都应力求新颖生动，简洁明了。

2. 导语

经济评论导语主要引出所要评论的事或问题，要开门见山，避免公式化的套话或空话。以精练的语言，让人很快明白因何事而评论。例如：

元旦过后，整个市场的目光都注视着高价股，低价股非但长期在底部徘徊无人问津，而且成为换股平仓的对象。但我却认为，低价股中存在更大的机会。

3. 正文

正文是文章的主体部分，主要是根据导语的内容，对引出的问题摆事实，讲道理，对问题评价议论。在评论中要抓住主要矛盾，观点鲜明集中，一事一议。评论中要就事论理，不能脱离事实，空发议论，要透过现象看本质，恰如其分，适可而止。

4. 结尾

评论的结尾要呼应开头，作出结论，或提出呼吁，或引发思考。

（五）经济评论的写作要求

1. 要有的放矢

经济评论的写作是针对新近的引起人们广泛关注的某种经济现象、某些经济问题、某些政策等进行的评论。通过评论，表扬典型、揭露问题，扬善抑恶。

2. 要有条理、有深度

经济评论是议论文体，要合理安排论点、论据、论证三要素，注意观点与材料的统一，要做到事实确凿、论据充分、逻辑严密可靠。要结合党和国家的方针政策、有关经济法律法规来言明道理，阐述观点。

3. 要简洁生动

选用能真正说明问题的事例作为论据，要抓住问题的实质进行评论。评论的语言要求严谨、通俗易懂，还应尽可能做到生动有趣，以激起读者阅读的兴趣。

任务三 经济论文

一、经济论文的概念

经济论文是研究经济现象，探讨经济规律，发展经济理论，指导经济工作实践的学术性文章，为经济理论研究、应用研究、开发性研究——新兴经济学科服务的。它具有三方面的含义：一是经济论文研究和描述的对象是经济领域内的学术问题；二是经济论文是探讨经济理论问题，进行经济科学研究的一种手段；三是经济论文是描述经济科研成果，进行学术交流的一种工具。

二、经济论文的特征

（一）创造性

这是指经济论文有创新点、论点、论据及论证过程。它反映了人们探索新认识或新发现的过程，揭示了某一方面的客观规律。

（二）理论性

这是指经济论文具有系统性和抽象性的特征。它一般运用科学的研究方法，探索客观事物规律并对事物作出科学论断。因此，在占有材料后，运用已知的科学理论为指导，运用科学方法分析材料，获得结论。其研究过程及其内容均体现了理论性的特点。

（三）效益性

效益性是指经济论文较接近现实经济生活，具有可行性意义和社会价值。

三、经济论文写作的一般程序

（一）选题

选题就是指在对已获取的大量材料进行分析研究的基础上，提出问题，确定科学研究和文章写作的方向与目标。选题必须遵循三个原则：一是选择有价值的课题；二是选择有新意的课题；三是选择难易适中、大小适宜的课题。

（二）制订计划

选订课题确定之后，为使研究、写作有条不紊、富有成效地进行，就要制订研究计划，一般称为开题报告。首先，要明确指导思想，明确研究方向，研究的范围、深度；其次，要确定研究的途径手段和方法，制订具体的工作步骤和安排。对于搜集、整理资料及拟定提纲、撰写初稿、修改初稿、清缮完稿等都要排出时间表。

（三）搜集、整理资料

资料是一个综合性概念，搜集、整理、研究是论文写作的基础，占有资料则是研究的基础，要尽可能地占有资料，材料越充分，分析判断的结果越可靠。

（1）搜集资料。研究必须充分占有资料。搜集资料就是搜集关于课题的事实、数据、理论、定理、技术、方法以及科学构思与假说、经验与教训等方面的资料。资料根据搜集途径分为两类：一类是直接资料，通过研究者亲自考察和实践获得；另一类是间接资料，通过查阅文献资料获得。

（2）整理资料。实际就是对材料进行选择。首先，材料的选择应遵循确凿、切合主题、典型、新颖原则，注重宏观把握、反复筛选；微观审视，逐个精选；综合提炼、认真挑选。其次，应安排好材料的先后顺序、确定好材料的详略程度、处理好材料和观点的统一。材料分类整理方法有两种：一是知识体系分类法，定出各级分类项目；二是课题体系分类法，即按照课题的理论构架，设计各级分类项目。

（四）执笔写作

经济论文是对资料进行创造性思维的“物化”形态。经过以上的充分准备，把确立的论点和理论体系诉诸文字篇章，形成经济论文。

四、经济论文的格式与写法

案例点评

贸易开放度、经济自由度与经济增长
——基于中国与“一带一路”沿线国家的分析

摘　要：使用贸易开放度指标和经济自由度指数分别分析了中国与“一带一路”沿线国家的贸易开放度和经济自由度，结果表明中国与 “一带一路”沿线国家多数是中等贸易开放度和中等经济自由度国家。在此基础上通过建构经济增长模型并使用两阶段最小二乘法笔者分析了中国与“一带一路”沿线国家的贸易开放度、经济自由度与经济增长之间的关系，实证结果表明：贸易开放度和经济自由度都是影响中国与“一带一路”沿线国家经济增长的重要因素，尤其是经济自由度对经济增长的促进作用要高于贸易开放度对经济增长的促进作用。因此，本文建议中国与“一带一路”沿线国家应不断深化改革以提高经济自由度，完善和强化市场在资源配置上的主导作用；应不断扩大对外开放以提升贸易开放度，全面推动“一带一路”建设向纵深发展；应大力推进制造业转型升级以促进互利共赢的国际产能合作，不断提高人力资本数量和质量在经济增长中的促进作用。

关键词：一带一路；贸易开放度；经济自由度；经济增长；经济增长模型

2013 年 9 月和 10 月，中国国家主席习近平在出访中亚和东南亚国家期间，先后提出共建“丝绸之路经济带”和“21 世纪海上丝绸之路”（以下简称“一带一路”）重大倡

议，得到国际社会的高度关注。“一带一路”倡议将亚洲、欧洲、非洲和大洋洲的 60 多个国家连接起来，互联互通，形成经济共同体和命运共同体。“一带一路”倡议提出至今，已经得到沿线多个国家的积极支持，中国与其中近 50 个沿线国家签署了共同建设“一带一路”的政府间合作协议，并与 20 多个国家开展国际产能合作，同时中国在境外设立了 52 个经贸合作区。“一带一路”建设的纵深发展已经大幅推动了中国与相关国家之间的双边贸易和投资，2014 年和 2015 年，中国与“一带一路”沿线国家的贸易额分别为 1.12 万亿美元和 9 955 亿美元，分别占中国同期外贸总额的 26%和 25.1%，中国对“一带一路”沿线国家的对外直接投资流量分别达到 136.6 亿美元和 148.2 亿美元，分别占中国同期对外直接投资流量的 11.1%和 12.6%。三年来，“一带一路”倡议通过对接欧亚经济联盟、哈萨克斯坦“光明之路”、蒙古国“草原之路”和印度的“季风计划”等，推动了中蒙俄、中巴和孟中印缅等经济走廊建设，并促进了非洲国家的“三网一化”建设。中国与“一带一路”沿线国家的国际产能合作通过发挥不同国家的比较优势，促进了中国与沿线国家的资源整合和双赢合作，并推动了沿线国家的工业化进程，促进了中国与“一带一路”沿线国家经济的共同发展和繁荣。（略）

一、文献综述

（一）贸易开放度与经济增长（略）

（二）经济自由度与经济增长（略）

（三）贸易开放度、经济自由度与经济增长（略）

二、中国与“一带一路”沿线国家的贸易开放度和经济自由度分析

（一）中国与“一带一路”沿线国家的贸易开放度分析

世界银行对贸易开放度的定义是一国出口贸易额和进口贸易额之和占其 GDP 的比例。由于贸易障碍的逐步消除，世界各国的贸易开放度正在日益提高。贸易开放度指标的计算过程可用公式（1）表示为：

$$open_{it}=\frac{E_{it}+I_{it}}{Y_{it}} \tag{1}$$

E_{it} 表示国家 i 在时间 t 的出口贸易额，I_{it} 表示国家 i 在时间 t 的进口贸易额，Y_{it} 表示国家 i 在时间 t 的国内生产总值。

基于当前学术界和商务部对“一带一路”的界定，本文拟选取中国与 65 个“一带一路”沿线国家作为研究对象，但由于少数国家的数据缺失，本文最终只选取了中国与 43 个“一带一路”沿线国家作为研究对象，同时研究的时间范围是 2005—2014 年。本文使用公式（1）对中国与“一带一路”沿线国家的贸易开放度进行分析，中国与“一带一路”沿线国家的出口贸易额、进口贸易额和国内生产总值数据都来源于宾夕法尼亚大学生产、收入和价格国际比较研究中心编制的佩恩表 9.0 版。本文计算了这 44 个国家的 2005—2014 年贸易开放度的平均值，并按其分布状况把贸易开放度水平分为三类：低开放度（贸易开放度≤30%）、中等开放度（30%＜贸易开放度≤70%）和高开放度（贸易开放度＞70%），计算结果如表 1 所示。贸易开放度的平均值位于 10%～30%（含）之间的低开放度国家共有 9 个，贸易开放度的平均值位于 30%～70%（含）之间的中等开放度国家共有 21 个，贸易开放度的平均值位于 70%之上的高开放度国家共有 14 个，中国与“一带一路”沿线国家多数是中等开放度国家。

表 1　　中国与“一带一路”沿线国家 2005—2014 年贸易开放度的平均值

取值范围 / 国家所在区域	贸易开放度≤30%	30%＜贸易开放度≤70%	贸易开放度＞70%
亚洲	缅甸、伊朗、印度尼西亚、印度、巴基斯坦、孟加拉国、斯里兰卡、尼泊尔	蒙古国、泰国、越南、菲律宾、土耳其、哈萨克斯坦、吉尔吉斯斯坦、中国、约旦、塞浦路斯、亚美尼亚、叙利亚	阿联酋、巴林、新加坡、马来西亚、以色列、科威特
欧洲		希腊、俄罗斯、乌克兰、波兰、克罗地亚、阿尔巴尼亚、罗马尼亚、摩尔多瓦、塞尔维亚	拉脱维亚、捷克、立陶宛、爱沙尼亚、斯洛伐克、匈牙利、斯洛文尼亚、保加利亚
非洲	埃及		

资料来源：佩恩表 9.0 版。

（二）中国与“一带一路”沿线国家的经济自由度分析（略）

三、中国与“一带一路”沿线国家的贸易开放度、经济自由度与经济增长之间的关系的实证分析

（一）理论模型（略）

（二）数据来源和处理

由于“一带一路”沿线部分国家的数据缺失，本文最终只选取了中国和 43 个“一带一路”沿线国家作为研究对象，因变量和自变量都使用年度数据，研究的时间范围为 2005—2014 年。实际 GDP、贸易开放度、人口、人力资本指数和投资额占 GDP 的比例数据来源于宾夕法尼亚大学生产、收入和价格国际比较研究中心编制的佩恩表 9.0 版，人力资本指数是该中心基于各国教育的平均年数计算出的教育回报率。经济自由度总指数、法律结构与私人所有权保护指数、政府规模指数、国际贸易自由指数、货币政策合理性指数和信贷、劳动力与商业管制指数等数据来源于弗雷泽研究所编制的《世界经济自由度 2016 年度报告》。15 岁以上的就业人口数占总人口数的比例数据来源于世界银行《世界发展指标 2016》。由于贸易开放度、投资额占 GDP 的比例、15 岁以上的就业人口数占总人口数的比例数据都是百分数，它们在直接取对数时都会成为负数进而失去经济意义，因而它们在转化为对数形式时只对分子取对数，以便分析它们对经济增长的影响。

（三）模型估计方法（略）

（四）模型估计结果（略）

四、主要结论和政策建议

（一）主要结论

本文使用贸易开放度指标和经济自由度指数分别分析了中国与“一带一路”沿线国

家的贸易开放度和经济自由度，结果表明中国与“一带一路”沿线国家多数是中等贸易开放度和中等经济自由度国家。其中，贸易开放度的平均值位于30%～70%（含）之间的中等开放度国家共有21个，经济自由度总指数的平均值处于6～7.5（含）之间的中等自由度国家共有33个。在此基础上本文建构了经济增长模型并使用工具变量有效处理了经济自由度变量和投资变量之间形成的内生性问题，同时通过两阶段最小二乘法分析了中国与“一带一路”沿线国家的贸易开放度、经济自由度与经济增长之间的关系，研究结果表明贸易开放度和经济自由度是影响中国与“一带一路”沿线国家经济增长的重要因素，并且经济自由度对经济增长的促进作用高于贸易开放度对经济增长的促进作用，中国与“一带一路”沿线国家的人口、劳动力、人力资本和投资增加也都使得GDP显著增加，这一结果也具有很好的稳健性。

（二）政策建议

基于中国与“一带一路”沿线国家的经济自由度和贸易开放度都显著促进了经济增长，同时经济自由度对经济增长的促进作用高于贸易开放度对经济增长的促进作用。笔者认为，要进一步推动中国与“一带一路”沿线国家的经济增长和共同繁荣,应该从以下几个方面着手。

1. 不断深化改革提高经济自由度，完善和强化市场在资源配置上的主导作用（略）

2. 不断扩大对外开放以提升贸易开放度,全面推进“一带一路”建设向纵深发展（略）

3. 大力推进制造业转型升级，促进互利共赢的国际产能合作，不断提高人力资本在推动经济增长中的促进作用（略）

本文建议：第一，中国与“一带一路”沿线国家大力推进产业转型升级，不断加大创新驱动力度，通过技术进步形成新的竞争优势以提升产业供给侧竞争力。第二，中国与“一带一路”沿线国家可以充分利用在资源和产业上的互补性开展互利共赢的国际产能合作，通过互通有无来增加要素存量并提高要素利用效率。特别是中国可把有比较优势的产业逐步转移到发展程度较低的“一带一路”沿线国家，通过优质产能输出形成优势互补的“一带一路”产业链和价值链，从而进行对接和分工协作，可把过去在国内发展的产业融入“一带一路”产业链之中，不断扩展产业发展空间。（略）

参考文献（略）

资料来源：陈继勇，陈大波. 贸易开放度、经济自由度与经济增长——基于中国与“一带一路”沿线国家的分析. 武汉大学学报（哲学社会科学版），2017，70（3）：46-57.

想一想：

这篇例文分为几个部分？语言有何特点？

评一评：

这是一份结构完整，写作规范的经济论文。全文格式完整，由标题、引言、正文构成。引言部分言简意赅地概括了论文写作主题的缘由和依据；正文首先综述文献，提出问题；其次分析论题（从理论到实证分析）；最后提出结论和建议，解决问题。内容翔实，层次分明，条分缕析，语言规范简洁。

小任务

目前，很多高校学生毕业后走向自主创业，国家也在大力提倡创新创业教育。针对这一现象，要拟写一份经济论文，应该如何完成呢？

工具箱

（一）标题

标题又称题目，是论文课题或论点的简明概括。一般为单标题，如“论当代经济的发展”；也有的论文采用双标题，一般正标题点明主旨，副标题交代论题，如“交通先行，一通百通——论公路建设与经济发展的关系”。要求生动、确切、鲜明。

（二）署名

作者姓名和工作单位，是著作权和责任感的体现。如系合作研究撰写的论文，可按所承担任务和贡献的大小，先后具名。

（三）摘要

摘要是论文的梗概和中心思想，要对论文内容不加诠释和评论的概括性陈述。其目的：一是满足二次文献工作的需要，使文献索引杂志不作修改或稍作修改就可转载；二是引导读者迅速了解全文内容。写作时要忠实于原文、突出重点、文字精练，语言连贯。

（四）绪论

绪论又称前言、导论。其主要内容包括研究背景、目的、范围、以往研究的回顾、主要观点及成果等。绪论的内容上要注重客观、准确，表达上要做到简洁明快，开门见山，富于吸引力。

（五）本论

本论是经济论文描述研究成果、具体展开论证的核心部分，是作者学术水平和创造才能的集中体现。结构方式有以下四种：

1. 总分式，即“总—分—总”结构

按照事物的性质和内在联系，把总论点分成若干分论点。先概括总体，再分别论证，最后归纳，得出结论。其优点是纲举目张，一目了然。

2. 递进式

将总论点分成层层深入的分论点，前一问题是后一问题的依据，后一问题是前一问题的深化，最后得出结论。由浅入深，读者易于接受。

3. 程序式

按照研究工作的进程和认识问题的先后，依次叙述和论证的方法。

4. 综合式

即将上述三种方法灵活综合运用，适合篇幅较长、结构较复杂的经济论文。

（六）结论

结论是经济论文的结束语，完整揭示研究成果。它可以是中心论点的重申、主要结论的概括，也可以是对本课题研究前景的展望、预测，以及研究中遗留的问题，或尚待进一步探索的问题。

（七）参考文献

经济论文中凡是引用了有关资料、文章，必须在后边注明参考文献的出处。这样做既是表示对前人研究成果的尊重，也是方便读者查阅原文出处，增加文章的可信度。

参考文献的排列顺序是：序号、著者、文献篇名、发表期刊名称及期号、卷页，或出版社及版次、年月、页码等。标注方法有以下三种：一是夹文注。直接在引文后用括号注明作者、篇名和出版发表事项。二是页下注，又称脚注。将同一页引用的文献按顺序编号，然后集中在本页下端依序号注明。三是尾注。将全文引用的文献统一按顺序编号，然后在文末依次注明。

（八）附录

附录一般是对专门问题作比较系统的介绍，也可以介绍参考性资料或推荐性方法。一篇论文在需要时可后列附录，还可以同时有几个附录。每个附录都应另起一页书写。

五、经济论文的写作要求

（一）观点要客观，具有一定创新性

论文的基本观点来自对具体材料的分析和研究，提出的问题应在本专业学科领域内有一定的理论意义或实践价值，并通过独立研究，体现出写作者的看法。

（二）论据要翔实，具有正确性

论文应占有详尽的材料，从这些材料中“引出”其固有的而不是臆造的结论，材料要言必有据，准确可靠。

（三）论证要严密，具有逻辑性

论文应逻辑严密，判断与推理清晰，提出问题、分析问题并解决问题。

（四）语言要准确，具有简明性

论文写作应让读者能看懂，深入浅出，言简意赅。

任务小结

经济信息传播文书主要运用于经济活动的传播，是为扩大经济的影响、引导消费者消费，而采用不同的手段、方式向公众进行的信息宣传与传递。因此，经济信息传播文书写作必须客观真实的反映事实，不能歪曲事实真相，任意扩大商品的功效误导消费者。同时，在写作手法上，要服从文稿的写作目的与主题，要注意吸引读者的兴趣。

同步测试

一、概念解释

商品说明书　商业广告文　经济消息　经济论文

二、复习思考

1. 简述经济消息与经济评论的相同点与不同点。

2. 商品说明书在写作中要注意哪些问题？与广告文案的区别在哪里？

3. 经济论文通常包括哪些部分？

三、问题诊断

下面是一份药品包装说明书，试简要分析其内容是否有不当之处？

某制药有限责任公司生产的通用名为“小儿暖脐膏”的药品。该药外包装上名称显著标识为“消疝暖脐”，刻意隐藏了“小儿”二字，“消疝”为注册商标名。

请分析该说明书有哪些问题？

实训设计

1. 实训目的

熟悉掌握经济信息类文书的写作结构及注意事项，并能够在实际生活中应用。

2. 实训项目

当前乡村休闲文旅正逐渐走进人们生活，成为工作、学习之余的一项娱乐活动。小李准备开发本村文旅资源，成立××农庄周末露营地。现在需要进行相关的推广宣传。

3. 实训思路

（1）让学生通过调查分析提升理解辨析能力、材料选择应用能力。

（2）让学生提升在调查实践中筛选有价值资料的能力。

（3）让学生在实践中学习应用经济信息类文书。

4. 实训做法

学生分成 8 人为一组，设组长 1 名，由组长对本组成员分工在课下展开资料的搜集、分析、整理，撰写广告文案、经济消息各 1 份，课上各组之间展开讨论，评析优缺点。

拓展阅读

习近平的“新闻观”

起到桥梁渠道作用

我想，我们的新闻工作者应该更多地起到渠道和桥梁的作用，长期地、耐心地、孜孜不倦地向人民宣传党的路线、方针、政策，解释党对事物的主张和看法，让人民了解党和国家的大事，使党的看法、主张化为人民群众自觉自愿的行动。

——《摆脱贫困》

新闻观是新闻舆论工作的灵魂

新闻观是新闻舆论工作的灵魂，要深入开展马克思主义新闻观教育，引导广大新闻舆论工作者做党的政策主张的传播者、时代风云的记录者、社会进步的推动者、公平正义的守望者。

——2016 年 2 月 19 日，习近平总书记在党的新闻舆论工作座谈会上的讲话

把握好时、度、效

关键是要提高质量和水平，把握好时、度、效，增强吸引力和感染力，让群众爱听爱看、产生共鸣，充分发挥正面宣传鼓舞人、激励人的作用。

——2013 年 8 月 19 日，习近平总书记在全国宣传思想工作会议上的讲话

让世界了解中国

要不断提升中华文化影响力，把握大势、区分对象、精准施策，主动宣介新时代中国特色社会主义思想，主动讲好中国共产党治国理政的故事、中国坚持和平发展合作共赢的故事，让世界更好了解中国。

——2018 年 8 月 21 日至 22 日，习近平总书记在全国宣传思想工作会议上的讲话。

模块二　经济管理类文书

项目四

经济公务文书

学习目标

知识目标：

- 了解公务文书及其体式的组成部分及其注意事项。
- 掌握公务文书的格式、写作要求。

能力目标：

- 掌握公务文书的规范化格式。
- 掌握通知、通报、请示、报告、函等常用公务文书的使用。

素质目标：

- 具备社会主义核心价值观。
- 具备实事求是的工作态度、踏实认真的工作作风。

情境设计

2022 年 11 月 24 日至 26 日，新疆阿勒泰地区富蕴县远冬牧场一带遭遇风吹雪、大幅降温等十年一遇极端天气，已造成富蕴县部分乡（镇）远冬牧场路段受阻、牲畜冻伤、人员被困等情况，给人民群众生命财产造成了严重损失。灾情一发生，自治区党委、政府就召开了紧急会议，及时向上级反映情况，同时动员广大干部群众积极投入抗灾自救。在救灾过程中，涌现出了一大批可歌可泣的好人好事，受到了自治区党委、政府的表彰。灾难过后，自治区政府特恳请国家有关部门给予资金和物资上的支持，以帮助灾区恢复生产、重建家园。

资料来源：富蕴县融媒体中心。

从经济公务活动的角度来看，这个情境会涉及哪些公文？这些公文应如何拟写？

启示：

习近平总书记在党的二十大报告中指出，要“发挥党和国家功勋荣誉表彰的精神引领、典型示范作用，推动全社会见贤思齐、崇尚英雄、争做先锋”。因此，在这个事件中，公务部门要召开紧急会议，会前要发通知，会后应有会议纪要；向上级反映灾情，可采取报告的形式；动员广大干群抗灾自救，可用令的形式。对英雄模范及其卓越功勋的肯定、礼赞和表彰，体现了一个民族的人文情怀；事件中体现出来的道德格局、精神意志和历史敬畏感，更是激励民族继续前行的强大精神动力。表彰好人好事，一般用通报；要求有关部门给予资金和物质上的支持，应使用请示；上级有关部门答复请求，必须使用批复的文种。由此观之，传达贯彻党和国家的方针政策，发布法规，指导和商洽工作，报告情况，都离不开公文的写作。

知识导读　经济公务文书概述

一、经济公务文书的概念

公务文书简称公文，可分为广义和狭义两种。广义的公文是指党政机关、社会团体和企事业单位等合法组织办理各种公务时使用的具有特定效力和规范格式的应用文书。狭义的公文主要是指党政机关公文。

2012 年 4 月 16 日，中共中央办公厅与国务院办公厅联合发布了《党政机关公文处理工作条例》（中办发〔2012〕14 号文件，以下简称《条例》），自 2012 年 7 月 1 日起施行。《条例》指出，党政机关公文是党政机关实施领导、履行职能、处理公务的具有特定效力和规范体式的文书，是传达贯彻党和国家的方针政策，公布法规和规章，指导、布置和商洽工作，请示和答复问题，报告、通报和交流情况等的重要工具。要理解这一点，有几个要点：

（1）具有特定效力。党政机关的决定性决定了党政机关公文具有权威性和法定效力。党和国家的方针、政策、路线、法令、法规要等的制发均以公文为载体，公文自身具有极强的法律效力，一经颁布，所有单位和个人都必须执行，任何单位和个人不得违反。

（2）具有管理效能。党政机关公文是党政机关处理事务、交流情况、沟通思想的工具。各级党政机关运用公文来行使知照、联系、指挥、组织、宣传、凭证功能，对党政机关进行有效的管理。

（3）具有规范体式。党政机关公文具有规范的语体与格式。它的语言风格与格式都是严格的，任何机关、单位在撰写公文时，必须遵照它的有关语体格式。

经济公务文书是指在各种经济活动中所运用的具有法定效力和规范体式的公文，其文种和制发要求，应以《党政机关公文处理工作条例》为依据。

二、公务文书的特点

（一）鲜明的政策性

公文传达、贯彻党和国家的路线、方针、政策、法规和规章，实施领导和管理，体现和反映党和国家机关的政治意向、指挥意志、行动意图，维护党和政府的权威以及它所代表的人民群众的根本利益，因而具有鲜明的政治性。

（二）法定的权威性

公文的权威性是由行政机关的法定职能和权力所决定的，主要表现在：

1. 作者的法定性

公文的作者是指各级党政机关，或依法成立并能以自己的名义行使职权、承担义务的机关或组织及其领导人，是行使职权的体现。

2. 内容的法定性

公文一经正式发布，就具有法定的权威和行政的约束力，即具有强制性、权威性与约束力，任何受文机关和个人必须严格遵守或执行。

3. 程序的法定性

公文的制发有一套法定的程序。这套程序在《条例》中有明确的规定，不得违反。

（三）体式的规范性

公文必须按照党和国家领导机关批准并发布的规范体式制发，使用有明确规定的文种，遵循标准化的格式、行文规则和约定俗成的语言，不能自行其是，另搞一套。

（四）严格的时效性

公文主要是针对公务活动中的具体情况，为及时解决实际问题而制发的，有严格的时间限制，具有很强的时效性。一份具体的公文，一旦在法定时间内完成了使命，也就自动失去了现实的作用，其效力也就结束了。

三、公务文书的种类

根据《条例》的规定，我国现行的党政机关公文有15种：决议，决定，命令（令），公报，公告，通告，意见，通知，通报，报告，请示，批复，议案，函，纪要。这15种公文适用于各级党政机关公文处理工作，是推进党政机关公文处理工作科学化、制度化、规范化的体现。

从不同的角度来看，公文可以有多种分类的方法。不同的分类，从不同的方面揭示了公文的特征或属性。

（一）按行文方向来划分，公文可分为上行文、平行文和下行文

行文方向是以公文制发机关为基础，公文向不同层级运行的方向。

1. 上行文

上行文指具有隶属关系（指上下级机关具有直接管理和被管理的关系）的下级机关报送给上级机关的公文。如请示、报告等。

2. 平行文

平行文指平级机关或不相隶属机关之间来往的公文。如函等。

3. 下行文

下行文指具有隶属关系的上级机关发给下级机关的公文。如命令（令）、决定、公告、通告、通知、通报、批复等。

意见、纪要的行文方向较为灵活；议案是各级人民政府按照法律程序向同级人民代表大会或者人民代表大会常务委员会提请审议事项的例行公文，可视为一种特殊的平行文。

（二）按办理时限的要求来划分，可分为特急、急件和一般公文

根据公文送达和办理的时限要求。紧急公文应当分别标注“特急”“加急”，电报应当分别标注“特提”“特急”“加急”“平急”。《条例》中未对上述公文办理时限作具体说明，发文机关可根据工作需要明确提出办理时限。一般而言，“急件”办理时限在1天之内。

（三）按是否涉及秘密来划分，可分为秘密公文和普通公文

秘密公文根据秘密等级，又可分为“绝密”“机密”“秘密”三种。“绝密”是最重要的国家秘密，“机密”是重要的国家秘密，“秘密”是一般的国家秘密，泄露会使国家的安全和利益遭受损害。

四、党政机关公文的文面格式

中华人民共和国国家质量监督检验检疫总局、中国国家标准化管理委员会 2012 年 6 月 29 日发布《党政机关公文格式》（即 GB/T 9704—2012，以下简称《格式》），从 2012 年 7 月 1 日起正式实施。

《格式》将版心内的公文格式各要素划分为版头、主体、版记三部分。公文首页红色分隔线以上的部分称为版头；公文首页红色分隔线（不含）以下、公文末页首条分隔线（不含）以上的部分称为主体；公文末页首条分隔线以下、末条分隔线以上的部分称为版记。页码位于版心之外。

（一）版头部分

公文版头部分包含份号、密级和保密期限、紧急程度、发文机关标志、发文字号、签发人是、版头分隔线。

（1）份号。份号是指公文印制份数的顺序号，是指同一文稿印制若干份时每份公文的顺序编号。《条例》规定，涉密公文应当标注份号。《格式》规定，如需标注份号，一般用 6 位 3 号阿拉伯数字，顶格编排在版心左上角第一行。例如，印制 10 份涉密公文，其第一份编为 000001，最后一份份号为 000010。

（2）密级和保密期限：密级和保密期限是指公文的秘密等级和保密期限。《条例》规定，涉密公文应当根据涉密程度分别标注“绝密”“机密”“秘密” 和保密期限。《格式》规定，如需标注密级和保密期限，一般用 3 号黑体字，顶格编排在版心左上角第二行；保密期限中的数字用阿拉伯数字标注。单独标注密级时，两字之间空一字，如“绝　密”；同时标注秘密等级和保密期限，密级和保密期限之间用“★”隔开，“★”号之后用阿拉伯数字标注保密期限，如“绝密★5 年”。

（3）紧急程度。紧急程度是指公文送达和办理的时限要求。《条例》规定，根据紧急程度，紧急公文应当分别标注“特急”“加急”。《格式》规定，如需标注紧急程度，一般用 3 号黑体字，顶格编排在版心左上角；如需同时标注份号、密级和保密期限、紧急程度，按照份号、密级和保密期限、紧急程度的顺序自上而下分行排列。紧急程度单独标准时，两字之间空一字，如“特急”。

（4）发文机关标志。由发文机关全称或者规范化简称加“文件”二字组成。联合行文时，发文机关标志可以并用联合发文机关名称，也可以单独用主办机关名称。

发文机关标志居中排布，上边缘至版心上边缘 35mm 处，推荐使用小标宋体字，颜色为红色，以醒目、美观、庄重为原则。

联合行文时，如需同时标注联署发文机关名称，一般应当将主办机关名称排列在前；如有“文件”二字，应当置于发文机关名称右侧，以联署发文机关名称为准上下居中排布。

（5）发文字号。由发文机关代字、年份、发文顺序号组成。联合行文时，使用主办

机关的发文字号。用 3 号仿宋体字，编排在发文机关标志下空二行位置，居中排布。

发文机关代字，指用 1～3 个汉字表示发文的机关，年份、发文顺序号用阿拉伯数字标注；年份应标全称，用六角括号“〔〕”插入；发文顺序号不加“第”字，不编虚位（即 1 不编为 01），在阿拉伯数字后加“号”字。

例如，“国办发〔2015〕7 号”这一发文字号中，“国办发”表示此件为国务院办公厅制发，“〔2015〕”表示文件是 2015 年制发的，“7 号”表示该文是当年所发的第 7 份文件。

（6）签发人。签发人是代表机关核准并签字以示统一发出公文的发文机关负责人。上行文应当标注签发人姓名。根据《格式》的规定，标注方法如下：由“签发人”三字加全角冒号和签发人姓名组成，居右空一字，编排在发文机关标志下空二行位置。“签发人”三字用 3 号仿宋体字，签发人姓名用 3 号楷体字。

如有多个签发人，签发人姓名按照发文机关的排列顺序从左到右、自上而下依次均匀编排，一般每行排两个姓名，回行时与上一行第一个签发人姓名对齐。

（7）版头分隔线。发文字号之下 4 mm 处居中印一条与版心等宽的红色分隔线。

（二）主体部分

（1）标题。标题是指公文的具体名称。完整的标题由发文机关名称、事由（公文主题）和文种组成。发文机关名称应用全称或规范化简称。联合行文时，可酌情使用人们熟悉的简称。事由是“关于+概括公文的内容”。除法规、规章名称加书名号外，公文标题一般不用标点符号。标题一般用 2 号小标宋体字，编排于红色分隔线下空二行位置，分一行或多行居中排布；回行时，要做到词意完整，排列对称，长短适宜，间距恰当，标题列应当使用梯形或菱形。“的”字不排行首。

（2）主送机关。这是公文的主要受理机关，应当使用机关全称、规范化简称或者同类型机关统称。除直接面向社会的公布性公文外，一般公文都要编排主送机关名称。向所有下级机关发送的公文，可写统称，如“各省、自治区、直辖市人民政府”。下级机关如果是并列的机关，一般按党、政、军、群的顺序排列。主送机关用 3 号仿宋体字编排于标题下空一行位置，居左顶格，回行时仍顶格，最后一个机关名称后标全角冒号。如主送机关名称过多导致公文首页不能显示正文时，应当将主送机关名称移至版记，编排方法同抄送机关。

（3）正文。正文是公文的主体，用来表述公文的内容。公文首页必须显示正文。一般用 3 号仿宋体字，编排于主送机关名称下一行，每个自然段左空二字，回行顶格。数字和年份不能回行。文中结构层次序数依次可以用“一、”“（一）”“1.”“（1）”标注；一般第一层用黑体字、第 2 层用楷体字、第 3 层和第 4 层用仿宋体字标注。

（4）附件说明。公文附件的顺序号和名称。在正文下空一行左空二字编排“附件”二字，后标全角冒号和附件名称。如有多个附件，使用阿拉伯数字标注附件顺序号（如“附件：1. ×××××”）；附件名称后不加标点符号。附件名称较长需回行时，应当与上一行附件名称的首字对齐。

（5）发文机关署名。署发文机关全称或者规范化简称。

（6）成文日期是公文形成和生效的时间标志。署会议通过或者发文机关负责人签发的日期。联合行文时，署最后签发机关负责人签发的日期。用阿拉伯数字将年、月、日标全，年份应标全称，月、日不编虚位（即 1 不编为 01）。

（7）印章。印章是公文生效的标志。

印章用红色。单一机关行文时，一般在成文日期之上、以成文日期为准居中编排发文机关署名，印章端正、居中下压发文机关署名和成文日期，使发文机关署名和成文日期居印章中心偏下位置，印章顶端应当上距正文（或附件说明）一行之内。

联合行文时，一般将各发文机关署名按照发文机关顺序整齐排列在相应位置，并将印章一一对应、端正、居中下压发文机关署名，最后一个印章端正、居中下压发文机关署名和成文日期，印章之间排列整齐、互不相交或相切，每排印章两端不得超出版心，首排印章顶端应当上距正文（或附件说明）一行之内。

（8）附注。如有附注，居左空二字加圆括号编排在成文日期下一行。

附注一般是指公文印发传达范围等需要说明的事项。如“此件发至县团级”“此件可见报”等。附注不是对公文的内容作出解释或注释。对公文的注释或解释一般在公文正文中采取句内括号或句外括号的方式解决。

（9）附件。附件是公文正文的说明、补充或者参考资料。常见的附件有两类：一是对正文补充、说明的参考材料，如照片、图表、凭据及其他文字材料等；二是向上级机关报送或向下级机关批转的附件。

附件应当另面编排，并在版记之前，与公文正文一起装订。“附件”二字及附件顺序号用 3 号黑体字，顶格编排在版心左上角第一行。附件标题居中编排在版心第三行。附件顺序号和附件标题应当与附件说明的表述一致。附件格式要求同正文。

如附件与正文不能一起装订，应当在附件左上角第一行顶格编排公文的发文字号，并在其后标注“附件”二字及附件顺序号。

（三）版记部分

（1）抄送机关。除主送机关外，需要执行或者知晓公文内容的其他机关，应当使用机关全称、规范化简称或者同类型机关统称。

公文如有抄送机关，一般用 4 号仿宋体字，在印发机关和印发日期之上一行、左右各空一字编排。“抄送”二字后加全角冒号和抄送机关名称，回行时与冒号后的首字对齐，最后一个抄送机关名称后标句号。如需把主送机关移至版记，除将“抄送”二字改为“主送”外，编排方法同抄送机关。既有主送机关又有抄送机关时，应当将主送机关置于抄送机关之上一行，之间不加分隔线。

（2）印发机关和印发日期。印发机关和印发日期一般用 4 号仿宋体字，编排在末条分隔线之上，印发机关左空一字，印发日期右空一字，用阿拉伯数字将年、月、日标全，年份应标全称，月、日不编虚位（即 1 不编为 01），后加“印发”二字。

这里的印发机关是指公文的印制主管部门，一般是各机关的办公厅（室）或文秘部门。有的发文机关没有专门的办公厅（室）或文秘部门，也可标识发文机关。印发日期指的是公文的送印日期。

（3）版记中的分隔线。版记中的分隔线与版心等宽，首条分隔线和末条分隔线用粗线（推荐高度为 0.35mm），中间的分隔线用细线（推荐高度为 0.25 mm）。首条分隔线位于版记中第一个要素之上，末条分隔线与公文最后一面的版心下边缘重合。

（四）页码

公文页数顺序号。一般用 4 号半角宋体阿拉伯数字，编排在公文版心下边缘之下，数字左右各放一条一字线。一字线上距版心边缘 7mm。单页面居右空一字，双页码居左空一字。公文的版记页前有空白页的，空白页和版记页均不编排页码。公文的附件与正文一起装订时，页码应当连续编排。

按照《条例》和《格式》的有关新规定，党政机关公文的格式如图 4－1 所示。

000001

机密★1 年

特急

××省人民政府文件

×政〔2012〕10 号

××关于××××工作的通知

×××：（主送机关名称）

××××××××××××××××××××××××××××（正文）

附件：1. 关于××××工作的通知（附件名称）

××省人民政府（盖章）

2012 年 8 月 8 日

（此件公开发布）

抄送：省委，省人大常委会，省政协，省委各部门，省高院，省检察院，省各民主党派，各群众团队

××省人民政府办公厅　　　　2012 年 8 月 10 日印发

－5－

图 4－1　公文格式示意图

五、行文规则

《条例》对公文行文规则进行了明确规定，具体如下：

（一）一般规则

（1）行文应当确有必要，讲求实效，注重针对性和可操作性。

（2）行文关系根据隶属关系和职权范围确定。一般不得越级行文，特殊情况需要越级行文的，应当同时抄送被越过的机关。

（二）上行文规则

（1）原则上主送一个上级机关，根据需要同时抄送相关上级机关和同级机关，不抄送下级机关。

（2）党委、政府的部门向上级主管部门请示、报告重大事项，应当经本级党委、政府同意或者授权；属于部门职权范围内的事项应当直接报送上级主管部门。

（3）下级机关的请示事项，如需以本机关名义向上级机关请示，应当提出倾向性意见后上报，不得原文转报上级机关。

（4）请示应当一文一事。不得在报告等非请示性公文中夹带请示事项。

（5）除上级机关负责人直接交办事项外，不得以本机关名义向上级机关负责人报送公文，不得以本机关负责人名义向上级机关报送公文。

（6）受双重领导的机关向一个上级机关行文，必要时抄送另一个上级机关。

（三）下行文规则

（1）主送受理机关，根据需要抄送相关机关。重要行文应当同时抄送发文机关的直接上级机关。

（2）党委、政府的办公厅（室）根据本级党委、政府授权，可以向下级党委、政府行文，其他部门和单位不得向下级党委、政府发布指令性公文或者在公文中向下级党委、政府提出指令性要求。需经政府审批的具体事项，经政府同意后可以由政府职能部门行文，文中须注明已经政府同意。

（3）党委、政府的部门在各自职权范围内可以向下级党委、政府的相关部门行文。

（4）涉及多个部门职权范围内的事务，部门之间未协商一致的，不得向下行文；擅自行文的，上级机关应当责令其纠正或者撤销。

（5）上级机关向受双重领导的下级机关行文，必要时抄送该下级机关的另一个上级机关。

（四）联合行文、相互行文规则

（1）同级党政机关、党政机关与其他同级机关必要时可以联合行文。属于党委、政府各自职权范围内的工作，不得联合行文。

（2）党委、政府的部门依据职权可以相互行文。

（3）部门内设机构除办公厅（室）外不得对外正式行文。

任务一　知照性公文

一、公告

（一）公告的概念

公告是适用于向国内外宣布重要事项或者法定事项的公文。公告是周知性文件，一般不用红头文件的方式下发，与普通公文有所区别。

公告的发文机关具有很高的权威性。一般是高层行政机关及其职能部门等才有权发布公告。如国家最高权力机关，国家最高行政机关及其所属部门，各省、自治区、直辖市行政机关，某些法定机关，如税务局、海关、人民银行、检察院、法院等。

（二）公告的种类

按适用范围，公告可分为重要事项公告和法定事项公告两种。

1. 重要事项公告

该公告适用于国家机关向国内外宣布重要事项。如《中华人民共和国全国人民代表大会公告》。

2. 法定事项公告

该公告适用于政府的有关职能部门依据有关法令、法规，按照法定程序发布有关规定。如《中国人民银行关于国家货币出入境限额的公告》；又如《中华人民共和国专利法》第三十九条规定，发明专利申请经实质审查没有发现驳回理由的，由国务院专利行政部门作出授予发明专利权的决定，发给发明专利证书，同时予以登记和公告。发明专利权自公告之日起生效。

（三）公告的格式与写法

案例点评

××市××区人民政府土地征收公告

×市×区政〔202×〕×号

根据《中华人民共和国土地管理法》、《中华人民共和国土地管理法实施条例》和××省××厅关于印发《××省土地征收程序规定》的通知（×规〔2022〕4 号）等有关规定，现将已批准《土地征收方案》内容和有关事项公告如下：

一、批准情况：

××省人民政府于 202×年 2 月 16 日作出×土字（330181）A〔2022〕—0026《××省建设用地审批意见书》批准项目用地。

二、征收土地用途与位置：

××初中拆扩建（一期） 项目，土地用途为科教用地，东至：农房，西至：园地，南至：农房，北至：农房。

三、被征地单位和征地面积：

××镇（街道）××村委会（经济合作社）集体土地面积为 4.596 3 公顷（计 68.944 5 亩）。

四、征地补偿安置标准及被征地人员安置方式：

1. 征地补偿安置标准：按照《××市人民政府关于调整××市征地区片综合地价标准的通知》（×政函〔202×〕×号）和《××市××区人民政府关于调整征地补偿标准的通知》（×政发〔201×〕××号）文件规定执行。被征地人员安置方式：按照省人社厅等四部门《关于进一步做好被征地农民参加基本养老保险有关工作的通知》（×人社发〔202×〕××号）文件规定执行。

2. 农村村民住宅补偿安置标准：房屋补偿（含住宅和非住宅）按照《关于调整××市××区房屋重置价格的通知》（×政办发〔201×〕××号）文件规定执行，安置按照《关于征收集体土地房屋实施多高层安置意见》（×政办发〔201×〕×号）文件规定执行。

五、××区人民政府按照征地补偿安置方案内容，组织有关部门实施。

六、根据《中华人民共和国行政复议法》《中华人民共和国行政诉讼法》的规定，当事人对省人民政府×土字（3301××）A〔202×〕－××××《××省建设用地审批意见书》批准的征收土地方案不服，可以在本公告期限届满之日起 60 日内向××省人民政府申请行政复议，或在本公告期限届满之日起 6 个月内向人民法院提起行政诉讼。

七、本公告的公告期限为 10 个工作日。

特此公告。

××市××区人民政府

202×年×月 22 日

想一想：

这篇公告属于何种类别？其标题有何特点？正文对具体事项的安排采用了什么方法？这样安排有什么好处？

评一评：

这是一篇征用土地方案的公告，属于法定事项类公告。标题采取了完全式，即发文机关（××市××区人民政府）、事由（征收土地方案）、文种（公告）三者齐全。正文开头部分重点介绍发布公告的依据，以突出其合法性；接着，提出所公布的具体事项。在具体事项的安排上，运用的是分条列项的方法，结构顺序符合人们认识事物的思维方式。整篇公告内容相对较多，但写得要言不烦，条理清晰，顺畅自然，一目了然。

工具箱

1. 标题

公告的标题有的是发文机关、事由、文种三者齐全，如“国务院办公厅关于夏时制的公告”；有的不写发文机关，如“关于清理规章和规范性文件的公告”；有的省略事由，如“中华人民共和国全国人民代表大会公告”；也有的只写文种，如“公告”。

2. 主送机关

公告为周知性文体，无主送机关。

3. 正文

正文一般由两部分组成，即公告的依据和所公告的事项。结语常用“特此公告”“现予公告”等，也可以不用结语。

4. 落款

在正文右下方写明发布机关名称，如果在标题中已有发布机关，此处可省略。

5. 成文日期

成文日期可写在标题之下用圆括号括上，也可以写在落款即发文机关之下。

（四）公告的写作要求

（1）公告具有权威性，不能随便行文，内容上要经得起检验。

（2）公告的内容较单一，一份公告只公布某一事项。

（3）公告的文字要合乎语法规范，必须严谨缜密。

二、通告

（一）通告的概念

通告是适用于在一定范围内公布应当遵守或者周知的事项的公文。通告经常用于发文机关针对实际业务活动而制发，内容具体细致；国家各级各类机关或企事业单位均可根据需要告知相关事项。

（二）通告的种类

按内容和性质，通告一般可分为禁止性通告和知照性通告两种。

1. 禁止性通告

这种通告是法规性文件有关规定的具体化，要求受文者遵照执行，制约性较强。如《××市公安局关于城区内禁止机动车鸣喇叭的通告》。

2. 知照性通告

这种通告主要让受文者知晓某事，不具有强制性，用途广泛，带有通知的性质。常见的有更换证件通告、修路通告等。

（三）通告的格式与写法

案例点评

关于加强候鸟保护的通告

为切实保护我县越冬候鸟等野生动物资源，坚决制止和打击破坏越冬候鸟违法犯罪行为，维护安全，根据《中华人民共和国野生动物保护法》《全国人民代表大会常务委员会关于禁止非法野生动物交易、革除滥食野生动物陋习、切实保障人民群众生命健康安全的决定》等有关规定，结合我县实际，现就加强候鸟等野生动物资源保护通告如下：

一、全体市民都应当严格遵守保护候鸟的相关法律法规，自觉养成爱护、保护候鸟的高尚情操和社会风气。

二、禁止一切猎捕候鸟等野生动物违法行为，严禁在候鸟栖息繁衍地及迁徙通道布设天网、电网、猎夹、毒饵等。

三、禁止利用一切交通工具非法运输候鸟等野生动物及其制品的行为。

四、全县各类宾馆、酒店、农贸市场、销售摊点，一律不得经营、加工、销售、食用候鸟等野生动物及其制品。

五、未经野生动物主管部门许可不得使用无人机等设备跟踪、拍摄候鸟，严禁破坏、盗窃各种保护候鸟设备设施。

六、因水位变化等原因误入农田、鱼塘、水库及其他集体和个人承包生产经营区域觅食、栖息、繁衍的候鸟，要严格加以保护，不得随意驱赶和伤害。任何单位和个人发现受伤、病弱、饥饿、受困、迷途的迁徙候鸟时，应及时向县林业主管部门和当地镇政府报告。

七、对违反本通告的行为，任何单位和个人都有权制止、举报，相关职能部门将依法从严从快查处。

八、举报电话：110。

九、本通告自发布之日起实施。

阳西县人民政府

2022 年 10 月 31 日

资料来源：阳西县人民政府网站。

想一想：

这篇通告属于何种类型？其文末为什么不用“特此通告”等专门的结束语？

评一评：

这是一篇要求全体市民共同遵守的通告，带有一定的强制性。从落款可知，这篇通告是由阳西县人民政府行文的。正文主要由两大部分组成：一是发布通告的目的、依据和实施日期；二是通告事项，是采用分条款的方法来写的。因前文有“现就加强候鸟等野生动物资源保护通告如下”的过渡语，故文末没有“特此通告”的专门结语。整篇通告，内容具体，明确清晰。

小任务

某市将在人民广场举行国庆焰火晚会，为保证安全，决定于 9 月 30 日晚部分道路实行交通管制。你认为如果要告知公众，应用何文种？请根据你所处地方实际环境，拟写一份公文。

工具箱

1. 标题

通告的标题格式与公告基本相同。既有完全式的，也有省略式的。

2. 主送机关

通告也属于周知性文体，无主送机关。

3. 正文

通告的正文一般先交代缘起、目的或依据，然后以“现通告如下”等过渡语引起下文，接着公布具体事项。公布具体事项，一般采用条款式。如前面没有“现通告如下”的过渡语，最后可以“特此通告”结尾。

4. 落款和成文日期

格式与公告相同。

（四）通告的写作要求

（1）通告不能乱用，诸如单位搬迁、更换电话号码等，则不能运用通告，而应当用启事。

（2）通告的内容要明确具体，对涉及社会面较大的事项，应尽量分条细述。

（3）通告的语言应简朴规范，通俗易懂。

三、通报

（一）通报的概念

通报是适用于表彰先进，批评错误，传达重要精神或者情况的公文，属于下行文。通报具有如下特点：

1. 真实性

通报所涉及的人物、事件、数据等都必须客观真实，不能虚构、编造、夸张和渲染。

2. 典型性

通报所指向的好人好事或错误行为都应该具有一定的代表性和普遍性。

3. 导向性

通报的目的非常明确。无论是表彰先进、批评错误，还是情况通报、传达精神，都具有很强的指导和教育意义。

（二）通报的种类

根据适用的范围，通报可分为表彰通报、批评通报和情况通报三种。

1. 表彰通报

表彰通报用于表扬先进人物和先进集体的事迹，树立榜样，宣传典型，推广成功经验。

2. 批评通报

批评通报用于批评错误，通报事故或反面典型，总结教训，以防止类似错误或事故的发生。

3. 情况通报

情况通报多用于上级机关向下级单位传达信息、动态和有关精神等，以便更好地开展工作。

（三）通报的格式与写法

案例点评

××学院关于党的二十大精神学习成果评比活动获奖情况的通报

各系总支、各基层支部：

为深入学习贯彻习近平新时代中国特色社会主义思想，引导广大党员干部切实把思想和行动统一到党的二十大精神上来，进一步凝聚“扛起新使命、谱写新篇章”的思想共识，院党委组织开展了党的二十大精神学习成果评比活动。

活动得到各系总支和基层支部积极响应，广大教工党员干部、学生入党积极分子紧紧围绕学习宣传贯彻党的二十大精神，立足自身工作、岗位实践谈感悟、说体会，涌现出一批主题鲜明、催人奋进的优秀学习成果。经支部择优推荐、交叉互评、评委会评审，评选出一等奖 5 篇、二等奖 10 篇、三等奖 25 篇，现予以通报表扬。

希望各支部和广大党员干部以此次活动为契机，认真学习贯彻党的二十大精神，践行“四敢”要求，扛起使命担当，凝心聚力推进城市管理各项工作，以绣花功夫助推中国式现代化常熟新实践开好局、起好步。

附件：党的二十大精神学习成果评比获奖名单

中共××学院委员会

2023 年×月 25 日

想一想：

这是一篇什么性质的通报？语言上有何特点？

评一评：

这是一篇表彰性通报。由于所表彰的对象为单位，而且是群体，因而开头部分采取总体叙述事实的方法，概括了该活动取得的成效。然后再陈述党的二十大精神学习成果评比获奖结果，作出表彰决定，并提出明确、具体的希望和要求。全文层次清晰，环环相扣，逻辑缜密，是一篇较有特色的通报。

小任务

某职业院校学生李某在 2020 年抗疫活动中勇于担当，积极承担所在居委会的抗疫工作。学院知晓后，决定对该生作出表彰，请你拟写一份文稿。

工具箱

1. 标题

通报的标题一般由制发机关、事由、文种三要素构成，也可以省略发文机关，仅有事由和文种两个要素。

2. 主送机关

通报的主送机关一般为发文机关的直属下级机关，或需要了解该内容的不相隶属的单位。

3. 正文

三种通报的正文的写法不尽相同。

（1）表彰通报。首先，介绍先进事迹，包括时间、地点、人物（或单位）、事迹、效果、影响等；其次，对上述事迹进行分析、评价，指出其典型意义（或主要经验）；最后，提出表彰或发出号召。

（2）批评通报。首先，写通报缘由，交代事故或错误事实的经过；其次，对事故或错误进行分析，重点分析其发生的原因，指出其性质及危害，并提出处分决定；最后，写明防止今后发生此类事故或错误的措施，提出警戒，或重申某一方面的纪律。

（3）情况通报。正文主要包括两个方面：一是具体介绍需要通报的有关情况；二是对情况进行分析，并提出指导性意见。

4. 落款和成文日期

在正文后下方标注发文机关和成文日期。如在标题中已出现发文机关，也可不署发文机关。成文日期也可只注于标题之下。

（四）通报的写作要求

1. 事例要典型

无论是表彰通报还是批评通报，所通报的人物和事件都要有一定的代表性、普遍性和典型性。只有这样，才会有通报的意义和价值。

2. 分析要中肯

对情况的分析要客观中肯、入情入理，不能无中生有、虚张声势、乱扣高帽。

3. 通报要及时

通报具有较强的时间性。通报的内容都是当前新发生的事件和情况，与推动当前中心工作密切相关。因此，必须不误时机，否则，时过境迁，就会失去通报的价值。

四、通知

（一）通知的概念

通知是适用于发布、传达要求下级机关执行和有关单位周知或者执行的事项，批转、转发公文的公文。通知是法定公文中使用频率最高的一个文种，一般为下行文或平行文。

（二）通知的种类

根据其适用范围，通知大致可分为以下几种：

1. 发布性通知

发布性通知是指用于发布有关的规章和规定的通知。如《国务院关于发布〈国家行政机关公文处理办法〉的通知》。

2. 指示性通知

指示性通知是指用于上级机关对下级机关阐述政策、布置工作、分配任务等的通知，带有一定的原则性和指导性。如《国务院关于进一步精简会议和文件的通知》。

3. 任免性通知

任免性通知是指用于任免和聘用、解聘干部的通知。如《××市政府关于×××等职务任免的通知》。

4. 转发、批转性通知

转发、批转性通知是指用于转发上级机关的公文、批转下级机关公文。通知的正文一般由所转发（批转）的公文标题和转发（批转）要求两部分构成。如《国务院办公厅转发水利部关于加强嫩江松花江近期防洪建设若干意见的通知》，属于转发性通知；《国务院批转教育部 2003—2007 年教育振兴行动计划的通知》，属于批转性通知。

5. 会议通知

会议通知是指组织会议的单位制发的通知。如《××市××局关于召开××××工作会议的通知》。

（三）通知的格式与写法

案例点评

××省教育厅关于召开全省高等职业教育工作会议的通知

各市州人民政府，教育局，省直有关部门，有关大型企业，各高等职业学校、普通高校职业技术学院（校区）：

为了贯彻落实全国职业教育工作会议精神，进一步明确我省高等职业教育改革与发展的思路，促进高等职业教育的健康发展，经省人民政府同意，拟于 2022 年 10 月在××职业技术学院召开全省高等职业教育工作会议。现将有关事项通知如下：

一、会议的主要内容

1. 学习贯彻全国高等职业教育工作会议精神，研究我省高等职业教育改革与发展的思路、政策和措施；

2. 介绍××职业技术学院等高等职业学校改革与发展的做法和经验；

3. 讨论制定我省高等职业学校办学条件、教学质量的合格评估办法。

二、会议时间和地点

会议定于 2022 年 10 月 25 日报到，26—27 日开会。会议地点为××职业技术学院。报到地点为××宾馆。

三、参加会议人员

举办高等职业学校（含批准筹建）的市州政府分管市长、教育局（委）局长（主任），举办高等职业学校的省直部门、行业和企业的有关负责同志；高等职业学校、普通高校职业技术学院（校区）主要负责人 1 人（见附件 1）。

会议邀请省计委、省财政厅、省劳动和社会保障厅等省直部门负责人，并在会上讲话；邀请省委组织部、省编办有关处室负责人参加。

四、其他事项

1. 非会议正式代表的住宿由会议统一安排，费用自理；

2. 大会交流材料请各单位自行打印 150 份，报到时交会务组（需准备经验材料的单位名单及材料样式附后）。

3. 省教育厅联系人：××，联系电话：××××（办），××××（传真）。

××职业技术学院联系人：×××，联系电话：××××（办），××××（传真），手机：×××××。

附件：

1. 参加全省高等职业教育工作会议单位及人员名单

2. 需准备交流材料的单位名单

××省教育厅发展规划处

二〇二二年九月二十五日

想一想：

这是一篇什么类型的通知？主体部分采取了怎样的结构形式？

评一评：

这是一份会议通知。标题由发文机关、事由和文种构成，属于完全式标题。开头部分简明扼要地说明召开会议的依据、理由和会议名称等。主体部分分条列项地交代会议的具体事项，包括会议的主要内容、时间、地点、参加人员和费用、交流材料、联系人及其电话、传真等。这份会议通知条目比较清晰，其写法值得借鉴和参考。

小任务

《国务院关于大力发展现代职业教育的决定》是新时期关于高职教育的纲领性文件。某职业院校为让全体教职工认真学习文件精神，决定将这份通知转发到各处室、系部。转发时应使用什么文种？请拟写该文。

工具箱

1. 标题

标题的结构形式主要分为以下三种：（1）发文机关+事由+通知，如“中共中央办公厅、国务院办公厅关于严禁用公费变相出国（境）旅游的通知”；（2）事由+通知，如 “关于召开招生宣传工作会议的通知”；（3）直接以“通知”命名，凡不作为正式文件处理的简便通知，可以仅用文种名称“通知”为标题。

转发、批转性通知标题应在事由部分说清来文单位和原文件的名称，但不能机械地照搬原文件名称，而应适当地组织语言。特别注意是否用“关于”两字及在何处使用等。如“国务院办公厅转发教育部等部门关于进一步加快高等学校后勤社会化改革意见的通知”，这个标题的事由部分是“教育部等部门关于进一步加快高等学校后勤社会化改革意见”，即所转发的公文名称。如被转发的公文是法规性文件，则须在法规性文件名称上加书名号，其他一概不加。

2. 主送机关

通知的主送机关一般用统称，如“国务院各部委、各直属机构”等。也可一一列出主送机关名称。

3. 正文

通知的正文一般由三部分构成：

（1）通知缘由。写明制发通知的理由、目的、依据等情况，然后常用“现将有关事项通知如下”“特作如下通知”等过渡语转入下文。

（2）通知主体。即通知事项，就是要求受文机关办理、执行和应予知晓的事项。如通知事项较多，一般可采取分条列项的形式来写。

（3）结尾部分。通知的结尾一般有两种写法：一是自然结尾，不单写结束语。二是以惯用语“特此通知”收束，但开头和主体之间如用了“特作如下通知”等作过渡语，则不宜在收处再用惯用语；或以“请认真贯彻执行”“请遵照执行”“请结合本地区本部门的实际做好落实工作”等惯用语，发出号召，提出希望和要求。

（四）通知的写作要求

（1）语言要平实、准确、简洁，便于受文者知晓。

（2）内容要具体明了，表述要层次清晰，可行性强，便于受文者贯彻实施。

任务二　报请批复性公文

一、请示

（一）请示的概念

请示是适用于向上级机关请求指示、批准的公文。请示为上行文，具有强制回复的性质。

主要用于以下几个方面：一是工作中遇到新情况、新问题，或遇到困难，无章可循，没有对策或没有把握，需要上级机关给以指示时；二是工作中处理实际问题，单位无力解决，或是涉及相关政策、规定有疑义，需要上级解决的；三是工作中决定某个重大事项，由于权力限制不能作出决定，或出现意见分歧，需报上级批准裁决时。

（二）请示的种类

根据写作目的和内容，请示可分为以下两类：

1. 请求指示的请示

这类请示是指当下级机关对上级政策、规定产生疑问，或者工作中遇到难以解决的问题时，请求上级机关予以明确答复的公文。如《××省物价局关于对××省人民政府2021年发布的两个通告有关问题的请示》。

2. 请求批准的请示

这类请示主要适用于当下级机关遇到无权做出决定或有困难需要上级机关审核批准的事项，如人事、经费、物资、机构、方案、规划等事项，如《××省水利厅关于解决水利建设资金的请示》。

（三）请示的格式与写法

案例点评

××局关于增拨工作经费的请示

××区人民政府：

随着××市“六个加快”战略的实施和海洋经济的加快发展，我局今年新增工作任务较多，考察调研、会议等费用有所增加，由于年初没有这些工作经费的预算，因此目前2023年度工作经费出现了一定缺口。拟申请追加工作经费35万元，含“六个加快”领导小组办公室工作经费、海洋经济发展工作经费、2023年经济社会发展思路调研工作经费、《现代化核心城区指标体系研究》课题经费以及年度专家咨询会会议和活动经费等。特请区政府批准，并同意该项资金拨付。

特此报请核批。

××局

××××年×月×日

资料来源：百度文库，有删改。

想一想：

这份请示的请求事项是什么？提出请求的理由充分吗？

评一评：

这是一份请求批准的请示。请求事项具体明确，仅一句话，即“现请求增拨技术改造资金××万元”。文中着重说明提出请求的理由，既充分，又清楚。这份请示写得简明扼要，很有条理性和说服力。

小任务

若某省教育厅下属职业院校因扩大规模，满足学院发展需要，需征集办学用地400亩，请问该学院应向谁行文提出该要求？应使用什么文种？如何拟写该文？

工具箱

1. 标题

请示的标题有两种写法：

（1）发文机关+事由+文种。如“××省人民政府关于××××的请示”。

（2）事由+文种。如“关于××××的请示”。拟标题时要注意，不能将“请示”写成“报告”或“请示报告”；标题中尽可能不要出现“申请”“请求”“要求”之类的词语。

2. 主送机关

请示的主送机关只能有一个，就是直接负责受理和答复该文件的上级机关。如属于双重领导，也只能主送一个上级机关，由其负责答复；如需同时送另一上级机关，则应当用抄送的形式。

3. 正文

请示的正文都要包括缘由、事项和结语三部分。

（1）缘由。请示的缘由就是提出请示的理由。一般包括请示的背景、基本情况、请示的原因等。理由要充分，语言要简洁。

（2）事项。即请求上级机关给予指示或批准的具体事项。请求事项要符合相关的政策、法规，切合实际，具有可行性和可操作性。表述应具体明确，直截了当，不能含糊笼统。

（3）结语。一般是习惯用语，另起一行。如“以上请示，请批复”“以上请示如无不妥，请批复”“以上请示，请予审批”“以上请示如无不妥，请批转各地区、各部门研究执行”等。

（四）请示的写作要求

1. 一文一事

一份请示只能写一件事，如果一文多事，则有可能导致受文机关无法批复。

2. 单头请示

一份请示只能主送一个上级领导机关，以免出现相互推诿、扯皮的现象。

3. 不越级请示

请示不能越级，应逐级行文。如因特殊情况或紧急事项必须越级请示时，要同时抄送越过的直接上级机关。

4. 不抄送下级

请示是上行文，不得同时抄送下级，以免造成工作程序混乱，更不能要求下级机关执行未经上级机关批准的事项。

二、报告

（一）报告的概念

报告是适用于向上级机关汇报工作、反映情况、回复上级机关询问的一种上行文。报告的使用范围很广，向上级机关或业务主管部门反映情况、汇报工作、报送和报批文件、回答上级查询的问题等，都要用到报告。其特点如下：

1. 真实性

凡报告都是下级机关向上级机关或业务主管部门汇报工作、反映情况，必须实事求是，客观真实，如实陈述。

2. 单向性

报告是下级机关向上级机关汇报工作、反映情况时使用的单方向上行文。报告上报后，也就完成了任务，上级机关不作批复。

3. 及时性

报告必须尽快及时，不能拖延时间，否则，就会贻误时机，造成损失。

（二）报告的种类

1. 根据用途给报告分类

（1）工作报告。向上级机关汇报工作情况的报告。

（2）情况报告。向上级机关反映本单位所发生的突发事件、重大问题或其他重要事情的报告。

（3）答复报告。下级机关对上级机关所询问的问题作出答复的报告。对上级询问的问题，应实事求是地作出答复，要做到有问必答，不能避重就轻或者答非所问。

2. 根据内容不同给报告分类

（1）综合报告。用来向上级汇报本单位、本部门一个时期内全面工作或几个方面工作的综合情况，往往有一文数事的特点。

（2）专题报告。向上级汇报某项工作进展、某些措施贯彻情况的报告。

（三）报告的格式与写法

案例点评

××市安全生产监督管理局
关于2022年安全生产工作情况的报告

×市安监函字〔2023〕6号

根据《××市安全生产党政同责、一岗双责暂行规定》有关要求，现将2022年度安全生产工作情况报告如下：

2022年，我市的安全生产工作在市委、市政府的高度重视和正确领导下，全市上下以经济社会安全发展、企业安全生产、群众平安生活和“治大隐患、防大事故”为目标，以贯彻实施新《安全生产法》为载体，以贯彻落实安全生产“党政同责、一岗双责、失职追究”为切入点，以完善行业部门直接监管、安监部门综合监管、政府属地监管和企业主体责任“四位一体”的安全生产责任体系为突破口，紧紧围绕市委、市政府提出的“主要控制考核指标不能超、重大特大安全事故不能发、油气管道安全问题不能出”的“三控”年度总目标，以及“转变思维抓安全、细化责任抓安全、赏罚分明抓安全、源头把关抓安全、科技支撑抓安全、深化培训抓安全”的“六抓”总要求，不断以改革的精神、创新的思路、发展的办法，研究、协调、解决安全生产领域存在的重大问题，取得了重要成绩。

一、所做的主要工作

（一）转变思维抓安全。（略）

（二）细化责任抓安全。（略）

（三）赏罚分明抓安全。（略）

（四）源头把关抓安全。（略）

二、存在的突出问题和薄弱环节

安全生产量大面宽，头绪众多。虽然做了大量艰苦细致的工作，并取得了较好的成效，使安全生产形势持续向好。但由于基层基础比较薄弱，全民安全意识比较淡薄，全社会安全防范体系不够完善，安全生产领域的不确定性因素还大量存在，稍有松懈，安全事故随时都会出现反弹。特别是××区“4·29”较大建筑施工事故和××区“5·30”、××区“12·19”较大道路交通事故的发生，反映出安全检查有盲区，隐患治理有死角，安全监管有漏洞。暴露出在安全生产工作中还存在着一些突出问题和薄弱环节，全市安全形势稳中有忧、复杂严峻。主要表现在以下三个方面：

一是干部群众安全生产意识不强，防范体系不稳不牢。（略）

二是企业主体责任落实不够到位，违法生产屡禁不止。（略）

三是重点行业安全状况极不稳定，较大事故时有发生。（略）

三、2023年工作建议

一是落实党政同责不懈怠，坚定安全发展信心。（略）

二是隐患排查治理不间断，改善安全生产条件。（略）

三是铁拳执法监察不动摇，规范安全生产秩序。（略）

四是抓住源头管控不放松，强化安全监管效能。（略）

××市安全生产监督管理局

2023 年 1 月 7 日

资料来源：百度文库，有删改。

想一想：

这是一篇什么类型的报告？主体部分采取了怎样的结构模式？

评一评：

这是一篇以反映情况为主要内容的报告。开头交代开展安全生产工作的依据、人员组成、时间、地点等，简明扼要。主体部分由“主要工作—问题—建议”三大层次构成，先肯定了有关市安全生产党政同责、一岗双责暂行规定要求，开展安全生产工作所取得的成绩；然后，说明在取得一定成果的同时，还存在不少问题；最后，提出四点建议。情况报告的写作，可以借鉴这种基本模式。

小任务

某职业院校征地工作结束，向主管机关汇报工作，应选用什么文种？

工具箱

报告的基本格式是：标题+主送机关+正文+落款+成文日期。

1. 标题

报告的标题有两种常见的形式。

（1）发文机关+事由+文种。如“××省关于××抗灾救灾工作情况的报告”。

（2）事由+文种。如“关于棉花质量和市场管理检查情况报告”。

2. 主送机关

报告的主送机关应为负责受理报告的上级机关。一般只标注一个主送机关，如需要报送其他机关，则以抄送的形式来处理。

3. 正文

报告正文的结构一般由开头、主体和结语等部分组成。

（1）开头。报告开头主要交代报告的缘由，概括说明报告的依据、目的、意义等基本情况，然后用过渡语“现将有关情况报告如下”转入主体部分。

（2）主体。报告主体是报告的核心部分，用来说明报告事项。不同类型的报告，其报告事项的内容是有所侧重的。

① 工作报告主要写明工作进程、取得的成绩和经验、存在的问题与不足、应该汲取的教训及下一步的工作安排。报告中所讲的成绩或问题都必须属实，不能弄虚作假，言过其实。要层次井然，重点突出，点面结合，避免把工作报告写成面面俱到的流水账。要有较高层次的理论归纳，并能从中揭示出一定的规律来。

② 情况报告要讲清所开展工作的基本情况、取得的成绩、存在的困难问题、解决的

措施和办法等。如果是突发事件，就要把事件或问题发生的时间、地点、原因、经过、结果、性质、影响、处理意见和建议一一讲明。一般是先陈述基本情况，再分析主客观原因，最后提出解决的办法和措施。

③ 答复报告的内容包括两个部分：答复依据和答复事项。开头一般先扼要地写明上级机关来文所询问的问题，如《××市人民政府关于治理××河水质污染问题的报告》，开头为“省政府转来×××××委员会提出的关于××河水质污染状况的报告，经市政府调查研究，对报告中提出的有关问题及解决方案报告如下”，这就是答复依据。接着是答复事项，针对上级询问一一回答，要明确具体，不能模棱两可，似是而非。

（3）结语。结语一般采用惯用语，如“特此报告”“专此报告”“以上报告，请审阅”“以上报告，如有不妥，请指正”等。注意不要用“请批复”。

4. 落款与成文日期

落款在正文后右下方标注发文机关。如在标题中已出现发文机关，则无需落款。成文日期标注在落款之下。

（四）报告的写作要求

1. 要实事求是

写作报告，必须坚持实事求是的原则，如实反映情况。无论成绩还是问题，都不应随意夸大或缩小。只有这样，才能使上级机关了解实情，对发文机关的工作进行正确的指导。

2. 要迅速及时

向上级机关汇报工作或反映情况要迅速及时，以便上级机关和有关领导尽快掌握相关情况。

3. 要详略得当

在报告中汇报工作或反映情况，都要做到重点突出。特别是综合报告，要做到点面结合，详略得当。

三、批复

（一）批复的概念

批复是用于答复下级机关的请示事项的公文，属于下行文。具有三个明显特点：

1. 针对性

批复具有很强的针对性，一般是一请示一批复，不涉及请示以外的其他事项。

2. 被动性

批复是被动行文，它是依赖请示而存在的。先有请示，然后才能批复。任何一份批复都是对请示作出的。

3. 权威性

上级机关所作的批复意见，准许怎样做，不准许怎样做，下级机关必须遵照执行。

（二）批复的种类

（1）按照答复的态度，批复可分为肯定性批复和否定性批复两种。

（2）按照内容的不同，批复一般可分为指示性批复和批准性批复两种。

① 指示性批复。指示性批复是上级机关针对下级机关在理解和执行有关文件精神与政策时，存在某种不确定性或疑问而作出的答复，明确地作出解释，以指导下级机关对文件精神和政策更好地贯彻执行。

② 批准性批复。批准性批复是上级机关对下级机关提出具体的事项给予明确的答复。上级机关对下级机关的请批事项具有审批权，只有得到上级的批准，下级才能实施；如上级不批准，所请示的事项就不能执行。

（三）批复的格式与写法

案例点评

国务院关于同意枣庄市建设国家可持续发展议程创新示范区的批复

国函〔2022〕71号

山东省人民政府、科技部：

你们《关于枣庄市创建国家可持续发展议程创新示范区的请示》（鲁政呈〔2022〕45号）收悉。现批复如下：

一、同意枣庄市以创新引领乡村可持续发展为主题，建设国家可持续发展议程创新示范区。

二、枣庄市建设国家可持续发展议程创新示范区，要以习近平新时代中国特色社会主义思想为指导，全面贯彻党的十九大和十九届历次全会精神，按照党中央、国务院决策部署，坚持稳中求进工作总基调，完整、准确、全面贯彻新发展理念，加快构建新发展格局，深入实施创新驱动发展战略和可持续发展战略，统筹发展和安全，紧紧围绕联合国2030年可持续发展议程和《中国落实2030年可持续发展议程国别方案》，按照《中国落实2030年可持续发展议程创新示范区建设方案》要求，重点针对农业资源价值实现不充分、乡村发展要素集聚能力不足等问题，集成应用智慧农业、生态循环、大数据、物联网等技术，实施农业基础能力提升、城乡经济新动能培育、城乡融合发展推进、乡村生态建设提速和科技创新支撑等行动，统筹各类创新资源，深化体制机制改革，加快实现高水平科技自立自强，探索适用技术路线和系统解决方案，形成可操作、可复制、可推广的有效模式，对同类地区乡村可持续发展形成示范效应，为落实2030年可持续发展议程提供实践经验。

三、山东省人民政府要建立健全相关工作协调机制，根据实际情况研究制定专门的支持政策，形成推进合力，支持枣庄市全面落实和实施好各项行动和工程，实现国家可持续发展议程创新示范区建设的目标。

四、科技部要会同国家可持续发展实验区部际联席会议各成员单位，结合各自职责，在重大项目安排、政策先行先试、体制机制创新等方面支持枣庄市建设国家可持续发展议程创新示范区，及时研究解决建设中的重大问题。

五、示范区发展规划、建设方案等事宜，请山东省人民政府、科技部会同相关方面按照有关规定另行办理。

国务院

2022 年 7 月 10 日

资料来源：中国政府网。

想一想：

这份公文属于批准性批复还是指示性批复？有没有专门的结语？语言上有何特点？

评一评：

这是一份批准性批复。标题由发文机关、批复事项和文种构成。开头引述来文标题和发文字号，接着以“现批复如下”引出批复事项。批复事项部分根据有关条例的规定，对来文请示的问题作了明确肯定的答复或具体的指示。此批复省略了结语。全文语言准确，态度明朗。

小任务

前述××局关于增拨工作经费获得了同意，请你拟写这份××区人民政府下达给该单位的公文。

工具箱

1. 标题

批复的标题与其他公文文种标题的格式基本相同，既可以由制发机关、事由、文种三部分组成，也可以由事由、文种组成，但不能仅用文种做标题。

2. 主送机关

批复的主送机关一般只有一个，即提出请示的下级机关。

3. 正文

批复正文一般由三部分组成。

（1）依据。在批复的开头部分引述下级机关请示的标题和发文字号，如“你局××××年×月×日《关于×××××问题的请示》（×发〔2022〕×号）收悉”。也可以只引述来文字号，如“你局〔2022〕×号请示收悉”。

一般在写完依据后，用“经研究，现批复如下”“经××××会议研究，作如下批复”“现批复如下”等过渡到下文。

（2）事项。对请示中提出的问题，作出明确具体的答复。如同意，则写上肯定性意见；如不同意，则应在否定性意见后面写明理由。

（3）结语。批复的结语一般为“此复”“特此批复”“专此批复”等，也可省略不写。

4. 落款与成文日期

在正文之后的右下方标注发文机关名称。成文日期写在落款之下。

（四）批复的写作要求

1. 态度要鲜明

对请示事项的批复意见，应态度鲜明，毫不含糊，不要出现“可以研究研究”之类的语词。

2. 批复要及时

对下级机关呈报的请示，应及时作出明确的答复，以免耽误工作，甚至造成无法挽回的损失。

任务三　商洽性公文

一、函

（一）函的概念

函是不相隶属机关相互商洽工作、询问和答复问题、请求批准和答复审批事项的公文，是平行文。其特点如下：

（1）灵活性。函适用范围广，使用灵活方便。它既可用于不相隶属机关之间商洽工作，询问和答复问题，又可用于向无隶属关系的主管部门请求批准事项、主管部门审批答复有关事项。

（2）多向性。函的行文方向具有多向性，既可平行，又可上行或下行，不像其他文种那样在行文关系上有严格的限制。

（3）非强制性。函的功能是商洽、询问某一事项，不带强制性；语言礼貌简明。

（二）函的类别

1. 按行文方向划分

（1）发函。发函又称去函，指发文机关需要商洽或解决有关事项而向受文单位发出的函。

（2）复函。复函指针对来函提出的问题或商洽的事项作出答复的函。

2. 按内容和用途划分

（1）商洽函。主要用于平行机关之间或不相隶属机关之间商洽工作，联系有关事宜。如商调干部、洽谈业务等。

（2）请批函。主要用于不相隶属机关之间相互请求批准有关事项。

（3）答询函。主要用于平行机关之间或不相隶属机关之间相互答复问题。

（三）函的格式与写法

案例点评

关于商借课室的函

××中学：

我市为贯彻国家公务员制度，拟对全市事业单位在职干部进行不脱产培训。因培训人员较多，场地不够，所以想向你校借用课室。时间是今年9月、10月的所有双休日，每天上午8时至下午6时；课室数目是8间。每次上完课，我局会派人打扫卫生；消耗水电等的费用，我局将如数支付。这次培训，关系到提高我市在职干部的素质，希望能得到你们的支持。

是否同意，请研究后及时答复我们。

××市人力资源和社会保障局

二〇二三年×月×日

想一想：

这是一则发函还是复函？符合函的写作要求吗？

评一评：

这是一则商洽函。开头交代商洽的依据、缘由，然后引出拟商洽的事项，接着把需要商洽的具体事宜进行详细的说明，最后提出希望支持的意愿。全文既有说理，又有具体的陈述，内容简明，语言精练。

小任务

请你替××中学写作一份书面答复。

工具箱

1. 标题

函的标题一般有两种形式。一种是由发文机关名称、事由和文种构成；另一种是由和文种构成。函的标题要表明行文方向，即写明“函”或“复函”。

2. 主送机关

发函或复函的主送机关都是一个，其主送机关即是来函的发文机关。

3. 正文

函的正文一般由开头、主体和结语组成，但发函与复函的写法略有不同。

发函正文的开头，一般要简明扼要地交代商洽、请求、询问或告知事项的依据、缘由、目的。然后提出要求和希望。如需对方回复，结语可用“请函复”“请复”“特此函商，请复”等。

复函正文的开头类似于批复，首先引述来函的标题、发文字号等。如“你办×月×日《关于××××的函》（××函〔2000〕×号）收悉”。然后用“现复函如下”“经研究，函复如下”等过渡到答复事项部分。答复事项，态度要明朗，应针对来函给予明确具体的回答。复函的结语一般用“此复”“特此函复”等。

4. 落款和成文日期

与一般公文格式相同。

（四）函写作要求

1. 一函一事

函的内容较为单一，一般是一函一事，不可一函多事。

2. 措辞得当

无论是发函还是复函，都要以平和商洽的语气来写。对上不刻意逢迎，对下不盛气凌人，对平行单位、不相隶属单位要以礼相待。措辞要得当，一般不用“应该”“必须”等指令性的语言。

二、会议纪要

（一）会议纪要的概念

会议纪要是适用于记载会议主要情况和议定事项的公文。一般是在会议之后，对会议的基本情况、讨论与研究的重要事项、主要精神等进行整理记载而形成的文件。可以有关部门传达，作为开展某类工作的依据与指导。其特点：

（1）纪实性。会议纪要是会议成果的真实记录和集中反映，如实地反映会议的主要内容和议定事项。纪实性是会议纪要的基本特点，也是撰写会议纪要的基本原则。

（2）纪要性。会议纪要应围绕会议主旨及主要成果，对会议繁杂的情况和内容进行综合、提炼和概括性的整理。其重点在于介绍会议成果，归纳主要事项，概括会议精神。

（3）指导性。会议纪要是传达会议精神的重要文件，是开展工作的依据，对会后的各项相关工作具有重要的指导和约束作用。

（二）会议纪要的种类

根据会议的内容和类型，会议纪要可以分为两类：

1. 办公会议纪要

办公会议纪要是记录机关单位召开的办公会议所形成的纪要。

2. 专题会议纪要

专题会议纪要是记录传达各种专题会议形成的纪要。

（三）会议纪要的格式与写法

案例点评

××区政府工作会议纪要

××府纪〔2022〕44号

2022年11月27日，刘××副区长主持召开区经济适用住房廉租住房建设工作领导小组成员会议。会议传达了××市保障性安居工程工作会议精神，并研究部署我区公共租赁住房建设的有关工作。纪要如下：

一、关于落实2022年公共租赁住房建设任务问题

2022年，××市下达给我区200套公共租赁住房建设任务，其中，由××项目配建100套；由财政投资建设100套，项目配建在××广场项目东侧，由××广场项目公司代建，项目竣工验收后由区财政进行回购，具体由区住房城乡规划建设局负责与××广场项目公司衔接，尽快制定出具体方案报区政府审定。

二、关于公共租赁住房租金标准问题

会议同意我区公共租赁住房项目的月租金标准：××假日公馆为10元/平方米，××花园为7元/平方米，×××花园和××××花园为6.5元/平方米，从2023年6月1日开始执行，试行2年。公共租赁住房租金补助具体参照《××市区公共租赁住房租金补助实施办法》执行。

三、关于公共租赁住房保障对象基本条件和保障范围问题

（一）鉴于全市除××区外其他各县（区）均未有“城镇居民年人均可支配收入”的统计数据，会议同意依照2022年度××区城镇居民年人均可支配收入指标值，并测算出同一年度我区与××区在岗职工平均工资的差距比例，同时结合××经济技术开发区和××高新技术开发区等周边地区的做法和标准，确定我区公共租赁住房保障对象的基本条件，报区政府审定。此项工作由区住房城乡规划建设局牵头，区财政局、区人力资源和社会保障局配合。

（二）会议同意我区公共租赁保障范围扩大至全区各镇（街道、经济开发区）的城镇户籍人口。

四、关于××××花园102套公共租赁住房项目建设问题

区住房城乡规划建设局要抓紧协调，确保项目按时交付使用；区国土资源分局要抓紧将××××花园用于公共租赁住房建设的1 200平方米用地的挂牌土地价款，退回给××××花园项目公司。

五、关于××假日项目100套公共租赁住房装修监管问题

由区住房城乡规划建设局作为监管单位，装修方案要抓紧送区财政局审核。

六、关于公共租赁住房管理维护问题

对公共租赁住房在日常使用过程中的管理和修缮问题，由区房产局会同区财政局察看现场后，按规定实施。

出席：吕××（区府办公室），黄××（区人力资源和社会保障局），林××（区民政局），潘××（区统计局），童××（区机关事务管理局），邱××、魏××（区住房城乡规划建设局），凌××（区监察局），李××（区审计局），黄××（区财政局），邱××（区税务局），刘××（区环保局），李××（区国土资源分局），孙××、叶××（区房产局），王××（区物价局），杨××（区发展改革局），钟××（住房公积金中心××区管理部），钟××（建设银行××区支行）

××区人民政府办公室

2022年12月14日

想一想：

这篇会议纪要有发文机关吗？主体部分运用了何种写法？最后列出与会者的姓名和单位有何作用？

评一评：

这是一篇关于会展经济工作的专题会议纪要。开头简要介绍会议的基本情况，包括时间、召集人、与会者、主要议题等。主体部分着重是写通过会议所提出的问题和有关的部署。全文采取综合概述的方法，对会议内容进行了归纳、整理，列举了六个问题及相关的部署。引领具体内容。最后详细写出与会者的姓名和单位，主要起补充说明的作用。这篇会议纪要重点突出，明白清楚，对会后的工作有很强的指导意义。

小任务

请根据本班近期召开的一次主题班会，分别拟写一份会议记录和会议纪要。

工具箱

1. 标题

会议纪要的标题有单标题和双标题两种形式。

（1）单标题。

① 由“会议名称+文种”构成。如“××××会议纪要”。

② 由“事由+文种”构成。如“关于研究××××问题的会议纪要”。

③ 由“发文机关+事由+文种”构成。如“××部关于××工作会议纪要”。

（2）双标题。由“正标题+副标题”构成。正标题揭示会议主旨，反映会议的主要精神和内容；副标题标示会议名称和文种。如“回顾过去成绩显著　展望未来任重道远——××县政法委××××年第一次会议纪要”。

2. 成文日期

会议纪要的成文日期有两种写法：一种是写于标题下，用圆括号括起；另一种是写于正文右下方。

3. 正文

会议纪要的正文由导语、主体和结语三部分组成。

（1）导语。导语即会议纪要的开头部分，一般是概括会议的基本情况，包括会议的名称、目的、内容、时间、地点、规模、参加人员、主要议题和会议成果等。导语不能写得过长，要简明扼要，让人们读后对会议有个总体的了解。

（2）主体。主体是会议纪要的核心部分。它根据会议的中心议题，按主次、有重点地写出会议的情况和成果，包括对工作的评价、对问题的分析、会议议定的事项、提出的要求等。主体的写法一般有以下三种：

一是条项式，就是把主体内容包括讨论的问题和议定的事项，按主次逐条列出，使其条理化，一目了然。办公会议纪要、工作会议纪要多用这种写法。

二是概述式，就是把会议的内容或议定事项，进行综合概括，分成若干部分。每个部分谈一个方面的内容。这是一种比较普遍的写法，它有利于突出主要内容，分清主次。

一般把主要的、重要的放在前面，而且尽量写得详细、具体一些；次要的和一般性的内容放在后面，可简略一些。较复杂的工作会议或经验交流会议多用这种写法。

三是发言式，就是把与会者的具有典型性、代表性的发言要点摘录出来，按发言顺序或按内容性质先后写出。这种写法的优点是可尽量保留发言人谈话的风格，比较客观、具体。一些重要的座谈会纪要常用这种写法。

（3）结语。会议纪要的结语一般是提出希望，发出号召，要求与会者或有关单位认真贯彻会议精神。有的会议纪要是顺着主体内容的展开而自然结束，不再另写结语。

（四）会议纪要的写作要求

1. 全面了解会议情况，重点把握会议精神

写作会议纪要应全面了解会议的目的、任务、内容和形式，熟悉会议的所有文件材料（包括领导同志的发言），重点把握会议的主要精神。

2. 层次结构井然有序，语言表达准确简明

写作会议纪要应围绕会议主题和内容来安排层次结构，抓住要点，善于归纳，做到条理分明，井然有序。在语言表达上，应以叙述为主，力求准确简明，通俗易懂。

任务小结

公务文书的规范化特征以及公文构成要素的标准化要求，为学习和从事公务文书写作的人员提供了直接模仿的可行性。因此，认真阅读和分析随文介绍的例文，对于领会和掌握各种常用公文的写作要领，尽快提高写作能力，具有一定的借鉴意义。

同步测试

一、概念解释

公务文书　请示　报告　通知　通告　公告

二、复习思考

1. 公文主要有哪些特点和类型？
2. 公文的行文规则是什么？
3. 撰写公告应注意哪些问题？
4. 通告主要有哪些写作要求？
5. 表彰性通报与批评性通报在写法上有何不同？
6. 哪些情况需要用请示行文？
7. 发函与复函在写法上有何不同？
8. 会议纪要主要有哪些写作要求？

三、问题诊断

请根据公文写作要求，分条指出下面公文稿的错误，并加以修改。

关于你校设立××仿真实训中心的请示

××市职业学院：

你校××职发［2023］3号《××市职业学院关于设立××仿真实训中心的请示》以及××发［2023］8号文收悉，经研究讨论，兹批复如下：

（一）不同意在你校设立××仿真实训中心，其理由恕不详述。

（二）目前可在你校先行设立××计算机室。

（三）拟原则同意在你校修建新实验楼，有关具体事宜待专门批复。专此函复。

××市教育局

二零二三年五月三十日

实训设计

1. 实训目的

了解并熟悉请示的格式与注意事项，掌握公务文书的写法。

2. 实训项目

李斯是中国著名的政治家和文学家，他的《谏逐客书》是向秦王嬴政进言逐客的奏章，也是一篇著名的劝谏文，对于请示公文的写作也有很大的启示。原文如下：

臣闻吏议逐客，窃以为过矣。

昔穆公求士，西取由余于戎，东得百里奚于宛，迎蹇叔于宋，求丕豹、公孙支于晋。此五子者，不产于秦，而缪公用之，并国二十，遂霸西戎。孝公用商鞅之法，移风易俗，民以殷盛，国以富强，百姓乐用，诸侯亲服，获楚、魏之师，举地千里，至今治强。惠王用张仪之计，拔三川之地，西并巴、蜀，北收上郡，南取汉中，包九夷，制鄢、郢，东据成皋之险，割膏腴之壤，遂散六国之从，使之西面事秦，功施到今。昭王得范雎，废穰侯，逐华阳，强公室，杜私门，蚕食诸侯，使秦成帝业。此四君者，皆以客之功。由此观之，客何负于秦哉！向使四君却客而不内，疏士而不用，是使国无富利之实而秦无强大之名也。

今陛下致昆山之玉，有随、和之宝，垂明月之珠，服太阿之剑，乘纤离之马，建翠凤之旗，树灵鼍之鼓。此数宝者，秦不生一焉，而陛下说之，何也？必秦国之所生然后可，则是夜光之璧不饰朝廷，犀象之器不为玩好；郑、卫之女不充后宫；而骏良駃騠不实外厩，江南金锡不为用，西蜀丹青不为采。所以饰后宫充下陈娱心意说耳目者，必出于秦然后可，则是宛珠之簪，傅玑之珥，阿缟之衣，锦绣之饰不进于前，而随俗雅化，佳冶窈窕赵女不立于侧也。夫击瓮叩缶，弹筝搏髀，而歌呼呜呜快耳（目）者，真秦之声也；郑、卫、桑间、韶、虞、武、象者，异国之乐也。今弃击瓮叩缶而就郑卫，退弹筝而取韶虞，若是者何也？快意当前，适观而已矣。今取人则不然，不问可否，不论曲直，非秦者去，为客者逐。然则是所重者在乎色乐珠玉，而所轻者在乎人民也。此非所以跨海内制诸侯之术也。

臣闻地广者粟多，国大者人众，兵强则士勇。是以太山不让土壤，故能成其大；河海不择细流，故能就其深；王者不却众庶，故能明其德。是以地无四方，民无异国，四时充美，鬼神降福，此五帝、三王之所以无敌也。今乃弃黔首以资敌国，却宾客以业诸侯，使天下之士退而不敢西向，裹足不入秦。此所谓“藉寇兵而赍盗粮”者也。

夫物不产于秦，可宝者多；士不产于秦，而愿忠者众。今逐客以资敌国，损民以益雠，内自虚而外树怨于诸侯，求国无危，不可得也。

此文乃书中之上乘，也是我国古代应用文的典范之作，体现了应用文的种种特性。

（1）李斯在《谏逐客书》中强调了“以实事求是”的原则。在请示公文中，我们也应该遵循这一原则，尽可能客观地描述问题，不夸大、不缩小事实，以便领导能够准确地了解情况，作出正确的决策。

（2）李斯在《谏逐客书》中强调了“言必有礼”的原则。在请示公文中，我们也应该注重语言的礼貌和得体，不应该使用过于生硬或者过于随意的语言，以免引起误解或者不必要的争端。只有用得体的语言，才能让领导更加愿意听取我们的意见。

（3）李斯在《谏逐客书》中强调了“言必有用”的原则。在请示公文中，我们也应该注重语言的实用性和针对性，不应该使用过于空洞或者过于泛泛的语言，以免让领导感到无所适从。只有用实用的语言，才能让领导更加容易理解我们的意见。

（4）李斯的《谏逐客书》对请示公文写作有很大的启示，我们应该遵循“以实事求是”“言必有据”“言必有礼”“言必有用”的原则，写出更加优秀的请示公文，为领导作出正确的决策提供更加有力的支持。

资料来源：司马迁. 史记. 北京：中华书局，1959；百度文库，有删改。

3. 实训思路

（1）指出本文的观点和材料。

（2）分析本文体现了公文写作的哪些特征。

（3）探讨作为一篇“请示公文”，本文的语言是否恰当准确。

4. 实训做法

学生试着利用一节课的时间，将这篇奏章内容，以现代文的形式拟写一篇格式规范的请示，用电子邮箱发送给教师。

拓展阅读

跟着古人学公文——值得研读的古代公文

古代的公文尽管与现代的表现形式已经有很大的差异，但都通过公文从事行政管理工作。从文体上看，制、诏、策（册）、戒、敕、旨、谕等是皇帝在政务活动中颁发，相当于现在的意见、方案、决定等；文武百官向皇帝上奏的文书主要有奏、章、表、议等，类似于现在的报告、请示及调研文章等。造纸术和印刷术发明以前，古人书写不便，从提高效率和经济实用的角度需要写短文，再者古代为官礼制较多，对官员行文要求严格，因此，古人行文大多高度概括，形成了言简意赅的文风。

古代公文的语言高度概括。如《过秦论》是贾谊政论散文的代表作，其“中篇”仅用 18 个字“秦灭周祀，并海内，兼诸侯，南面称帝，以养四海”便将秦统一六国的史实叙述完毕，其中“灭”“并”“兼”三个动词一气呵成，自然流畅。又如刘邦的约法三章“杀人者死，伤人及盗抵罪”，只用10个字就将简单的三条带有法律意义的入关主张公诸天下，语言直白朗朗上口。经口口相传，便路人皆知，省去了大量宣传发动的人力财力。再如诸葛亮的名篇《出师表》，篇幅虽短，信息量却大，用现代的眼光看，诸葛亮作为蜀国“总理”，这既是一份合格的形势分析报告，又是一篇对政事施行的请示，更是一篇抒情议论结合的优美散文。文中开篇赞美刘备的功绩，引出上表缘由；转而委婉地劝导刘禅要继承和发扬刘备的优良传统，广开言路，多纳良言，充分发挥民主集中制的重要作用；最后感念刘备发现、重用自己的恩德，并详细阐述此后工作计划，展露自己全心辅佐的赤诚之心。全文夹叙夹议、用语谦逊、条理清晰，篇幅高度浓缩，内容又十分丰富，还融议论、叙事、抒情于一体，读来令人感慨万千。

古代的公文还广用典故，行文巧妙。古代臣子上书，进谏策略非常重要。首要的是要顾及君主的尊严，即使是君主明显的过失，也要用巧妙的语言来进谏，否则，不但起不到建言献策的效果，反而招致人头落地。因此借用典故，借古说今是个好办法。如唐代韩愈的《论佛骨表》开篇便引用孔子《论语·雍也》中的话：“务民之义，敬鬼神而远之，可谓知矣。”借孔圣人的话来劝谏皇帝，即使皇帝心中不悦，也不好公开反对孔子的话。又如距今已经两千多年的《谏逐客书》，作者李斯在开篇注重方式方法，先表明自己只是对大臣议论发表看法，避免直接碰触到皇帝那根因逐客遭议论而十分敏感的神经，减少了对立，尔后娓娓道来，实现了上书成功。也有反面的例子，如明朝海瑞性格使然，在他的《治安疏》洋洋洒洒，纵横捭阖。海瑞直指皇上之过，文章虽好，却招来龙颜大怒，导致自己身陷囹圄。

古代的法律文书也十分严谨，值得一看。古代法典自唐朝时立法技术成熟，唐高宗制定颁布《永徽律》（在元代以后被称为《唐律疏议》），仅12篇，共500条。唐以后历朝均以此为蓝本删改，至明朝的《大明律》仅30卷，共460条。古代法律不像现在的法律分得细，仅一部法典涵盖民法、刑法。要用有限的语言规定出这么多的法律关系，不得不佩服古人在公文写作方面下的功夫。古代不仅法典十分精要，而且判决书常是言简理尽，极具说服效果。

资料来源：https://zhuanlan.zhihu.com/p/546908066.

项目五

经济事务文书

学习目标

知识目标：

- 理解经济事务文书的概念、种类。
- 掌握经济事务文书的写作方法及格式要求。

能力目标：

- 能区分情境并运用正确的格式撰写计划、总结、述职报告、条据等事务文书。

素质目标：

- 具备钻研精神和认真严谨的学习态度。

情境设计

为迎接中国共产党第二十次全国代表大会胜利召开，中共中央党史和文献研究院编写了《党的十九大以来大事记》。《大事记》集中反映了5年来党和国家事业取得举世瞩目的重大成就。

2017年10月

10月18日—24日 中国共产党第十九次全国代表大会举行。（略）

10月25日 中共十九届一中全会举行。（略）

10月27日 十九届中央政治局召开第一次会议，研究部署学习宣传贯彻党的十九大精神，要求把全党全国各族人民思想统一到党的十九大精神上来，把力量凝聚到实现党的十九大确定的各项任务上来。（略）

10月31日 习近平带领中共中央政治局常委李克强、栗战书、汪洋、王沪宁、赵乐际、韩正，瞻仰上海中共一大会址和浙江嘉兴南湖红船，回顾建党历史，重温入党誓词，宣示新一届党中央领导集体的坚定政治信念，强调只有不忘初心、牢记使命、永远奋斗，才能让中国共产党永远年轻。

2017 年 11 月

11 月 2 日 中央军委印发《关于全面深入贯彻军委主席负责制的意见》，强调要全面贯彻习近平强军思想，全面贯彻党对军队绝对领导的根本原则和制度，从政治上、思想上、组织上、制度上、作风上为贯彻军委主席负责制提供坚强保证。

11 月 3 日 习近平视察军委联合作战指挥中心，指出军队是要准备打仗的，军委必须懂打仗、善谋略、会指挥，军委工作一开始就要把备战打仗的指挥棒立起来。强调全军要强化忧患意识、危机意识、打仗意识，全部心思向打仗聚焦，各项工作向打仗用劲，尽快把备战打仗能力搞上去。

（略）

资料来源：中共中央党史和文献研究院. 党的十九大以来大事记. 人民日报，2022-10-14（2）.

从上述情况看，这种对一定时期内的工作情况进行收集整理的记录性文书有哪些？我们如何正确地拟写相关事务文书呢？

启示：

日常生活中，在各级各类机关、社会团体、企事业单位中存在着一个普遍问题，就是刚参加工作的同志大部分不会写事务文书。对简报、计划、总结和调查报告等各类事务文书，呈现在大脑中的只是一个陌生、模糊的抽象概念，不能将理论知识与实际工作相结合。因此，创立企业、管理企业，写好事务文书，才能为经济活动的实施提供保障。

知识导读 经济事务文书概述

一、经济事务文书的概念

经济事务文书是指人们在处理日常事务时，用来沟通信息、部署安排、总结经验、分析研究、约束纪律的实用性文书。经济事务文书是在日常工作中使用得最为普遍和广泛的文书。

经济事务文书同经济公务文书的区别在于可以不用写明主送机关，没有严格的格式。但由于长期使用，也形成了一些比较固定的惯用格式和阅文对象。

二、经济事务文书的种类

（一）日常工作类文书

日常工作类文书是指在日常事务工作中，为了沟通信息、协调工作，经常会使用到的一些文书。这类文书包括启事、声明、备忘录、留言条、便条、介绍信、证明信、委托书等。

（二）计划类文书

计划类文书是单位或个人对一定时期内的工作或任务有目的、有条理地作出安排和打算而撰写的文书。这类文书包括计划、方案、规划、设想、安排等。

（三）报告类文书

报告类文书是对某一阶段的工作或某项工作的完成情况进行回顾和检查，对工作中存在的问题及得到的经验教训进行分析研究的文书。这类文书包括总结、述职报告等。

（四）信息类文书

信息类文书是对一定时期内的工作情况进行收集整理，向他人传播的各类信息，属于记录性文书。这类文书包括简报、大事记等。

（五）规章类文书

规章类文书是社会各级组织为了建立正常的工作、劳动、学习、生活秩序，在一定范围内要求有关人员共同遵守的规范性文书。这类文书包括规程、章程、制度、守则、条例、办法等。

三、经济事务文书的写作要求

（一）语言准确

要求用语准确，表述清楚，尤其是规章类文书，更要讲究遣词造句，不能出现歧义，表述不能模糊。

（二）格式规范

经济事务文书的格式虽然不像经济公务文书那样程式化，但许多文种的格式也有约定俗成的共同特点，因此，经济事务文书的所用格式要统一标准，不能随意行文。

（三）切实可行

经济事务文书，或拟订计划，或进行总结，或制定规章，都是为了解决工作中的实际问题，起到务实的作用，因此，经济事务文书必须能指导操作，切实可行。

任务一　日常工作事务文书

一、启事、声明、大事记

（一）启事

1. 启事的概念

启事是机关、企事业单位、团体或个人，需要向公众说明某事、征求意见，或提请公众注意，希望公众协助办理某事时使用的一种事务文书，通常张贴在公共场所或刊登在报章杂志上。

2. 启事的写作格式和方法

案例点评

寻人启事

王××，男，78岁，身高1.68米，长脸，秃头，驼背，耳聋，讲普通话。穿一身蓝色服装，黑色运动鞋。××××年×月×日外出，至今未归。有知其下落者，请速与×

×市××区××路××号×××联系，必有重谢。

联系电话：××××××××（家） ××××××××××××（手机）

×××

××××年×月×日

寻物启事

本人不慎于×月×日乘×路公共汽车时，将内装身份证、驾驶证和单位业务发票数张的一黑色公文包遗失。有拾到者请与××机械局×××联系（电话：××××××××××××），必有重谢。

×××

××××年×月×日

想一想：

寻人启事和寻物启事在写作的注意事项上是否一样？

评一评：

以上两则启事要素齐备，结构完整，能够有效地发挥作用。

小任务

某公司办公室秘书小王在公司停车场拾到一棕色钱包，内装银行卡数张、现金 5 000 元，小王要在公司办公平台上张贴启事，寻找失主，你能代小王起草吗？

工具箱

启事一般包括标题、正文、结尾三个部分。

（1）标题。标题的写法：第一种，只写“启事”；第二种，标题里标明启事事项，如“招领启事”“开业启事”等；第三种，启事重要和紧迫，还可标明“重要启事”“紧急启事”。

（2）正文。不同事项内容的启事，正文写法有所不同，大致可分为以下三类：

① 寻找类启事。有寻物、寻人、招领等启事。

寻找类启事应准确详细写明寻找对象的细节，诸如丢失时间、地点以及寻找对象的特征等。要特别写清联系单位或个人的名字、地址、电话号码，最后要写上感谢的话语，拟给酬谢的话。

招领启事的文字语言有特殊的要求，既要说明招领品的主要特征，又不能说得太具体，以免冒领。

② 征招类启事。有征稿、征订、征集设计启事，招生、招聘启事等。如：

征集设计启事

我商场是××市较早经营旅游产品的专卖商场，已有 24 年的历史，为了树立品牌，维护店方和消费者的权益，特向各界征集标志设计。具体要求如下：

一、要有旅游纪念品专卖商场的特征，有较浓厚的文化概念，具有地方特色；

二、主题形象突出，构图简洁明快，美观大方；

三、征集时间自××××年×月×日至××××年×月×日；

四、征集稿件请寄××市××区××街××号；

五、作品一经采用，即付酬金××××元。

总经理及全体员工竭诚欢迎大家赐稿。

××市××旅游纪念品专卖商场

××××年×月×日

征稿启事指报纸、杂志有针对性地征集稿件的启事。这类启事要明确写出征集目的、相关背景、内容要求、体裁限定、字数、截止日期、投寄地址、奖励办法、注意事项等。

征集设计启事要说明征集的目的，有关背景、设计要求、奖励办法和投寄地址、截止日期。尤其是设计要求一项要交代明确、具体，使应征者能设计出符合征集者意图的设计稿。

招聘启事或招工启事是因工作和业务发展的需要，向社会公开招聘人员，要写明招聘人员的职别或工种、应具备的条件、考核和录用办法及报名事项等，有的还需说明录用后的待遇。

③ 周知类启事。主要有开业、更名等启事。如：

更名启事

经上级有关部门批准，我单位将“××旅游服中心”更名为“××旅游开发公司”。自××××年×月×日起启用新名称，原中心的各种印章即予废除，原来的银行账号不变，原来的一切业务关及未尽事宜均由“××旅游开发公司”办理。

××旅游开发公司

××××年×月×日

开业启事

××厨具公司系专门经营饭店、宾馆厨房用品的公司。备有中西餐所用的现代化产品，产品种类齐全，全部经国家质量检测部门验证。本公司总经理×××携同全体员工竭诚欢迎新老顾客惠顾。

地址：×××××××××

电话：×××××××××

××××年×月×日

（3）结尾。即署名和日期，在右下角写启事单位名称或个人姓名。视具体情况，有的还要写上地址和启事时间，如果需要另起一行分别写到右下角。

（二）声明

1. 声明的概念

声明指团体或个人公开表明对某些问题或事件的看法，或是遗失了重要的票据、证件，为了避免被拾到后利用其行骗，在报章杂志上刊登声明，宣告作废。

声明有两类：口头声明和书面声明。口头声明，形式不拘一格，书面声明则郑重其事。

2. 声明的结构与写法

案例点评

声　明

我单位于××××年×月×日取得了××机关颁发的许可证书，证书单位名称为：　　　，证书编号为：　　　，有效期至××××年×月×日。

现声明该证书作废。

××局

××××年×月×日

遗失声明

声明　××市××区××公司遗失0017253号工商营业执照副本及0071200－0071299号零售发票。特此声明作废。

××市××区××公司

××××年×月×日

想一想：

声明与启事有哪些异同？声明在写作时应注意哪些方面？

评一评：

启事主要用来陈述事项，声明除了简明地告知某事外，主要用来表明立场、澄清相关事项、保护权益等。以上两则声明清楚地交代了要予以说明的具体内容和事项，简洁而有效力。

小任务

某公司因业务需要，与英国某公司签订合作意向，并向工商管理局申请变更了公司名称，请问该公司要向社会告知这一变更，应选用何种文种？请拟写。

工具箱

声明一般包括标题、正文、尾语、落款四部分。

（1）标题。一般写“声明”二字即可，有时也加上事由，如“遗失声明”。

（2）正文。即本次声明的具体内容和事项。正文开头可简洁明了地交代本次声明的原因，末尾以“声明如下”引起下文。正文内容较多者，应分清条目，每一条目单独列行。遗失声明要写明失物的名称、数量、号码等。

（3）尾语。遗失声明结尾最后一定要写“声明作废”字样，或标示出“本声明自××××年×月×日起生效”。

（4）落款。单位名称要另起一行写在右下方，加盖公章。其下写出××××年×月×日。

3. 声明的写作要求

（1）声明须事出有因，事态严重者，应加上“郑重”字样。

（2）声明语言要求情感色彩鲜明，准确无误。一经成文，不能随意涂改。如有涂改处，须加盖公章，以负其责。

（3）声明内容要写得简明扼要。

（4）落款日期与声明生效日期常不一致，须特别注意。

（三）大事记

1. 大事记的概念

大事记是按照时间顺序记载一个地区、一个部门、一个单位在一定时间、一定范围内发生的重大事件或重要活动的公务文书。

2. 大事记的分类

（1）按性质分：国家或地区大事记、单位大事记、专题大事记等。

（2）按内容分：综合性大事记、专门性大事记等。

（3）按体裁分：条目式大事记、表格式大事记等。

3. 大事记的内容和结构

案例点评

2022 年基建行业大事记

1 月 18 日，国务院印发的《“十四五”现代综合交通运输体系发展规划》提出，到 2025 年，综合交通运输基本实现一体化融合发展，智能化；展望 2035 年，便捷顺畅、经济高效、安全可靠、绿色集约、智能先进的现代化高质量国家综合立体交通网基本建成。

2 月 28 日，国新办就“加快建设交通强国努力当好开路先锋”举行发布会。交通运输部部长李小鹏介绍，2022 年预计将新增铁路新线 3 300 公里以上，新改扩建高速公路 8 000 公里以上，新增及改善高等级航道 700 公里以上，新增颁证民用运输机场 8 个。

3 月 13 日，《关于 2021 年国民经济和社会发展计划执行情况与 2022 年国民经济和社会发展计划草案的报告》明确提出，2022 年要高质量建设“十四五”规划 102 项重大工程项目，精准有效推进重大基础设施项目建设。

4 月 8 日，国新办举行国务院政策例行吹风会，水利部副部长魏山忠表示，水利今年再开工包括南水北调后续工程等重大引调水、骨干防洪减灾、病险水库除险加固、灌区建设和改造等工程，全年可完成投资约 8 000 亿元。

5 月 20 日，交通运输部印发《关于扎实推动“十四五”规划交通运输重大工程项目实施的工作方案》。根据“十四五”交通运输系列规划确定的发展目标和重点任务，提出“十四五”时期重点推进的 11 项交通运输重大工程项目包。《中华人民共和国国民经济和社会发展第十四个五年规划纲要》102 项重大工程项目中，由部牵头落实的交通运输项目均纳入各项工程包予以统筹推进。

6 月 28 日，国家发展改革委举行“中国这十年”系列主题新闻发布会。会上国家发展改革委副秘书长欧鸿表示，近期特别是要抓紧推进一批既利当前又利长远的水利、交通、地下综合管廊等项目，尽快形成实物工作量。（略）

12 月 14 日　中共中央、国务院印发《扩大内需战略规划纲要（2022—2035 年）》，持续推进重点领域补短板投资，包括加快交通基础设施建设、加强能源基础设施建设、加快水利基础设施建设、完善物流基础设施网络、加大生态环保设施建设力度、完善社会民生基础设施。系统布局新型基础设施，包括加快建设信息基础设施、全面发展融合基础设施、前瞻布局创新基础设施。

资料来源：钢谷网。

想一想：

此则大事记属于大事记分类中的哪一种？

评一评：

此则大事记清晰有序，内容言简意赅，对重大事件很好地进行了记录。

小任务

请记录本班近一个月的事情。

工具箱

大事记的格式单一、固定，一般由标题和正文组成。

（1）标题。主要形式：一是由单位名称、事由和文种（大事记）构成，如“××单位党务工作大事记”；二是由单位名称和文种构成，如“××人民政府大事记”；三是由事由和文种构成，如“企业改革大事记”；四是由制文单位、时间和文种构成，如“××公司三月大事记”。

（2）正文。正文内容一般由时间和事件两部分组成。

时间必须按照先后顺序记明年、月、日，明确起止日期；有的重要事件还要记明上午、下午或晚上的具体时间；时间延续较长的工作，则可以分成几个阶段分别记载。

事件是指重要工作活动和须记录的大事、要事，通常是每事一条，一事一记。如果一天之内发生几件大事，一般按一件一条一个自然段分别记录；如果一件大事是持续几天发展的，一般是放在事情的最后一天记录。

4. 大事记的写作要求

（1）准确无误。准确无误是指时间准确，事件准确。编写大事记必须依据客观事实，反映事情的本来面目，一般不加评论。对于具体的时间、地点、人物、数字等，一定要核对准确。

（2）突出重点。大事记记载的是“大事”，要防止凡事皆记，使大事记变成了流水账。编写大事记时必须突出重点，记事要力求言简意赅，摘要记载，不要详述其情。

（3）专人负责。大事记的记载应该由专门部门、专人负责，编写人员要了解相关的方针政策，具备专业知识，随时记载，定期整理。年终时请领导审定、签字，装订成册存档。

二、条据文书

条据文书是人们在日常工作中用作凭据或起说明作用的篇幅短小、格式固定的应用文书。当告知事情或托人办事时，对方不在或不便当面说明，写个非正式的文字东西，这就是条；如果收到、领到、借到财物，写个字条，这就是据。

条据文书可分为：一是说明性条据，如便条、留言条、备忘录等；二是凭证性条据，如借条、欠条、收条等。

（一）留言条

1. 留言条的概念

留言条大多在联系工作、交代任务或访问不遇时使用，在没有时间等候的情况下，留给对方一个简短而明了的条据。有时也可以用于电话留言，如：

电话留言条

来电者：________________________________

电话号码：______________________________

□请立即回电　　　　　□将会再来电

留言内容：________________________________

____

备注：________________________________

接电话人：________________________________

时间：　　　　年　　月　　日　　时　　分

2. 留言条的结构与写法

案例点评

××同学：

原定星期日的春游改在星期六了，原因是气象台预报星期日有中雨。星期六上午在校门口集合，请你准时参加。

同学：××

××××年×月×日

想一想：

此则留言条存在什么问题？

评一评：

此则留言条比较清楚地交代了留言的意图，但星期六上午集合的具体时间未予以说明，是为错误。

小任务

某职业学院管理系团委请某大学知名教授张某到校进行讲学活动，此事由小李负责，原定于4月28日下午2点在学术报告厅举行，下午1点由小李去接李教授。但小李临时有事要在4月27日出差，改由小吴负责。请你为小李拟写一份留言条。

工具箱

留言条一般不需要写标题，它由称呼、正文和落款三部分组成。

（1）称呼。称呼是自己对收留言条的人口头上的称谓。

（2）正文。正文是写这张留言条的主要目的，交代清楚自己的意图和要求。

（3）落款。落款包括署名和写留言条的时间。在正文下面写清楚谁留的条子，并在署名的下一行写清年、月、日。

（二）便条

1. 便条的概念

便条是一种以传递信息、介绍情况、表达意愿为主的简明事务文书。通常都是一条一事，而且事情也多半不太复杂，常常是三言两语就能说清楚。

2. 便条的结构与写法

案例点评

×××：

我因参加职称考试，急需一本《实用护理操作规程》，麻烦请您代为从医学院图书馆借一本，并让××带回交给我。

谢谢！

×××

××××年×月×日

想一想：

此则便条严格说来有什么交代不够明确的地方？

评一评：

此则便条将所托事情的具体内容作了比较清楚的交代，但代借的那本书不光要说明是由哪家出版社出版的，还应将作者、具体版次（即是哪一年的版本）等信息清楚地说明。

小任务

李同学因发烧要去医院就诊，不能上《应用写作》课程，请问他应该写一份什么类型的便条？假如你是李同学，应如何写作？

工具箱

便条一般不需要写标题，它由称呼、正文、尾语和落款四部分组成。

（1）称呼。称呼是自己对收便条人口头上的称谓。

（2）正文。正文是写这张便条的主要目的，将事情的具体内容写清楚、明白。

（3）尾语。尾语，即便条正文写完之后的惯用语。由于内容不同、人物身份不同，便条所使用的尾语也不尽相同，如“此托”“为感”“为盼”“此致”“敬礼”等，以示谦恭、期盼、谢忱、尊敬等。

（4）落款。落款包括署名和写便条的时间。

（三）备忘录

1. 备忘录的概念

备忘录顾名思义是一种录以备忘的事务文书，是为了防范遗忘、提醒注意，起到帮助或唤起记忆的作用。

2. 备忘录的内容与结构

案例点评

备 忘 录

送达：×××先生

发送人：×××

主题：中层干部培训计划

时间：×月×日×时

根据您的要求，我草拟了一份《2024年度企业中层干部培训计划》，请您审批。

此次有关我企业本年度中层干部培训的会议将于本周五下午召开。此前，我必须完成所有会议议程、文件资料的准备工作。所以请您在周四下午下班之前对此份培训计划作出批示，以便我作进一步的调整和修改。

附：《2024年度企业中层干部培训计划》一份

想一想：

这一则备忘录包括哪几个部分？

评一评：

备忘录的写法相对比较简单，内容清晰、要素齐备即可。

工具箱

通常备忘录包括五个部分：接受人姓名、发送人姓名、标题、日期和主体。有时备忘录还包括一些发送人的联系方式，如办公地点、传真号码、电话号码和电子邮件地址等。

（四）凭证性条据

1. 凭证性条据的概念

凭证性条据是作为证据、凭证而写的字条，具有法律效力。包括：

（1）收条。收到单位、个人财物时，写给对方的、作为收到财物的字据。

（2）领条。从某处领取财物时，写给负责发放的人员的、证明已领到的字据。

（3）借条。向部门单位或个人借财物时，写给对方的字据。

（4）欠条。借财物后补写的条据。

凭证式条据涉及财物，具有凭证作用。表达要明确，数字要大写，避免发生歧义。

2. 凭据性条据的格式与写法

案例点评

借　条

今借到××学院财务处购教材款人民币陆千肆佰元整，下学期开学后一周内归还。

借款人：××

2024 年 5 月 20 日

想一想：

上述条据的写作结构是怎样的？

评一评：

这则借条格式规范，数字写法正确，内容具体。标题直接居中写明条据名称。正文内容简洁清楚，包括财物名称、数量、归还日期。落款写明当事人姓名、日期。

小任务

李某因周转不灵，一年前向朋友小王借款十万元，已还五万元，未还五万元。请你代李某写份条据给小王。

工具箱

（1）标题。在条据正上方，写明条据名称。

（2）正文。标题下第一行空两格直接写明条据的性质、关系。如“今收到”“现领到”“原借到”等。接下来写明财物名称、数量、归还日期。

（3）尾语。可在正文下一行写明“此据”二字，亦可不写。

（4）落款与日期。写明当事人的姓名、日期。

三、介绍信、证明信、授权委托书

（一）介绍信

1. 介绍信的概念

介绍信是介绍本单位人员前往有关单位参观学习、了解情况、联系工作、商洽事宜、参加会议、办理事务时使用的书信。按照格式划分，介绍信有普通介绍信和专用介绍信两种。

2. 介绍信的格式与写法

案例点评

介　绍　信

×××：

兹介绍我公司　　同志等　人（系我公司　　），前往贵处联系　　，请接洽。

此致

敬礼

××公司（盖章）

年　　月　　日

想一想：

此封介绍信属于普通介绍信还是专用介绍信？

评一评：

此则介绍信格式明确清楚，可视为普通介绍信的范本。

工具箱

介绍信可分为普通介绍信和专用介绍信两种。

（1）普通介绍信。普通介绍信一般不带存根，由标题、称谓、正文、结语、印章与日期五部分构成。

标题。居中写“介绍信”三个字。

称谓。顶格写对方名称或负责人姓名及尊称。

正文。用“兹”“今”“现”等起首；然后依次简要介绍持信人的姓名、随行人数、联系事宜等，必要时也可在姓名前或后介绍持信人的职务或职称，介绍随行人数时数字一般要大写；最后用“请接洽为盼”“请接洽为荷”等礼貌得体地提出请求。

结语。另起一行空两个汉字位置写“此致”，再起一行顶格写“敬礼”。

署名与日期。签署单位名称，另起一行写出具日期，并在名称和日期上加盖出具单位印章。

（2）专用介绍信。专用介绍信共有两联，一联是存根，另一联是介绍信的本文，两联正中有间缝，同时编有号码。一般是在统一印制的介绍信表格上填写相关内容，由本文、存根和间缝组成。

本文。内容和普通介绍信相似，但一般在标题下一行要填写介绍信的字号，如“××介字第××号”，在日期下一行要填写有效期。

存根。内容和本文一致，但针对的对象不同，本文是对外介绍，存根是对内留底备查，所以表述的角度不同。

间缝。本文和存根之间有虚线分开，在虚线中间纵向填写字号，并在字号上加盖骑缝章。

（二）证明信

1. 证明信的概念

证明信，通常也称证明，是单位或个人证明有关人员的身份、经历、职务或某件事情真实情况的书信。证明信具有法定凭证的作用。按照出具者划分，证明信有以单位名义出具的证明信和以个人名义出具的证明信。

2. 证明信的格式与写法

案例点评

证　　明

兹证明×××为我公司武汉分公司负责人，于××××年×月×日起代表我公司处理武汉分公司一切事宜。特此证明。

××有限公司
年　月　日

想一想：

此则证明信有法律效力吗?

评一评：

此则证明信所证明的内容清楚、明确，但未盖有公章，也就不具备法律效力。

工具箱

证明信的结构一般由标题、称谓、正文、结语、署名与日期五部分构成。

（1）标题。有两种形式：一种是只写“证明信”或“证明”；一种是被证明人的姓名（或被证明的事情）和证明内容加“证明信”或“证明”构成，如“关于×××同志××情况（或问题）的证明”。

（2）称谓。顶格写上接收证明信的单位名称或个人的姓名称呼。开头也可不写称谓，而是在正文前用引导词“兹”引起正文内容。

（3）正文。根据被证明人的用途和接收证明信单位的需要写有关事实，不写与事实无关的话。

（4）结语。一般以“特此证明”作结，也有再加上“此致”“敬礼”的。

（5）署名与日期。签署出具单位名称或个人姓名、出具日期，并在出具单位名称和日期上盖公章。

（三）授权委托书

1. 授权委托书的概念

授权委托书是指当事人把代理权授予委托代理人而制作的一种具有法定效力的文书。它是委托人实施授权行为的标志，是产生代理权的直接根据。

授权委托书根据其适用的范围，可分为诉讼代理授权委托书和民事代理授权委托书两类。依据授权范围，分为特别委托书和概括委托书。

2. 授权委托书的格式与写法

案例点评

授权委托书

委托人：×××，身份证号码：××××××××××××××××××

受委托人：×××，身份证号码：××××××××××××××××××

委托事项：委托人×××因有事务在身，自愿授权受托人×××前往贵处办理收款手续，请予以配合。

委托权限：受托人携带其身份证和委托人的身份证，仅且仅能办理收款手续，不具有其他权限。

该委托书有效期限为十日，自签署之日起。

委托人：　　　联系电话：×××××××××

受托人：　　　联系电话：×××××××××

签署日期：××××年×月×日

想一想：

此则委托书格式是否规范？

评一评：

此则委托书对委托事项及时限等，写得明确、具体，在语言表达上，清晰明了，是一份格式较完整的委托书。

工具箱

授权委托书一般由标题、首部、正文和落款四部分组成。

（1）标题。写明委托书的性质，可直接以“委托书”或“授权委托书”作为标题。

（2）首部。写明委托人和受托人的基本情况。

（3）正文。包括具体事项、范围、权限、时限等情况，即写明委托人委托办理事务的具体内容和受托人的权限范围。

（4）尾部。由委托人及受托人签名盖章，并注明委托书订立的时间。

委托书（格式1）

委托单位：×××，地址：××××××

法人代表：×××，身份证号码：××××××××××××××××××

受托单位：×××，地址：××××××

法人代表：×××，身份证号码：××××××××××××××××××

一、委托事项：

…………

二、委托权限：

1. …………

2. …………

三、委托时限

××××年×月×日——××××年×月×日

特此委托。

委托单位：×××（公章）

××××年×月×日

授权委托书（格式2）

委托人姓名：　　　　性别：　　　　身份证号码：

住址：　　　　　　　　　　　　　　联系电话：

受托人姓名：　　　　性别：　　　　身份证号码：

住址：　　　　　　　　　　　　　　联系电话：

现委托上列受委托人在我的××××××事项中，作为我的代理人。

代理人的代理权限如下：

…………

委托人（签名）：　　　　　　　　　受委托人（签名）：

　　　年　月　日　　　　　　　　　　　年　月　日

3. 授权委托书的写作要求

（1）条理清楚。在具体说明委托事项和权限时，如果委托事项较多的话，应以条款形式清楚的表述，使受托人能准确地参照委托书去处理相关委托事项。

（2）用语准确。委托书用语的含义应十分明确，不能笼统和含糊其词，含义不清、容易产生歧义的词语应当忌用；委托书的条款要尽可能详尽准确，明确受托人的责任，以免发生争议。

任务二　计划和总结

一、计划

（一）计划的概念

计划是计划类文书的统称，是对今后一段时间内要完成的任务或要做的工作预先作出安排或打算的事务文书。由于计划涉及内容和期限的不同，计划类文书还有不同叫法，如常见的“安排”“设想”“规划”“部署”“打算”“方案”“纲要”“思路”“要点”“意见”等，都是人们对今后工作或活动作出的部署与安排，因而，也都属于计划这个范畴。其特点：

（1）预见性。计划着眼于未来，是先于要进行的实践活动而制订的，因此，计划必须对未来工作中可能发生的情况及出现的问题有充分的预测和估计，提出科学的方案。

（2）可行性。为了实现预期的目标，在制订计划时，就必须进行全面、周密的分析，切合实际情况，制订相应的方案和措施，保证目标的实现。

（3）指导性。计划一经制订，就要对未来的实践操作起到指导作用和约束作用，能指导人们有目标、有步骤地开展工作。

（二）计划的格式与写法

案例点评

××职业技术学院二〇二三年工作计划

根据全年工作目标和上个学年度的工作进程，在新的学年里为使全校整体工作得以有序推进，提高工作效率，更好地完成总校下达的各项工作任务，特制订以下工作计划：

一、工作目标

在新的学年里将完善教学设施，建立健全各项新的管理制度，完善考核制度，努力提高教学水平，按时完成教学任务。加强学生管理，提高学生整体素质，保证不发生安全责任事故。继续做好学生推荐就业工作，确保就业率达到98%以上。做到服务态度热情周到，办事效率高，创建有特色、高标准、高效益的和谐校园。

二、主要工作及措施

（一）规范学校管理

各科室要根据各自科室的工作特点，进一步完善科室及本科室人员的工作制度和职责要求。贯彻落实学校的质量管理方针，围绕工作目标，狠抓落实，真正做到按制度办事，向管理要效益，将全校的管理水平提高到一个新的层次。

（二）完善教学设施

新学年，学校将加大力度完善教学硬件建设，使学生能够将书本知识和实践相结合，增加实习经验，更好地适应用人单位的工作要求，新设备也能更好地提高教师的教学水平。继续完善计算机等级及电子商务等级考试平台，更好地完成教学任务。

（三）加强师资队伍建设

吸收先进青年教师和资深的老经验教师，优化教师队伍的结构，更好地服务和完成技工教育事业。通过多种形式、多种途径开展自学、互学活动，广泛交流教学经验，鼓励教师进一步加强学历和业务技能进修，提高业务水平，增强事业心、责任心，努力拓宽自己的知识容量和提高业务技能水平，净化教师的思想情操，努力成为家长放心、学生舒心、学校欢心的合格教师，以适应高级技工学校对教师的要求。

教务科要坚持教研工作常态化，经常组织老师听课、评课，经常检查教学情况和教案，做好考试质量分析，优化课程设置，规范课堂教学，提升学生实操能力，千方百计提高教学质量。

（四）加强校园文化建设

1. 重视对学生的德育工作，健全适应新时期的学生管理工作细则。继续抓好学生入学思想教育工作，通过“感恩教育”让学生懂得感恩和责任，形成良好的行为习惯，学会自主、自立，将学生“行为习惯养成教育”真正落到实处。

2. 丰富校园文化生活。以校工会、学生科、校团委牵头，教务科等部门配合，增加学生课外活动。积极开展“校园文化艺术周”的有关工作。发挥团组织的作用，拓展丰富多彩的文体外联活动。

（五）实现学生管理精细化

1. 根据总校安全教育的有关要求，学校制定了严格的安全措施，成立安全保卫指挥部，落实保卫人员的具体岗位职责和具体落实地段；进行安全应急演习，使安全工作深入人心。每天实行老师值班巡查制度，检查各班学生上课人数、纪律情况、卫生情况、教学情况等并登记在册。增强门卫工作人员的保卫意识，对门卫人员落实管理责任制；对学生实行凭“请假条”外出的校门管理措施；对外来探访人员及时查问；对出入车辆实行“发放和回收停车卡”的管理措施。根据总校有关规定，节假日都安排值班人员，确保校园节假日安全。

2. 做好学生食堂改制工作，推行后勤社会化。使学生伙食质量得到明显提高。对学生饮食卫生及质量进行监督，建立健全各种监管制度，制定发生食物中毒及疑似食物中毒应急预案制度，做好师生的卫生保健工作，保障师生健康。

3. 制定各项规章制度，如请假制度、课堂纪律制度、夜自修制度、值勤制度等，并每天开展检查工作。对内宿生实行全封闭管理制度，加强对内宿生的夜自修管理、作息时间的管理，加强防火、防盗，落实专门内宿管理老师和保卫人员的责任制和值班制度。落实专门内宿管理老师的生活指导责任制。每天实行专人专职清扫公共场地、清洗厕所；实行垃圾袋装化；实行公共场所责任制，各班分区清洁；实行每周一小洁（全校水洗）、每月一中洁（清洗桌椅、通下水道等）、每学期一大洁（粉刷墙体、喷药消毒、除虫除蚊除鼠等）。努力创建平安校园。

（六）加强校企合作，促进毕业生就业工作

加强和企业的联系，及时反馈用工单位信息，多方开拓就业渠道。召开校园招聘会，让学生和企业面对面交流，增强双方合作的意向。同时做好校企联合办学的协调工作，开辟校外实习基地。做好学生就业前的笔试、面试及体检工作，确保年度就业率达到98%以上。

在新的学年里，全校师生要坚持“勤奋、严谨、求实、创新”的办学方针，齐心协力，科学发展，为进一步优化职业技术教育，培养更多高级技工人才而努力奋斗！

想一想：

此则计划在制订的具体目标任务上是否做到了灵活和留有余地？

评一评：

此则计划将制订此份计划的依据、目标和任务都做了清楚的说明，并对如何完成所制订的目标和任务设置了具体的工作措施安排。

小任务

某职业学院学生自办创业公司，下有学生创意活动工作室，请你替该创意活动工作室拟定本学期工作计划。

工具箱

计划的形式比较灵活，写法多种多样，最常见的有表格式计划和条文式计划两种。

1. 表格式计划

表格式计划是将计划的各项内容划分成若干栏目，用表格逐项列出，再将具体内容分门别类地填写进各个栏目的表格中即可。这种格式适用于时间较短、内容较单一的具体计划。

2. 条文式计划

这类计划一般由标题、正文和落款三部分组成。

（1）标题。标题一般有以下两种：

① 完全式标题。它由“制订计划单位+适用时限+内容+种类”构成，如“××公

司××××年财务工作计划”。

② 非完全式标题。即省略了前面完全式标题四要素中的某些要素：省略单位名称，如“2023 年销售计划”；省略适用时限，如“××公司工作计划”等。

（2）正文。正文是计划的主体和核心，即计划的具体内容，一般由前言、目标和任务、措施和步骤三部分组成。

① 前言。前言又称导语，简要说明制订计划的依据、指导思想、目的及意义。也可分析前阶段的工作的基本情况和存在问题，为制订计划提供可靠的依据。

② 目标和任务。这部分是计划的核心内容，目标和任务要量化，即具体列出将来要达到的有关数量的指标。在行文上一般采用分条列项的方式，用小标题或序号标明层次，然后逐项写出具体的任务和目标。

③ 措施和步骤。措施和步骤是计划的重点，也是完成任务的保证。要详细说明完成任务的具体措施、方法步骤、时间分配以及人财物的安排等等。应一一列出在什么时间内完成哪些任务。

（3）结尾和落款。结尾一般写明注意的事项、需要说明的问题，或是提出希望和号召。也可以不写结语，在主体部分明确交代后就结束正文。落款包括制订计划的单位名称或个人姓名、计划的定稿日期。如果是上报或下达的计划，要在落款处加盖公章。

（三）计划的写作要求

1. 要有一定的灵活性

计划是事前制订的，由于各种主客观原因，计划的预测和实施中会出现不可预见的因素。因此，制订计划时要在任务的提出和时间的规定等方面留有余地，在执行计划的过程中，也要随着客观情况的变化进行必要的调整。

2. 内容要明白、具体

计划的内容切忌抽象和烦琐，使人难以把握，而应该写得明白、具体，把要做的事情写得实实在在，一目了然，能够依照计划进行实践操作，以便更好地执行计划，也便于人们对照计划检查实际工作。

二、总结

（一）总结的概念

总结是事后对过去一段时间的工作或活动的完成情况，包括对取得的成绩、存在的问题进行回顾检查、分析研究，从中找出经验教训和引出规律性的认识，以便为今后的工作提供帮助和借鉴的一种事务文书。总结具有如下特点：

（1）理论性。总结不能简单地罗列事件、记流水账、就事论事，而要在分析事实材料的基础上，将零散的材料加以归纳、整理，找出普遍性的规律，提炼出正确的观点，更好地指导今后的实践活动。

（2）概括性。总结用简明扼要的语言概括表述，叙事不必具体描写，议论也无须旁征博引。

（二）总结的格式与写法

案例点评

××局××公司年度工作总结

［**前言**］今年，我公司在市局、县委、县政府的正确领导下，在各有关部门的大力支持配合下，始终遵循“以规范促发展，以服务增效益”的企业理念，以规范经营为工作重心，狠抓结构调整，企业效益持续、稳定地提升，较好地完成了今年工作任务，现将具体情况总结如下。

［**基本情况**］今年我公司几项主要经济指标完成情况如下：

一、产品销售增长（略）

二、实现毛利增加（略）

［**成绩和经验**］回顾一年来的工作，我们主要是从以下几个方面努力的：

一、注重学习，加强培训，强化监督，全力创建学习型企业，保障持续、健康、稳定发展

1. 以人为本抓党员干部职工思想教育。（略）

2. 持续加强对员工的业务技能培训。（略）

3. 不断完善内部管理制度，强化监督考核。（略）

4. 注重人力资源的梯级培养。（略）

二、以规范经营为工作重点，保持销售平稳、结构优化、效益增长的良好发展态势

1. 提高认识，规范经营，严格自查自纠。（略）

2. 整合营销，优化结构，实现三个转变。（略）

三、严格监控，强化管理，创造良好的经营环境

1. 增强服务意识，加强法律宣传，优化执法环境。（略）

2. 认真开展专项治理工作，切实规范经营行为。（略）

3. 加强素质教育，执法水平不断提高。（略）

四、严格整顿，安保工作警钟长鸣

1. 领导高度重视，时刻强化安全意识。（略）

2. 认真开展落实专项整顿工作。（略）

3. 加大检查监督力度，防止各类事故发生。（略）

五、后勤保障有条不紊，围绕中心工作紧密展开

1. 完善报账制度，加强费用管理。（略）

2. 热忱服务，为职工解除后顾之忧。（略）

［**问题**］仍需努力的方面：

1. 员工综合素质相对滞后，有待提高。

2. 对员工所投入的教育和培训力度不够。

3. 内部绩效管理机制不够健全。

[**展望**] 总之，今年通过全体员工的艰苦努力，我们基本上完成了既定的目标，但仍要针对不足之处继续努力，着力改进，使今后的效益更上一层楼。

××局××公司

××××年×月×日

想一想：

这篇总结有哪些写得不规范的地方？

评一评：

这篇总结的前言部分，内容结构规范完整，能给人一个总体的印象，具有期待效应，从而关注下文。主体部分的“基本情况”部分，对一年的经济效益的成绩有一个概括介绍，有说服力；“成绩和经验”部分，层次清楚，结构严谨；“问题”部分，能够辩证地看待，指出工作中存在的一些问题，但是，没有对产生这些问题的原因进行分析，从而总结出教训，这是这篇总结的不足之处。另外，主体部分没有根据经验与问题找出未来工作的“措施与决策”，是这篇总结的另一个不足之处。结尾部分，简洁明了，比较可取。

小任务

请你写一份学习总结。

工具箱

总结一般由标题、正文和落款三部分组成。

1. 标题

总结的标题一般有以下三种写法：

（1）文件式标题。这种标题由“单位名称+时限+总结”构成。如“××商场 2023 年销售工作总结”。

（2）文章式标题。这种标题的写法类似于一般文章标题，用简洁的语言概括出总结的主要内容或基本观点。如“在调整中继续前进的一年”。

（3）双标题。即由“正标题+副标题”构成，正标题概括主要内容或揭示主题，可以视为前文所述的文章式标题；副标题补充说明单位名称、时限和总结种类，可以视为前文所述的文件式标题，如“抓管理增效益——××厂 2023 年工作总结”。

2. 正文

（1）开头。开头又称前言，采用叙述的方式，简要交代总结所涉及的时间、背景和事件的大致过程，概述主要的成绩和取得的经验，为后面的具体阐述作铺垫，然后用“现将具体情况总结如下”展开下文。

（2）主体。这是总结的重点部分，主要介绍成绩和经验，同时也要指出存在的问题与教训有哪些。通过分析概括，找出规律性的东西，以便为今后的工作提供帮助和借鉴。总结的主体可以分为基本情况、成绩和经验、问题及今后展望三个部分。

基本情况。概括说明有关工作和任务的完成情况如何。

成绩和经验。这是总结的主要部分，内容包括做法和成绩、经验和体会等方面。可以具体写出工作成绩有多少，是通过什么方法取得的，并从成绩中分析出可供今后工作参考的经验。这部分通常可以采用分条列款的方法安排结构，或者按工作类型的不同，将总结内容分成几个大的部分来安排结构。

问题及今后展望。这是总结的结尾部分，应客观分析已做过的工作，辩证地看待问题，在肯定成绩的同时，找出工作中的不足和问题。因此这一部分应略写存在的问题，以吸取教训，最后提出对工作的建议、今后努力的方向，表明决心，展望前景。

3. 落款

在正文之后写明单位名称或个人名称以及定稿日期。

（三）总结的写作要求

1. 内容要全面

写总结时应一分为二，总结成绩的同时，也要找出存在的问题，这样才更有利于今后工作的顺利开展。

2. 态度要实事求是

写总结要从实际出发，所涉及的人物、事件、时间、数据、成果等，一定要真实可靠，不夸大、不缩小。

3. 找出规律

总结不能只仅仅停留在对工作过程的记录上，因为写总结的目的在于从过去的经验中找出规律性的东西，从而不断把工作推向前进，如果只写过程和做法，就失去了总结的意义。

任务三　经济简报和述职报告

一、经济简报

（一）经济简报的概念

经济简报是单位内部用来反映情况、汇报工作、交流经验、传递信息的一种事务文书。它不同于汇报工作的简要书面报告，而是一种专业性强的简短的内部小报。其特点：

（1）快。经济社会信息沟通越快，就越易掌握制胜先机。

（2）简。要及时传递信息，简报内容集中单一，语言简明扼要，篇幅短小精悍。

（3）实。简报的价值在“实”。有关的事实、数据、事件的时间、地点等要准确真实，评价要客观恰当。

（4）新。简报要反映新动向、新情况、新经验，阐明新观点。

（二）经济简报的种类

常见的经济简报主要有会议简报、动态简报和工作简报三种。

1. 会议简报

会议简报主要报送会议的概况和进程，交流会议讨论情况。

2. 动态简报

动态简报是反映各部门、各领域的新动态的简报。

3. 工作简报

工作简报又称情况简报，是反映各方面工作情况的简报。

（三）经济简报的格式与写法

案例点评

经 济 简 报

第 14 期

（总第 14 期）

××市经济普查领导小组办公室编　　　　××××年×月×日

本 期 目 录

××市经普领导小组成员下乡镇指导登记工作

×月×日，由市经普领导小组各成员与市统计局、经普办工作人员组成的经济普查单位清查检查指导组分别到各自联系的乡镇（街道）检查指导单位清查工作。

各检查组采用“一查、二问、三看”的办法，深入到普查区检查指导单位清查现场登记工作。检查内容主要包括组织领导、宣传动员、清查业务和统计总体工作四个方面。通过检查，有力地促进了乡镇（街道）清查工作规范化进行。同时，由于各经普领导小组成员带队下乡镇（街道）检查，更加引起了各乡镇（街道）领导对经普工作的重视。当晚，市经普办即召集各检查组将检查情况进行集中汇报，对共性问题当及时进行梳理研究，形成书面业务解答及时下发，对全市面上的登记工作起到较好的指导作用。

××“三位一体”联系制度有力推进乡镇经普工作

为更好地发挥我市第二次经济普查领导小组成员单位职能作用，指导和促进乡镇（街道）经济普查工作，我市制定下发了经普领导小组成员单位和局办工作人员联系乡镇（街道）经普工作制度。该制度进一步明确了市经普领导小组成员单位联系乡镇（街道）的主要职责，落实了各成员单位、具体责任领导和统计局、经普办业务人员具体联系乡镇工作制度。

自单位清查工作开始以来，市经普领导小组各成员和相关部门单位都非常重视，按照联系制度要求，分赴各乡镇（街道）开展指导督查工作，对督查中发现的各类问题及时指正，对疑难问题汇总后由市普查办指定人员答疑，避免出现系统性错误。由成员单位、责任领导和统计局、经普办业务人员形成“三位一体”的经济普查工作联系制度，有力地推动了我市经普工作的顺利开展。

××镇开展清查试点确保清查工作质量

××镇经普办为了确保清查工作的顺利进行，确保普查的工作质量，在及时做好普查员业务培训基础上，于×月×日在该镇的中心村——××村开展清查试点工作。通过实地试点、讲解，使普查员切实掌握单位清查相关工作技能，磨刀不误砍柴工，保证了工作质量。

该镇的全体普查员在镇经普办人员的带领下，来到××村委会普查区01普查小区开展入户清查的试点工作，通过对几个不同类型的法人单位、产业活动单位和个体经营户的现场登记询问及清查表的填写，使每个普查员都进一步掌握了询问技巧、清查表的正确填写法，为面上清查工作的高质量完成奠定了基础。

发：各乡镇政府、街道办事处。　　　　　　　　　　　　共印：××份

想一想：

这份经济简报在前后的格式安排上是否合理？

评一评：

这份经济简报因为文章篇数较多，所以在报头的下方设置了目录，以提示下文。主体文章写得简洁明了，报头和报尾要素齐备、格式规范。

小任务

某职院举行五四表彰大会，对在前一年表现优秀的团员及团干进行了表彰和奖励。请问应如何拟写这份简报？

工具箱

经济简报一般由报头、正文和报尾三部分组成。

1. 报头

报头部分位于经济简报首页上端，约占首页三分之一版面，一般包括五项内容。

（1）名称。居中排印，一般用套红印刷的大号字体，如“工作简报”“会议简报”等。

（2）期号。标注于简报名称正下方，一般先写“第×期”，下方再写“总第×期”且用圆括号括起。

（3）编印单位。在期号之下，红色间隔线的上端左侧，顶格写出编印单位的名称。

（4）制发日期。在期号之下，红色间隔线的上端右侧，与编印单位平行，写出制发日期，要求年、月、日齐全。

（5）密级与编号。如本期简报需要注明秘密等级和编号，应分别标注在报头的左上方和右上方。

报头下面，用一道红色横线将报头与正文隔开。

2. 正文

正文是经济简报的主体部分，即经济简报所刊的具体内容，一般包括以下内容：

（1）按语。经济简报的按语在“间隔线”的下方，“目录”的上方，注明“按”“按语”“编者按”等字样。按语是经济简报的编者对简报的某些内容所写的介绍性或评论性的文字，它不是经济简报必备的组成要素，有些简报可以不写按语。内容重要的经济简报或是转发性的经济简报一般要加上按语。按语的作者，一般由编印单位指定有关人员撰写。

（2）目录。如果正文的文章篇数较多的话，一般会设置目录，起到提示下文的作用。目录标注在按语下方，文章上方，居中标“目录”字样。若正文的文章篇数较少的话，则不必标注“目录”。

（3）标题。正文的每篇文章都必须有标题，标题一般要求简明概括正文内容，类似于新闻消息的标题，要揭示主题，简短醒目。

（4）主体。主体的写法类似于新闻消息的写法，先在开头（导语）部分对主要内容进行概括（包括时间、地点、人物、事件等），然后具体叙述文章所反映的情况内容。结尾或指明事情将来的发展趋势，或提出希望及今后的打算。如果主体部分已经把事情说清楚，那就不必再加结尾。

3. 报尾

在简报最后一页下端，用一横线与正文隔开，要写明发送范围和印刷份数。横线下左边写明发送范围，在平行的右侧写明印刷份数。

二、述职报告

（一）述职报告的概念

述职报告是各级干部及其他岗位责任人，在人事考评活动中，向主管领导部门、人事部门或本单位的职工群众，陈述自己在一定时期内的任职情况和工作实绩时，根据职务或职责考核标准进行自我总结和评估的书面汇报材料。

述职报告是对任职者进行实绩考核的一种重要形式，能促进和监督干部忠于职守，有利于提高述职者的思想水平和工作能力。根据时间上的区分，述职报告可分为任职期述职报告和年度述职报告。

（二）述职报告的特点

1. 真实性

述职报告是干部考核、评价、晋升的重要依据，述职者应实事求是、真实客观地陈述。

2. 述评性

述职者不仅要客观完整叙述和说明自己一段时间的工作事实，还要客观全面评价自己的工作情况。即既要说明“做了什么”，更要说明“做得如何”。

3. 实践性

述职报告中所写应该是从德、能、勤、绩四个方面阐述，有成绩，也有缺点。

（三）述职报告的格式与写法

案例点评

述职报告

20××年的工作即将告一段落，回顾这一年来的工作，我在公司领导及各位同事的支持与帮助下，严格要求自己，按照公司的要求，较好地完成了自己的本职工作。通过这一年来的工作与学习，我在工作模式上有了新的突破，工作方式上有了较大的改变，现将这一年来的工作情况总结如下：

一、办公室的日常管理工作

办公室对我来说是一个全新的工作领域，作为办公室的负责人，自己清醒地认识到：办公室是总经理室直接领导下的综合管理机构，是承上启下、沟通内外、协调左右、联系各方的枢纽，是推动各项工作朝着既定目标前进的中心。办公室的工作千头万绪，平时工作有文书处理、档案管理、文件批转、会议安排、迎来送往及用车管理等，并在文件起草、提供调研资料等方面都要为决策提供一些帮助。面对繁杂琐碎的大量事务性工作，我强化工作意识，注意加快工作节奏，提高工作效率，冷静办理各项事务，力求周全、准确、适度，避免疏漏和差错，至今基本做到了事事有着落。

1. 理顺关系，办理公司有关证件。公司成立伊始，各项工作几乎都是从头开始，需要办理相关的手续及证件。我利用自己在××部门工作多年，部门熟、人际关系较融洽的优势，积极为公司办理各类证件。通过多方努力，我只用了月余时间，办好了×××证书、项目立项手续、××××产权证等，充分发挥了综合部门的协调作用。

2. 及时了解×××××情况，为领导决策提供依据。作为×××××企业，土地交付是重中之重。由于×××的拆迁和我公司开发进度有密切关联，为了早日取得土地，公司成立了土地交付工作小组。我作为小组成员之一，利用一切有利资源，采取有效措施，到××、×××拆迁办等单位，积极和有关人员交流、沟通，及时将所了解的拆迁信息、工作进度、问题反馈到总经理室，公司领导在最短时间内掌握了××××××及拆迁工作的进展，并在此基础上进一步安排了下一步的交付工作。

3. 积极响应公司号召，深入开展市场调研工作。根据公司××号办公会议精神要求，我针对目前××房地产的发展情况及房屋租售价格、市场需求、发展趋势等做了详细的市场调查。先后到土地、建设、房管部门详细了解近年房地产开发各项数据指标，走访了一些商业部门如××、×××，又到××花园、×××花园、××小区调查这些物业的租售情况。就×号地块区位优势提出了“商业为主、住宅为辅、凸显区位、统筹兼顾”的开发个人设想。

4. 认真做好公司的文字工作。包括草拟综合性文件和报告等文字工作，负责办公会议的记录、整理和会议纪要提炼，并负责对会议有关决议的实施；认真做好公司有关文件的收发、登记、分递、文印和督办工作；公司所有的文件、审批表、协议书整理归档入册，做好资料归档工作；配合领导在制订的各项规章制度基础上进一步补充、完善各项规章制度；及时传达贯彻公司有关会议、文件、批示精神。

5. 落实公司人事、劳资管理工作。组织落实公司的劳动、人事、工资管理和员工的考勤控制监督工作，根据人事管理制度与聘用员工签订了劳动合同，按照有关规定，到劳动管理部门办好缴纳社保（养老保险、失业保险、医疗保险）的各项手续。体现公司的规范性，解决员工的后顾之忧；

6. 切实抓好公司的福利、企业管理的日常工作。按照预算审批制度，组织落实公司办公设施、宿舍用品、劳保福利等商品的采购、调配和实物管理工作。办公室装修完毕后，在×月按照审批权限完成了购置办公用品及其他设备的配置工作。切实做好公司通信费、招待费、水电费、车辆使用及馈赠品登记手续，严格按照程序核定使用标准；

7. 做好公司董事会及其他各种会议的后勤服务工作。在董事会召开期间，认真做好会场布置、食宿安排工作。落实好各种会议的会前准备、会议资料等工作。

二、加强自身学习，提高业务水平

由于感到自己身上的担子很重，而自己的学识、能力和阅历与其任职都有一定的距离，所以总不敢掉以轻心，总在学习，向书本学习，向周围的领导学习，向同事学习，这样下来感觉自己这一年来还是有了一定的进步。

经过不断学习、不断积累，已具备了办公室工作经验，能够比较从容地处理日常工作中出现的各类问题，在组织管理能力、综合分析能力、协调办事能力和文字言语表达能力等方面，经过半年的锻炼都有了很大的提高，保证了本岗位各项工作的正常运行，能够以正确的态度对待各项工作任务，热爱本职工作，认真努力贯彻到实际工作中去。积极提高自身各项业务素质，争取工作的主动性，具备较强的专业心、责任心，努力提高工作效率和工作质量。

三、存在的问题和今后努力方向

一年来，本人能敬业爱岗、创造性地开展工作，取得了一些成绩，但也存在一些问题和不足，主要表现在：

第一，办公室主任对我而言是一个新的岗位，许多工作我都是边干边摸索，以致工作起来不能游刃有余，工作效率有待进一步提高。

第二，有些工作还不够过细，一些工作协调得不是十分到位。

第三，自己的理论水平还不太适应公司工作的要求。

在新的一年里，自己决心认真提高业务、工作水平，为公司经济跨越式发展，贡献自己应该贡献的力量。我要努力做到：

第一，加强学习，拓宽知识面。努力学习房产专业知识和相关法律常识。加强对房地产发展脉络、走向的了解，加强周围环境、同行业发展的了解、学习，要对公司的统筹规划、当前情况做到心中有数。

第二，本着实事求是的原则，做到上情下达、下情上报，真正做好领导的助手。

第三，注重本部门的工作作风建设，加强管理，团结一致，勤奋工作，形成良好的部门工作氛围。不断改进办公室对其他部门的支持能力、服务水平。遵守公司内部规章制度，维护公司利益，积极为公司创造更高价值，力争取得更大的工作成绩。

×××

20××年×月×日

资料来源：百度文库。

想一想：

述职报告和工作总结有何区别？

评一评：

这份述职报告的前言比较简单，主体部分以条目式逐一回顾了相关工作情况，并对存在的问题和今后努力的方向作了详细的说明，能很好地指导以后的工作。

工具箱

述职报告没有固定的写作模式，根据不同类型和主旨要求，可灵活安排结构。一般由标题、正文、落款三部分组成。

1. 标题

述职报告的标题，常见的写法有以下三种：

（1）文种式标题。只写“述职报告”。

（2）公文式标题。由“姓名+时限+事由+文种名称”组成。如“×××20××年至20××年任职期述职报告”；或省掉姓名，如“20××年至20××年任××局长职务的述职报告”。

（3）文章式标题。用正标题，或正副标题结合。如“20××年述职报告”“搞好经济工作的同时也不能放松思想政治工作——××制药厂厂长刘××的述职报告”。

2. 正文

述职报告的正文，由前言、主体、结尾三部分组成。

（1）前言。前言又称引语，一般简要交代任职的大概情况，包括何时任何职，任职变动情况及相关背景，现任职位的岗位职责是什么，现任职位考核期内的目标任务情况，个人履职过程中的主要成绩，自己对所承担工作的总体评价等，以确定本次述职的范围和基调。

（2）主体。主体部分是述职报告的中心内容，主要阐明工作实绩、处理方法、经验体会或教训问题。可根据所任职位的岗位责任目标，结合上级对本次述职的要求，从德、能、勤、绩、廉几方面出发，分项叙明任职期间对党和国家的路线方针政策、法纪和指示的贯彻执行情况，对上级交办的任务和分管工作任务的完成情况；做了哪些实际工作，采取了哪些措施，作出了哪些决策，解决了哪些问题，取得了哪些成效，获得了哪些经验；个人的思想品德、工作作风等情况；工作中的薄弱环节、不足之处及今后改进的意见和措施。

这部分写作时要写得具体充实、条理清楚，并要突出重点。由于这部分内容涉及范围广，内容比较多，所以宜分条列项写出，结构可采用下列几种形式：

① 并列式。即按德、能、勤、绩、廉等方面的情况、成绩、收获、问题和今后的打算等安排成文。

② 时间式。即将任职的整个过程按时间顺序分为几个阶段，再分别对每个阶段的工作进行分析、归纳，总结出每一阶段的经验和存在的问题。

③ 主次顺序式。即按照述职内容的主次轻重，将成绩、收获与存在的问题等融为一体，归纳成若干条目，标明层次。

（3）结尾。结尾一般写对今后工作的设想，也可对全文作概括性的总结，或表达自己的决心愿望。结束语可用“以上述职，请予审查”“以上报告，请予审阅”“以上报告，请领导及同志们批评指正”等作结。

3. 落款

落款处写述职人的姓名和述职日期或成文日期。署名可以放于文尾，也可以放在标题之下。

（四）述职报告的写作要求

1. 成绩和缺点一分为二

撰写述职报告时，要真实反映述职者履行职责的实际情况、取得的成绩和存在问题。既不能避重就轻，更不能文过饰非。

2. 事例和数据实事求是

述职报告中要有典型的具体事例和翔实的数据说明，做到尊重事实、客观分析。

3. 文风朴实平和

语言表达要恰如其分，措辞有分寸。

任务四 规章制度

一、规章制度的概念

规章制度是国家机关、社会团体和企事业单位，为了维护正常的工作、劳动、学习及生活秩序，保障各项工作的正常开展，依照法律、法规、政策而制定的，具有指导性、规范性和约束力的文书。

规章制度中的法规和规章是遵循相关法律和政策制定的，成为必须共同遵守的行为准则和道德规范，形成一种约束力；对所规定的事项或活动有明确的规定，能对违规行为进行有效监督；对某一事务或问题提出解决措施和标准，使之办理规范化，具有一定管理功能。

二、规章制度的种类

规章制度是一个总称，它包括章程、条例、办法、规则、规定、细则、制度、守则、公约等；另外，规程、须知、标准、准则、规范等也属于规章制度。不同的规章制度，反映不同的需要，适用于不同的范围，起着不同的作用，其制发者也不一样。

（一）章程

章程是指党政机关、社会团体制定的用以说明该组织的宗旨、性质、组织原则、机构设置、成员组成、职责范围和活动规则等的纲领性文书，具有准则性与约束性的作用。章程应由该组织代表大会讨论通过后公布实行。如《中国共产党章程》《中国语言学会章程》。

（二）条例

条例是由国家机关制定或批准，对某机关、组织的机构设置、组织办法、人员配备、任务职权、工作原则、工作秩序和法律责任作出规定，或对某类专门人员的任务、职责、权利义务、奖惩作出系统性规定的带有法规性质的文书。如《失业保险条例》《企业职工奖惩条例》。

（三）办法

办法是针对某项工作、有关事项或某一方面的活动作出比较具体规定的文书。如《突发事件应急预案管理办法》《广东省普及九年制义务教育实施办法》。

（四）规则

规则是国家机关、团体、企事业单位为维护劳动纪律和公众利益，对某一事项制定的要求大家遵守的关于工作原则、方法和手续等的原则性规定。如《全国安全生产委员会专家组工作规则》《城市交通规则》。

（五）规定

规定是对有关工作或某一事项制定的法规性文书，比规则更为具体。主要用于明确提出对国家或某一地区的政治经济和社会发展的某一方面或某些重大事故的管理或限制。如《关于制止低价倾销工业品的不正当价格行为的规定》《关于提高知识分子待遇的若干规定》。

（六）细则

细则是为了贯彻执行“条例”“规定”“办法”中某一条款或某几项条款而制定的具体、详细的规则，对贯彻方针、政策起到具体说明和指导的作用。如《〈对外汉语教师资格审定办法〉实施细则》《审批个人外汇申请施行细则》。

（七）制度

制度是有关单位和部门制订的要求所属人员共同遵守的准则，是机关单位对某项具体工作、具体事项制订的必须遵守的行为规范。如《安全生产制度》《××地区环保局廉政制度》。

（八）守则

守则是机关团体、企事业单位要求其成员共同遵守的道德和行为规范的文书。如《员工守则》《学生守则》等。

（九）公约

公约是人民群众或社会团体在自觉自愿的基础上经协商决议而制订的对某一事项的具体要求，是人们为了维护公共秩序，经集体讨论，把约定要做到的事情或不应做的事情明确写成条文，作为共同遵守的准则。如《卫生公约》《居民文明公约》。

三、规章制度的格式与写法

案例点评

用电管理制度

（××厂××××年×月×日发布）

第一条　制定本制度，是为了合理利用国家电力资源，充分发挥用电设备潜力，达到安全、经济、合理、节约用电的目的。

第二条　加强用电管理、严格用电制度。实行内部经济合同制，每月根据生产、工作任务把用电指标下达到车间、部门，做到日清、旬结、月考核，实行节奖超罚，充分调动各用电部门的积极性。

第三条　所有用电部门应切实做到“五有”：

1. 用电有计划

各用电部门不得随意更换生产设备、照明设备，以搞好计划用电；特殊情况需要更换时，需经动力科批准，否则动力科有权停止供电。

2. 消耗有定额

工艺科根据产品数量、加工性质、工艺流程，制定当日用电额，下达到车间和所有用电部门，同时交能源办公室一份备份。

3. 考核有计量

所有用电部门的电度表不许任意更动，以免损坏，影响考核；不属于同一电度表的线路不准自行接线使用，违者罚款 10～15 元。

4. 使用有制度

各用电部门要认真执行动力部门许可的用电时间，否则动力部门有权停止供电。如劝阻不改者，每千瓦容电罚款八元。

5. 节约有措施

所有用电部门的生产、照明设备均应有专人负责，做到人走灯灭、机床停。

第四条　变电所（室）人员要严格按规定做好用电记录，发现问题立即报管电人员，并按规定时间将用电记录呈报有关部门，登记考核。

第五条　所有办公室、集体宿舍、家属点的照明设施不得超过 60W（有特殊需要者经厂长批准），违者罚款十元。如不经批准擅自接线使用电熨斗、电炉者，根据不同情节，处以 20～100 元罚款。由此造成损失者，要负经济责任。

第六条　对常年坚持节约用电有贡献的集体或个人，根据贡献大小，分别在不同范围内予以表扬，或作为评先条件之一；对提出用电合理化建议和双革措施，并且有节电经济效果的集体或个人，要给予物质奖励。

第七条　各部门要经常开展用电安全和合理节约用电教育，普及用电常识，使有限的电力资源在我厂发挥应有的作用。

想一想：

请指出以上这份《用电管理制度》的错误之处。

评一评：

这份《用电管理制度》的主要错误如下：

1. 条款存在写法不当和残缺现象。第一条应改为“为了……，特制定本制度”。文末应增加一条写生效日期的。

2. 存在语言表达不顺畅、不准确之处。

“各用电部门不得随意更换生产班次、轮休日，以搞好计划用电”应改为“为搞好计划用电，各用电部门的生产班次、轮休日不得随意更换”。

“所有用电部门的电度表不许任意更动，以准确地进行考核”应改为“为了准确地进行考核，所有用电部门的电度表不许任意更改”。

“并按规定时间将用电纪录呈报有关部门”应改为“并按规定时间将报表呈报有关部门”。

第六条中的两处“集体或个人”，应将“或”改为“和”。

3. 存在数字写法不统一现象。文中的“八元”“10～15 元”“十元”“20～100 元”等，均应统一为阿拉伯数字或统一为汉字。

4. 有些条款的语言不够精练，不够准确。第三条“考核有计量”应改为“用电有查核”。

小任务

请你重新拟写一份正确的《用电管理制度》。

工具箱

（一）标题

规章制度的标题一般由“单位名称＋事由＋文种”组成。如“××市房地产市场管理细则”。单位名称指制定、颁布规章制度的单位名称，或是指规章制度所适用的单位或范围。

（二）正文

规章制度的正文结构一般有两种形式：

1. 分章列条式

分章列条式又称章条式，即将规章制度的内容分成若干章，每章又分成若干条。第一章是总则，中间各章叫分则，最后一章叫附则。

总则一般写原则性、普遍性、共同性的内容，包括的主要内容有：制定依据、制定目的和宗旨、适用范围、有关定义、主管部门（该项有时也可视具体情况置于分则或附则中）。总则只设一章，下分若干条。

分则指接在总则之后的具体内容，通常按事物间的逻辑顺序，或按各部分内容的联系，或按工作活动程序等分条列项，依次编排。分则下可设若干章、条、款。

附则包括的主要内容有：施行程序与方式，有关说明，施行日期等。附则只设一章，下分若干条。

2. 条款式

这种规章制度只分条目，不分章节，适用于内容相对比较简单的规章制度。一般开头说明缘由、目的、要求等，主体部分则分条列出规章制度的具体内容。其第一条相当于分章列条式写法的总则，最后一条相当于分章列条式写法的附则。

四、规章制度的写作要求

（一）制作严肃

制定规章制度必须依照相关的法律、政策，做到有法可依、有章可循，不能与国家的法律、政策相抵触。

（二）格式规范

规章制度在一定范围内具有法定效力，因此在格式上较其他事务文书要更具有规范性。不论是章条式，还是条款式，本质上都是采用逐章分条的写法，条款层次由大到小依次可分为七级：编、章、节、条、款、目、项。最为常见的条款层次是以章、条、款三层组成。

（三）行文周到

规章制度是人们的准则，它所涉及的方方面面，都必须作出细致的规定和全面的要求，不能有遗漏和疏忽，不能有歧义，不能含糊不清、似是而非或自相矛盾。内容要清晰明确，不能有遗漏，具有逻辑的严谨性，做到无懈可击。

任务小结

经济事务类文书是处理日常事务，用来沟通信息、部署安排、总结经验、研究问题、指导工作、规范行为的实用性文书，是在日常工作中最为普遍和广泛使用的文书。通过学习经济管理过程中常见公私事务文书，应能根据要求中撰写符合规范的计划、总结、简报、述职报告等文书。

同步测试

一、概念解释

委托书　经济简报　述职报告　大事记　备忘录

二、复习思考

1. 计划的种类有哪些？

2. 委托书一般包括哪几个部分？该如何写作？

三、问题诊断

下面是一份规定，它在格式和内容上是否符合要求？请加以修改。

××市人民政府关于加强自行车交通管理的规定

为进一步贯彻《××市道路交通管理暂行规则》和《××市道路交通管理暂行处罚规则》，加强自行车交通管理，将重申并补充以下规定：

一、凡骑自行车者，必须遵守以下规定：

1. 沿路靠右行驶，禁止逆行。在划有车辆分道线的道路上，不准在机动车或便道上骑行。

2. 转弯要提前减速，照顾前后左右情况，并伸手示意。在画有上下四条以上机动车道的路段上左转弯时，必须推车从人行横道内通过。不准突然猛拐、争道抢行。

3. 在三环路以内，郊区城镇或公路上，不准骑车带人，不准与骑车同行者扶身并行；不准双手离把、持物或攀扶其他车辆；不准骑车拖带车辆；不准追逐竞驶或曲折竞驶。

4. 自行车在道路上停车、载物、停放等均应按《××市道路交通管理暂行规则》的规定执行。

二、对违反规定的，要批评教育，处罚款××元至×××元。

三、因骑车人违反规定，造成交通事故由骑车人承担全部责任。

四、本规定由市公安局负责实施。

××××年×月×日

实训设计

1. 实训目的

了解并熟悉计划和总结的格式与注意事项，掌握几种常用事务文书的写法。

2. 实训项目

××职业技术学院学生小王结束了大一的学习生活，暑假过后，将迎来大学的第二个学年。在即将成为大二学生之际，小王总结了自己的大一生活，并为大二即将面临的大学英语四级考试制订了一份学习计划。

（1）根据案例内容，代小王写一份学期总结。

（2）根据案例内容，代小王制订一份学习计划。

3. 实训思路

（1）让学生能理清整个思路。

（2）让学生掌握计划和总结的写法。

4. 实训做法

学生以 2 人为一组，设想小王的大一生活，并从学习、思想和工作等方面进行总结，再根据大学生个人情况，为他制订一份英语四级考试的学习计划。合作完成以上两份文书的写作。

拓展阅读

提高事务文书写作的有效技巧

事务文书是人们在日常学习工作中常用的应用文书，多用于沟通信息、总结经验、安排工作、研究问题等事务性工作，是应用写作的重要组成部分。要提高事务文书写作，可以从以下几方面着手：

一、激发写作兴趣

兴趣是最好的老师，只有对学习有兴趣，尤其是对写作有兴趣，才会在事务文书上下功夫，才能有提高写作水平的可能。因此，激发新同志的写作兴趣，是单位领导在平时培养人才中要注意的。针对新同志实际普遍厌倦写作的情况，鼓励他们写作，要多表扬、少批评，逐步提高。还可把写得好的文章拿出来读，甚至在报纸、杂志上发表，起到带动作用。平时也可通过举办写作竞赛等方式，鼓励新同志说心里话，多动脑、多动笔，以激发对事务文书写作的兴趣与热情。

二、明确写作目的

撰写事务性公文，主要目的在于解决问题、处理事务，所以确定公文的观点，选取公文的材料，都要切合实际、具体可行、讲究实效，这样有利于工作内容的落实和工作任务的完成。事务性公文着力于发现问题、分析问题和解决问题。工作中要想解决问题，必须先认清问题。想要认清问题，必须进行深入研究，把握基本规律，从而有针对性地提出具体的方法和措施。应聚焦于具体问题，针对问题讲道理、提措施、统一思想、形成共识、步调一致。写作时要坚持问题导向，深挖问题根源，剖析事物本质，提出有效措施，这样才能号准写作脉搏，瞄准写作方向，避免写出不痛不痒的文字。

三、做好资料积累

资料对于文书的内容和结构至关重要。写事务文书时需要背景材料、现实的典型材料、过程性材料、主观性材料。

1. 背景材料

背景材料是理解事务文书基础和前提的关键，它帮助作者和读者了解文书的背景和上下文，为后续内容的展开提供基础。

2. 现实的典型材料

现实的典型材料能够具体展示事务文书的实际内容和应用场景，使文书更具说服力和可信度。

3. 过程性材料

过程性材料记录了事务文书从策划到实施的全过程，对于评估文书的效果和影响具有重要意义。

4. 主观性材料

主观性材料反映了作者或相关人员的观点和态度，对于表达文书的意图和目的至关重要。这些材料的搜集和使用，不仅有助于事务文书的完整性和准确性，还能确保其有效传达信息和达到预期效果。

四、虚心好学，提升思想政治素质

加强国家大政方针的学习，深入细致的学习党的方针、政策。坚持用党的理论武装头脑，坚持中国特色社会主义的理想，讲政治，讲大局，立场坚定，旗帜鲜明的拥护党的领导和党的各项重大决定。作为一名基层公务员，只有通过不断的学习，提高政治理论修养，增强政治敏锐性，才能适应适应社会发展的需要和当前工作的需要。

模块三　经济契约类文书

项目六

经济合同类文书

学习目标

知识目标：

- 理解经济合同类文书的使用情境。
- 掌握经济合同类文书的性质、特点及写作格式。

能力目标：

- 能正确地拟写招标、投标文书和经济合同。

素质目标：

- 具备遵纪守法和诚实守信意识。
- 具备细心耐心品质。

情境设计

1782 年，英国政府首先设立文具公用局，负责采购政府部门所需办公用品。该局在设立之初就规定了招标投标的程序。1868 年，美国国会通过立法确立公开开标和公开授予合同的程序。这应该是最早的招投标。

中国的招投标制度起源于清末洋务运动。1902 年，张之洞创办湖北制革厂，当时有 5 家营造商开价比价。1918 年，汉口《新闻报》刊登了汉阳铁厂的两项扩建工程的招标公告。1929 年，武汉市采办委员会曾公布招标规则，规定公有建筑或一次采购物料在 3 000 元以上者，均须通过招标决定承办厂商。同一时期，广州中山纪念堂工程也采用的是招投标制度。

1999 年 8 月 30 日，第九届全国人民代表大会常务委员会第十一次会议通过了《中华人民共和国招标投标法》，并于 2000 年 1 月 1 日起施行。其后招标采购和订立合同成为经济活动中必备内容，也促成了中国经济的繁荣。

为什么招投标制度没有使国民党统治的中华民国富强起来，而新中国的招投标制度确立不到 20 年，中国一跃成为世界上的基建强国呢？经济契约文书对经济活动有哪些作用呢？

资料来源：百度文库。

启示：

关键在于国家政治制度的改变，制度优势是一个国家的最大优势。如果没有中国共产党领导人民推翻封建主义、帝国主义、资本主义三座大山，即便有了招投标制度，也无法撼动“三座大山”对中国人民和经济的摧毁。全面依法治国就是依照宪法和法律来治理国家，而不是依照个人意志、主张治理国家，

从招投标的角度理解中央推行的全面依法治国战略——“四个全面”战略布局之一。它是中国共产党领导人民治理国家的基本方略，是发展社会主义市场经济的客观需要，也是社会文明进步的显著标志，还是国家长治久安的必要保障。只有法治才能为招投标活动提供全局性、长期性的保障，使招投标活动稳健推行。其他经济合同类文书，亦是如此。

知识导读　经济合同类文书概述

一、经济合同类文书的概念

经济合同类文书是指人们在管理经济运行状况、规范和约定相关经济事务时所写作的应用文。经济合同类文书是协作关系的具体反映，是管理经济的有效手段。实践证明，这是用经济手段解决问题的一种比较有效的措施。它有助于保障企业的经济利益，维护企业的合法权益，树立良好的企业形象。

经济合同类文书包括招标书、投标书、意向书、协议书、经济合同等。

二、经济合同类文书的特点

（一）鲜明的政策性和准确性

作为反映和规约经济活动的应用文书，一定要以“科学理论为指导”，体现国家的方针政策，客观符合经济发展规律。

（二）情况的真实性和准确性

运用的材料要求绝对真实，不允许有丝毫的虚构和夸张，涉及的情况必须绝对准确。尤其是数字，一定要准确、可靠。

（三）行文的明确性和时效性

经济合同类文书规约协作双方的权利与义务，要厘清双方的关系和保障各方的利益，在写作时必须有着鲜明而具体的写作目的，表述内容要明确而有针对性。同时，该类文书是针对一定的经济活动而写，有很强的时效要求。

（四）体式的法定性和约定性

经济合同类文书起着管理经济活动的作用，其格式是人们长期以来约定俗成的惯用

格式或国家、部门制定的法规性文件规定的格式，具有程式性。写作时应共同遵守有关格式。

（五）语言的严密性和简明性

经济合同类文书规定经济活动中的行为，要求严密和简明。即语言要贴切、如实反映事物的特征和本质，概念准确，判断恰当，推理符合逻辑，能简洁明了地表达作者的意图。

三、经济合同类文书的写作要求

（一）准确简明

要求写作内容要准确，所作出的结论要准确，所说明的事理要准确。同时，为更清楚、明白、晓畅，所选用的材料要准确简洁，所运用的语言要简明。

（二）平易规范

要求用语要晓畅易懂、庄重大方、一言一事，用语要直白。所用格式要标准、规范、统一，应依法行文或依俗行文，不能自行其是。

任务一　招标投标文书

一、关于招标与投标

招投标是一种必须依照《中华人民共和国招标投标法》的法律规定而进行的竞争性经济活动。招人承包或承买称招标。投标人或购销者按投标公告的标准和条件，向招标人提交承办申请、企业情况介绍、总预算表，填据标单，投函招主，称投标。

二、招标文书

（一）招标文书的概念

招标文书是招标方在招标过程中使用的各种文书，包括招标申请书、招标公告、招标邀请书、招标书（招标说明书）、标底书、招标章程、中标通知书、中标合同等。上述文书根据不同的招标情况可以相应合并或分开。

本书所介绍的主要是招标书，又称招标说明书，指单位或个人在兴建工程、合作经营某项业务或进行大宗商品交易时，先把有关标准、价格、条件等事项以公告形式对外公布，这种文字材料就是招标书。

（二）招标文书的种类

（1）形式上分为三类：公开招标，即在媒体上发布招标广告；书面通知招标，即采用书面形式邀请有承担能力的单位参加投标；议标，即对于一些项目，选择少数有承担能力的单位协商确定工期、造价的形式。

（2）内容上分为招标公告、科技项目招标书、工程项目招标书、技术引进或转让招标书等。

（三）招标文书的格式与写法

案例点评

××大学修建大学生活动中心招标公告

经上级主管部门同意，我校将修建一栋大学生活动中心，由××市自然规划局批准，建筑工程实行公开招标，现将招标有关事项公告如下：

一、工程名称：××大学大学生活动中心

二、施工地点：××市××区××路×号

三、建筑面积：××××m^2

四、设计及要求：见附件

五、承包方式：实行全部包工包料

六、投标条件：凡有投标意向的具备法人资格且具有一、二级施工执照的企业，只要有其主管部门和开户银行的认可，均可投标。

七、招标要求：投标人请于20××年×月×日前来人或来函索取招标文书，收取成本费30元，逾期不予办理。

投标人请将投标文书及上级主管部门的有关签证等，密封投寄或派员直接送我校基建处。收件至××××年×月×日截止。开标日期定于××××年×月×日，在××市公证处公证下启封开标，地点在我校第一会议室。

招标单位地址：××市××路××号

电报挂号：××××

电话：××××××××

联系人：×××

附件：大学生活动中心设计图纸及相关要求

××大学基建办公室

××××年×月×日

招标邀请书

××××××（被邀请单位全称）：

××××××工程，是我省××××年重点计划安排的项目。经请示××××同意采取招标办法进行发包。

你单位多年来从事××××工程建设，施工任务完成得很好。对此，我们表示赞赏。

随函邮寄“××××××工程施工招标书”一份。如同意，望于××××年×月×日光临××招待所×楼××号房间，领取“投标文件”，并请按规定日期参加工程投标。

招标单位：××省××厅××处招标办

地　　址：××省××市××路××号

联 系 人：×××

电　　话：××××××××

邮政编码：××××××

××省××厅××处招标办

××××年×月×日

想一想：

这两份同为招标文书有何异同？

评一评：

首先，从形式上看，第一份属于公开发布的招标公告，第二份属于是招标单位有选择地对具有资质的单位邀请招标。二者都属于招标文书。其次，从内容上看，前者详细写明招标内容、要求、事项；而后者已有招标公告，则不需详细说明招标事项。

小任务

招标公告、招标邀请书与招标书是不是一种文书？

工具箱

1. 招标公告

招标公告又称招标通告、招标启事或招标广告，一般由标题、正文和文尾三部分构成。

（1）标题。常见的写法有以下三种：

① 由招标单位名称、招标事由和文种组成，如“××职业技术学院南区学生公寓物业管理招标公告”；

② 由招标单位名称和文种两部分组成，如“济南机电设备公司招标通告”；

③ 只写文件名称“招标公告”或“招标通告”。

（2）正文。一般由引言和主体两部分组成。

① 引言。应写明目的、依据及招标项目的名称。

② 主体。这是招标公告的核心，要详细写明招标内容、要求及有关事项。

（3）结尾。主要包括单位名称、地址、联系电话、传真、邮编、网址等。

2. 招标邀请书

招标单位若采取邀请招标的方式，邀请有关对象参加投标，则需写招标邀请书。招标邀请书是书信体文书，由标题、称谓、正文、署名四部分组成。

（1）标题。只需写明文种名称，如“招标邀请书”“招标邀请函”。

（2）称谓。抬头项格写邀请单位的名称。

（3）正文。写明招标的目的、依据及招标的事项。如另有招标公告，则不需就招标事项进行详细说明，只需说明随函邮寄即可。

（4）署名。写明招标单位全称、地址、联系人、电话等。

3. 招标书

招标书即招标说明书，是对招标公告或招标邀请书内容的扩展，用来对有关招标事项作出具体的说明。一般由标题、正文和文尾三部分组成。

（1）标题。由招标单位名称、招标事由、文种构成，如“××钢铁公司外购大型设备招标说明书”。

（2）正文。正文包括开头和主体两部分。

开头。简要写明招标的目的依据（一般写招标单位主管部门的审批文号）、项目名称及招标单位的基本情况等。

主体。详细说明招标的有关内容和要求事项。一般应载明以下事项：① 招标项目的性质、数量、技术规格或技术要求；② 投标价格的要求及其计算方式；③ 评标的标准和方法；④ 交货、竣工或提供服务的时间；⑤ 投标人应当提供的有关资格和资信证明文件；⑥ 投标保证金的数额或其他形式的担保；⑦ 投标文件的编制要求；⑧ 提供投标文件的方式、地点和截止日期；⑨ 开标、评标、定标的日程安排；⑩ 合同格式及主要合同条款。

（3）文尾。文尾包括落款、日期和印章。

（四）招标书的写作要求

（1）做好调查研究，制定预算、评估款项要科学合理。

（2）遵循招标公告的写作要求，语言简洁、用词精确，文字、数据、图表精确无误，没有歧义。

（3）合法合理，切实可行。招标文书和应知事项，要符合法律法规等；所提各项要求应从实际出发，互惠互利。

（4）标准明确，内容完整。招标文件规定的技术规格应当采用国际或国内公认、法定标准，各种要求应完整明确。

三、投标书

（一）投标书的概念

投标书又称标函，指投标者为了中标而按照招标人提出的条件、要求，向招标者提交的承办申请、企业情况介绍、总预算表、书面咨询等文字资料。投标书必须针对招标书的条件要求，作出切合实际、真实可信的回答；投标者要中标，投标书就要有极强的竞争性，要表明自己的实力，列举自己的优越条件，以充分显示自己的竞争能力，战胜众多竞争对手。

（二）投标书的分类

（1）生产经营性投标书，如工程投标书、承包投标书、劳务投标书。

（2）技术投标书，如科研课题投标书、重大关键技术投标书、技术引进或转让投标书等。

（三）投标书的格式与写法

案例点评

投 标 书

致：______________________________

根据贵方为____________项目招标采购货物及服务的投标邀请____________（招标编号），签字代表________（全名、职务）经正式授权并代表投标人____________（投标方名称、地址）提交下述文件正本一份和副本一式______份。

（1）开标一览表；

（2）投标价格表；

（3）货物简要说明一览表；

（4）按投标须知第14、15条要求提供的全部文件；

（5）资格证明文件；

（6）投标保证金，金额为人民币__________元。

据此函，签字代表宣布同意如下：

1. 所附投标报价表中规定的应提供和交付的货物投标总价为人民币__________元。

2. 投标人将按招标文件的规定履行合同责任和义务。

3. 投标人已详细审查全部招标文件，包括修改文件（如需要修改）以及全部参考资料和有关附件。我们完全理解并同意放弃对这方面有不明及误解的权利。

4. 其投标自开标日期有效期为______个日历天。

5. 如果在规定的开标日期后，投标人在投标有效期内撤回投标，其投标保证金将被贵方没收。

6. 投标人同意提供按照贵方可能要求的与其投标有关的一切数据或资料，完全理解不一定要接受最低价格的投标或受到的任何投标。

7. 与本投标有关的一切正式往来通信请寄：

地址：______________ 邮编：________________

电话：______________ 传真：________________

投标人代表姓名、职务：______________________________

投标人名称（公章）：______________________________

日期：______年___月___日

全权代表签字：________

想一想：

这份投标书结构分为几部分？内容是否完整？投标书是否需要制作封面？这份投标书是否有其他附件？

评一评：

投标书是投标单位对承包招标项目的价格、保证和条件的承诺，因此格式要完备。这是一份较好的投标书的格式，内容完整，语言简洁。作为送交招标单位的正式文件，为表示郑重，应有封面；同时与招标相关的数据、图表、报告等应作为附件附在标书后。

小任务

请你给这份投标书加上封面。

工具箱

1. 封面

投　标　书

建设项目名称：
投标单位：
投标单位全权代表：
投标单位：（公章）
年　月　日（送出时间）

2. 标题

其一，公文式标题。由投标方名称、投标项目、文种构成。如“××承租××印染厂投标书”。

其二，简略式标题。由投标方名称或投标项目与文书名称构成。如“××公司投标书”“××工程投标书”。

其三，只写文种名称，如“投标书”“标函”“标书”等。

3. 主送单位

即对招标单位的称呼，在标题下隔行顶格写，多是写给评标机构的，如“××招标办公室”等。

4. 正文

（1）开头。介绍投标依据、目的、主导思想并表明投标的意愿。如“在研究了丽泽大厦建筑安装工程的招标条件和勘察、设计、施工图纸以及参观了建筑安装工地以后，经我们认真研究核算，愿意承担上述工程的施工任务。我们的标书内容如下：”。

（2）主体。主体是投标书正文的核心，也是决定投标者能否中标的关键部分。主要包括三个方面的内容：一是具体写明投标项目的价格及保证条件；二是投标单位的自我介绍。三是投标态度。一般说明对交纳银行担保书和履约保证金的承诺，说明对招标单位不一定接受最低价和可能接受任何投标书表示理解。

5. 落款

写清投标者的部门名称（加盖印章）、地址、电话、邮编、日期等。

6. 附件

一般包括投标人情况简介、投标报价表、计算过程和图表、资格审查文件、开户银行出具的投标保证金保函；开户银行开具的履约保证金保函等。

（四）投标书的写作要求

（1）实事求是，正确决策。认真调研市场，分析条件，客观估计自己的技术、经济等能力，把握有利条件和优势，作出正确的投标方案决策。

（2）内容明确具体，措施切实可行。

（3）熟知投标程序，注意投标时效。

任务二　意向书和协议书

一、意向书

（一）意向书的概念

意向书是经济活动中，双方或多方就合作项目在进入实质性谈判之前，根据初步洽商所形成的带有原则性、意愿性和趋向性意见的文书。

它是协议书或合同的先导，虽不具法律效力，但对双方有一定的约束力，为进一步正式签订协议奠定了基础。在经济活动中，一般情况是先签意向书，达成意向后，由一方向上级部门请求批准，提出项目建议书，然后签署协议书，最后才正式签订合同书。

（二）意向书的特点

1. 目标的导向性

意向书只是各方对合作事项意愿的表示，是导向性文书，合作目标只求总体轮廓清晰，不求描述具体。

2. 条款的原则性

意向书的条款只就一些重大问题作出原则性的确定，不具体表述细节，以利于求同存异，为进一步合作创造氛围。

3. 行文的灵活性

在协商过程中，当事各方均可按各自的意图和目的提出意见，在正式签订协议（合同）前，各方可随时变更或补充，最终达成协议。

（三）意向书的格式与写法

案例点评

合资兴建××意向书

××××年×月×日至×日在××，××公司（以下简称甲方）副总经理×××先生，与×××公司（以下简称乙方）总经理助理×××先生，根据《中华人民共和国××法》和其他法规的规定，本着平等互利的原则，就建立合资企业事宜进行了友好协商，现达成意向如下：

一、甲、乙两方愿以合资或合作的形式建立合资企业，暂定名为××有限公司。建设期为×年，即从××××年—××××年全部建成。双方意向书签订后，即向各方有关上级申请批准，批准的时限为×个月，即××××年×月×日—××××年×月×日完成。然后由×××厂办理合资企业开业申请。

二、总投资××万元（人民币），折××万美元。××部分投资×万元（折×万美元）；××部分投资××万元（折××万美元）。

甲方投资××万元（以工厂现有厂房、水电设施现有设备等折款投入）；乙方投资××万元（以折美元投入，购买设备）。

三、利润分配：各方按投资比例或协商比例分配。

四、合资企业生产能力：……

五、合资企业自营出口或委托有关进出口公司代理出口，价格由合资企业定。

六、合资年限为×年，即××××年×月—××××年×月。

七、合资企业其他事宜按《中华人民共和国外商投资法》有关规定执行。

八、双方将在各方上级批准后，再行具体协商有关合资事宜。

本意向书一式两份，即日起生效。作为备忘录，各执一份备查。

××公司（甲方）　　　×××公司（乙方）

代表（签字）　　　代表（签字）

××××年×月×日

想一想：

这篇意向书分为几个部分？标题怎样构成的？语言有何特点？

评一评：

这是一份结构完整、写作规范的意向书。标题由"合作项目+文种"组成。引言部分言简意赅写明达成意向的时间、遵循的原则；主体阐述具体内容，表明"合作形式、规模、项目名称"等事项；结尾部分进行说明。最后写落款和日期。全文内容具体，层次分明，条分缕析，语言简洁明了，注意分寸。

小任务

新天宇公司现经过招标后，初步与天成公司达成购买200台电脑的意向，作为采购部经理助理，要拟写一份合作意向书，应该如何完成呢？

工具箱

1. 标题

一般由"事由+文种"组成，如"关于合作办学的意向书"。

2. 正文

（1）引言（导语）。内容包括：一是签订意向书的单位；二是明确指导思想和政策依据；三是规定总体目标，然后用"现达成意向如下"或"现将有关意向归纳如下"等过渡句导出正文。

（2）主体。主体是意向书所要实现的总体目标具体化，一般都以分项排列条款的形式来表述。各条款之间界限要清楚，内容相对完整，不要交叉重叠，不要过于琐碎，不要有所疏漏。一般以"未尽事宜，在正式签订合同或协议书时予以补充"作结语，以便留有余地。

（3）结尾。书写有关事项的说明，如意向书份数、生效日期等。

3. 落款

合作各方法定名称、代表人，并加盖公章、私章。

4. 日期

签订意向书的时间。

二、协议书

（一）协议书的概念

协议书是指双方（或三方以上）当事人之间，就某一事情、问题，经过协商后达成一致意见而写成的书面契约。

协议书与合同联系密切，都具有法律效力。可视为正式签订合同的“前奏”“初稿”。协议书是双方为保证正式洽谈取得成果，在合同签订前签署的，内容相对单一，比较灵活，有时也起到补充或修订合同条款的作用。

（二）协议书的特点

1. 广泛性

广泛性指协议书的合作范围和涉及的领域相当广泛，凡不宜签订合同的合作形式，以及社会政治、文化生活中不宜使用合同来明确当事人权利义务关系的事宜。

2. 灵活性

灵活性指协议书一般没有固定的写作格式，其内容安排、条款形式等都由当事人协商决定，没有法律规定的文本格式。

（三）协议书的格式与写法

案例点评

协　议　书

甲方：中国××国际经济技术合作公司

乙方：××国××金属有限公司

经甲乙双方友好协商，在平等互利的原则下，就合作投资创办出租汽车公司事宜，达成如下协议：

一、合营企业定名为××出租汽车公司。经营大、小车 100 辆。其中，德国奔驰 280-S 轿车 7 辆（为二手车，行车里程不超过 17 000 公里，外表呈新）、日产丰田轿车 83 辆（其中 50 辆含里程、金额记数表、空调、步话机等）、面包车 10 辆。

二、合营企业为有限公司。双方投资比例为 3:7，即甲方占 70%，乙方占 30%。总投资 140 万美元，其中，甲方 98 万美元（含库房等公用设施），乙方 42 万美元。合作期限定为 5 年。

三、公司设董事会，人数为 5 人，甲方 3 人，乙方 2 人。董事长 1 人由甲方担任，副董事长 1 人由乙方担任。正、副总经理由甲、乙双方分别担任。

四、合营企业所得毛利润，按国家税法照章纳税，并扣除各项基金和职工福利等，净利润根据双方投资比例进行分配。

五、乙方所得纯利润可以人民币计收。合作期内，乙方纯利润所得达到乙方投资额后，企业资产即归甲方所有。

六、双方共同遵守中国政府制定的外汇、税收、合资经营以及劳动等法规。

七、双方商定，在适当的时间，就有关事项进一步洽商，提出具体实施方案。

甲方代表　　　　乙方代表
×××　　　　×××
××××年×月×日

想一想：

这份协议书的条款是否齐全？是否有瑕疵？

评一评：

这份协议书结构较为完整，立约单位明确，合作事项清晰，双方责任与义务表述清楚，投资范围与期限一目了然。作为协议书，在内容上欠缺的是尾部说明，落款不够完整。

小任务

如果是你来起草这份文书，应该如何改正呢？

工具箱

协议书结构由标题、立约单位、正文、落款四部分组成。

1. 标题

可以写“协议书”三字，也可以写明协议书的具体名称，如“××××协议书”。

2. 约首

签订协议的单位名称。在标题下，正文之前，写明签订协议的单位名称，并在双方单位名称之后注明一方是甲方，另一方是乙方，便于在正文中称呼。

3. 正文

正文由缘由和主体组成。

（1）缘由写明签订协议书的目的、依据等内容，紧接着可用程式化语言转入主体，如“现对有关事项达成协议如下：”。

（2）主体分条列项写出协议的事项。具体包括：① 协议要实现的共同任务和标的；② 当事人应尽的义务和享有的权利；③ 违约责任；④ 有效期限；⑤ 协议份数和保存；⑥ 仲裁办法。

4. 落款

落款应写明订协议双方单位全称和代表签名，加盖公章。必要时还得写上鉴证单位和公证单位的名称，并加盖公章。最后，写上签订协议的日期。

任务三　经济合同

一、经济合同的概念

根据《中华人民共和国民法典》（以下简称《民法典》）第四百六十四条的规定，合同是民事主体之间设立、变更、终止民事法律关系的协议。合同多用于经济活动。经济合同是合同中的一种，是指平等民事主体的法人、其他经济组织、个体工商户、农村承包经营户相互之间，为实现一定的经济目的，明确相互权利义务关系而订立的合同。

经济合同的种类：按照形式划分，可分为条款式合同、表格式合同和表格条款式合同。按内容性质划分，可分为买卖合同、赠与合同、借款合同、租赁合同、工程合同、保险合同、购销合同、技术协作合同等。按合同是否立即交付标的划分，可分为诺成合同和实践合同。诺成合同即订立合同后不马上交付标的的合同，如建筑工程合同；实践合同即订立后立即交付标的的合同，如借款合同。

二、经济合同的特点

（一）合法性

经济合同一旦成立，即具有法律效力。主要指：一是合同各方当事人应具有合法资格，应当具有相应民事权利能力和行为能力；二是合同的内容、订立必须遵守法律法规，经依法成立的合同，受法律保护；反之，不但无效，还将视其后果，追究责任。

（二）规定性

经济合同是商品交换关系在法律中的体现，内容和形式一般具有规定性。根据《中华人民共和国民法典》第四百七十条的规定，合同的内容由当事人约定，一般包括下列条款：当事人的姓名或者名称和住所、标的、数量、质量、价款或者报酬、履行期限、地点和方式、违约责任、解决争议的方法。当事人可以参照各类合同示范文本订立合同，内容力求完备，语言表述要准确严密，不能模棱两可、引起歧义。

（三）制约性

各方当事人应当遵循“合法、自愿、平等、公平、协商、诚实”原则订立合同。双方的权利和义务是对等的，又是互相制约的。合同依法成立，即具有法律约束力，当事人必须全面履行。如遇特殊情况，需要变更或解除合同，则须按法律规定的条件和程序，经各方协商达成协议，否则将承担违约责任。

三、经济合同的格式与写法

案例点评

买卖合同

供方：××市××柴油机厂　　　　签订地点：×××

需方：××市××汽车厂　　　　签订时间：××××年×月×日

经双方充分协商，签订本合同，以资共同信守：

一、品名、规格、数量、金额、分期交货要求。

商标	品名	型号规格	单位	数量	单价（万元）	金额（万元）	分期交（提）货数量			
							一季度	二季度	三季度	四季度
东风	柴油机	6135Q	台	500	1.25	625		200	200	100
总计金额（大写）		陆佰贰拾伍万元整								

二、质量标准：按最新部颁质量标准。

三、产品原材料来源：由供方解决。

四、产品验收方法：由需方按质量标准验收。

五、产品包装要求：用木箱包装。

六、交（提）货方法、地点及运费：由供方托运到需方厂，运费由需方负责。

七、货款结算方法：通过工商银行托收。

八、经济责任：按《中华人民共和国民法典》规定的原则执行。如供方因产品规格、质量不符合合同规定，需方可要求退货。

九、合同规定：因产品质量问题，供方应负责包修、包换、包退，并承担因此支付的费用；因产品数量短少，不符合合同规定，供方除及时补齐剩余产品外，还应偿付需方补送产品货款总值5%的罚金；因包装不符合要求造成货物损失的，应由供方负责赔偿；因交货日期不符合合同规定，比照中国人民银行延期付款的规定，多延期一天，按延期交货部分货款总值的3‰，供方偿付需方延期交货的罚金。如需方中途无故退货，由需方偿付供方退货部分货款总值5%的罚金；需方未按合同规定日期付款，比照中国人民银行延期付款规定偿付供方罚金。

十、供需双方由于不可抗力和确非企业本身造成的原因而不能履行合同经双方协商和合同鉴证机关查实证明，可免于承担经济责任。

十一、本合同自签订之日起生效，任何一方不得擅自修改或终止。需要修改或终止时，应经双方协商同意，签具修订或撤销合同的协议书，并报合同双方业务主管部门和鉴证机关备案。

十二、本合同正本两份，供需双方各执一份；副本四份，送供需双方业务主管部门、鉴证机关、工商银行各一份。

十三、本合同有效期到××××年×月×日截止。

供方：××市××柴油机厂（章）	需方：××市××汽车厂（章）
地址：×××	地址：×××
法定代表人：×××	法定代表人：×××
电话：××××××××	电话：××××××××
电挂：×××	电挂：×××
开户银行：×××××××	开户银行：×××××××
账号：××××××	账号：××××××
邮编：××××××	邮编：××××××

鉴证意见：

×××××××××××××。

鉴证机关（章）

经办人：

××××年×月×日

想一想：

这份合同条款内容是否齐全？格式是否正确？

评一评：

第一份是条款表格式的买卖合同，约定条款较为明确完备。标题提示合同种类，约首简明扼要。正文部分条款清晰，商品品名、规格、数量、金额、交货要求采用表格式，一目了然；产品质量标准、材料来源、验收方法、包装要求、交提货要求、货款结算方法交代得清楚明白；合同责任划分明确具体，便于操作；因不可抗力因素不能履行合同专项说明；生效期、有效期具体到日。约尾完整无误。

小任务

假设你在淘宝网上开设小饰品店，在线下找到供货商，请拟写一份供货合同。

工具箱

经济合同的结构有其特定的格式，如条款式、表格式、条款表格式等。这里主要讲条款式的结构：标题+约首+正文+约尾。

（一）标题

标题，即具体标的名称、合同性质、范围。一般为“事由+文种”，如“保管合同”“购销合同”；或是“标的+事由+文种”，如“汽车租赁合同”“工矿产品买卖合同”。

（二）约首

约首包括合同当事人的全称或姓名。为了便于正文行文简便，当事人全称、全名后，要注明双方约定的固定指代，如“甲方”“乙方”，或依合同内容写明“供方”“需方”，或“买方”“卖方”等。如：

订立合同双方：

发包方：××大学（以下简称甲方）

承包厂：××科技有限公司（以下简称乙方）

（三）正文

正文部分是合同的主要内容，一般有以下几个方面：

1. 引言

简明阐述签订合同的依据和目的。常用表达句式有“为了……”或“根据……”。

2. 主体

主体包括合同的法定条款和合同的约定条款。每项都应尽可能写得具体、明确，将各方的责任和义务规定得一清二楚。

（1）标的。它是合同当事人双方权利和义务共同指向的对象，一般指货物、劳务、工程项目等。任何合同都必须有标的，标的的名称要使用公认的名称，要协商一致，明确具体。

（2）数量和质量要求。这是衡量标的的指标，确定权利和义务的尺度、计算价格或报酬的依据，同时也是标的相互区别的具体特征。数量，要明确规定标的计量单位和计量方法，有些产品必要时应当在合同上写明交货数量的正负尾差、自然减量或增量的单位以及计算方法。质量，明确标的的质量标准（国家标准、行业标准）、等级、检测依据等。

（3）价款与酬金。它指当事人根据法律法规等约定的标的的价格，是指合同一方当事人向交付标的的另一方当事人以货币形式所支付的货币数量。以实物为标的的称价款；以劳务为标的称酬金，也称报酬。合同要明确标的总价、单价、货币计算标准、币种、付款方式、程序、结算方式等。

（4）履行的期限、地点和方式。这是指合同履行期限和有效期限，必须明确规定年、月、日，不能用“以后”“尽可能”等模糊词语；约定交接标的的地点；约定交接标的形式（自提还是送货，以此交清还是分期分批）；约定的运输工具及运输方式（航空、铁路、公路）等。

（5）违约责任。违约责任是指合同当事人有过错而造成合同不能履行或者不能完全履行要承担的经济责任或法律责任，包括违约金、赔偿金和其他承担责任的法律形式。

（6）不可抗力条款。合同期间，发生当事人不能预见的或不可抗力的事故（如地震、风暴、洪水等），导致履行合同困难时，可根据这一条款，根据合同法规定，部分或全部免予承担责任。

（7）解决争议的方法。所签合同发生纠纷，自行协商不成时，就以在合同中约定的解决纠纷形式解决，或通过仲裁解决，或去法院诉讼等。

3. 结尾

写明合同的有效期限、合同份数及保存，如“本合同一式两份，具有同等效力，双方各执一份，有效期为三年”。有的合同还需注明合同的附件（图纸、表格、担保书、有关协议、实物样品等）。附件是合同的组成部分，与合同具有同等的法律效力。

（四）约尾

1. 署名

写明合同当事人名称（签章）、法定通信地址、法人代表（签章）、委托代理人姓名（签章）、电话、银行账号等，有鉴（公）证机关的，鉴（公）证的机关要签署意见并盖章。

2. 日期

日期是指签订合同的具体日期，写在署名下面，年、月、日要写全。

四、经济合同的写作要求

（一）符合法律

合同的订立到签署的程序、方法都要符合国家的有关法律法规要求，不能违反，否则，不仅经济受到损失，而且还要追究法律责任。

（二）合理合格

合同签署要平等互利、协商一致、等价有偿原则。要参照国家合同示范文本规范，内容完整准确。

（三）具体准确

合同条款具体、明确、周密，文字表达要准确、简洁，以防止合同履行时出现文字理解上的歧义现象。一旦成文就不得随意涂改，如有修改或要添加条款必要，需征得对方同意，并在修改处加盖双方印章，擅自涂改过的合同是无效的，不受法律保护。

任务小结

随着我国市场经济发展及对外贸易扩大，为规范经济活动，必须使用相应的契约类文书，而经济合同类文书是最为广泛使用的。在经济活动中必须了解并掌握招标书、投标书、意向书、协议书、经济合同等格式与写法，能在实际情境中写出符合规范的文书。

同步测试

一、概念解释

招标公告　意向书　协议书　经济合同

二、复习思考

1. 招标、投标文书各有何特点？
2. 招标、投标有哪些程序？
3. 用表格说明意向书、协议书、经济合同的异同。
4. 经济合同有哪些基本条款？

三、问题诊断

对照正确的格式，找出例文中的错误并改正。

经 济 合 同

××文具生产厂（以下简称甲方）

××工艺社销售科（以下简称乙方）

甲方为文教办公用品制造业，保证市场供应，经与乙方商定同意以下几点，特签订本合同，以资共同遵守。

货物名称：文具盒、钢笔。

产品规格：按双方议定规格（后附）。

订购数量：文具盒、钢笔×个。

产品单价：文具盒每个×元，钢笔每支×元。

产品总额：×元。

交货时间：2023 年 5 月 5 日。

交货地点：供销社仓库。

交货办法：由乙方负责将货物送到甲方仓库，不计运费。

付款办法：交付之日，用转账支票一次付清。

本合同自鉴定之日起经双方盖章后生效，本合同一式三份，双方及签证机关各执一份。

附件：产品规格（略）

甲方：××文具生产厂（盖章）

负责人：×××（盖章）

乙方：××工艺社销售科（盖章）
负责人：×××（盖章）

实训设计

1. 实训目的

了解招标投标的程序，熟悉招标书、投标书、合同的格式与注意事项，掌握三种文书的写法。

2. 实训项目

××医院拟新建住院楼，需购买 200 台担架床。现要对外公开招标购买，请你代表医院买进这批担架床。请完整演示该过程。

3. 实训思路

（1）让学生能理清整个思路。

（2）让学生学会拟制招标投标文书。

（3）让学生学会经济谈判，练习写作经济合同。

4. 实训做法

（1）学生分成 4 人为一组，分为院方代表和厂方代表。学生需分工合作，每组准备招标书、投标书、购销合同各一份。

（2）课下做好资料搜集准备。

① 院方代表做谈判前的准备：

A. 收集三家担架床厂家的资料，包括型号、款式、价位、市场运作等；

B. 准备好××医院财会、发展前景等外围资料；

C. 熟练掌握商务谈判的策略。

② 厂方代表做谈判前的资料准备：

A. 本品牌担架床的相关资料，包括型号、款式、价位、市场运作等；

B. 同行业其他品牌担架床的相关资料，包括型号、款式、价位、市场运作等；

C. 找出自己担架床优势，以己之长与他人之短相比较，最好是制作成表格。

（3）所签经济合同为购销合同。学生课下拟好文书并打印，用 1 节课模拟谈判，修改合同。

拓展阅读

签订买卖合同应注意什么?

1. 合同主体名称和签订人名字首尾须保持一致

出卖方应该注意买受方合同尾部的单位名称须与合同首部的单位名称一致、所加盖的公章或合同专用章上的单位名称须与书写的单位名称一致，法定代表人、委托代理人的名字是否与真实名字一致，不能有错字、别字、漏字或简称。

2. 对于代理人签订合同的，应对其代理权进行审查

对于对方业务员或经营管理人员代表其单位订立的合同，应注意了解对方的授权情况，包括授权范围、授权期限、介绍信的真实性，对非法定代表人的高级管理人员，如副总经理、副董事长等，应了解其是否具有代表权，才能避免无权代理的情形。

3. 防范合同恶意履行

合同恶意履行的情况比较复杂，但在订立合同时如能进行积极的事前防范，将极大地减少合同风险。对对方资信有质疑的，可以要求对方提供担保。另外，在合同履行中应保留相关证据，出现纠纷时，积极行使诉权通过人民法院保护自己的权利，以免因超过诉讼时效而蒙受损失。

4. 合同订立应采取书面形式，并使用比较标准的合同范本

尽管我国允许采用书面形式、口头形式等形式的合同，但非书面形式在发生纠纷时不好确定双方责任，容易被人利用进行欺诈。因此，订立合同应尽量采用书面形式。同时，订立合同时应尽量参照工商行政管理机关颁布有标准的合同范本，并结合具体交易情况可以适当调整合同部分条款内容，内容应尽量详尽、明确。如果有疑问的还可以咨询有经验的专业律师或工商局。保证买卖合同的合法性，真实性、有效性。

买卖合同是财产流转的基本法律形式，它为商品社会的最基本行为——买卖，披上了法律的外衣，确立了当事人的权利义务，规范了买卖这种市场行为，使其规范化，降低了社会交易成本。

项目七

经济诉讼文书

学习目标

知识目标：

- 理解经济诉讼文书的概念、特点、作用和写作要求。
- 掌握起诉状、答辩状、上诉状等诉状的结构写法。

能力目标：

- 能通过评析例文和模拟写作，培养运用经济诉讼文书的能力。

素质目标：

- 具有知法懂法、守法护法的法律意识。
- 具有新时代中国特色社会主义法治观。

情境设计

××××年×月，××市××旅游公司在《××日报》上刊登了新春南岳衡山四日游的广告，并在其所办的旅游刊物上称，此种旅游参观的主要景点有 8 个：南岳大庙、磨镜台、福严寺、忠烈祠、藏经殿、南天门、祝融峰、回雁峰。同月，李某等 9 人利用春节休假时间，各自交付旅游服务费人民币××××元，参加了××旅游公司南岳衡山赏雪四日游旅游团，并于同月 20 日乘火车从广州出发赴衡山，21 日凌晨 4 时许到达衡山××宾馆。到达后，导游陈某（无导游证书）将男女 9 人混合安排在该宾馆同一房间休息。在 22 日、23 日的游览活动中，因天下大雪，被告只安排游览了南岳大庙、福严寺和忠烈祠 3 个景点，其余未安排，且未在游览出发前告诉原告 9 人。旅游团游览活动结束后，导游未随团同行返回，由原告 9 人自行返回。李某等 9 人返回后，认为××旅游公司违反旅游合同，造成其经济、精神损失，曾两次要求赔偿和赔礼道歉。但××旅游公司除表示赔礼道歉外，不同意赔偿原告 9 人所要求的赔偿数额。据此，李某等 9 人以上述理由起诉到××市××区人民法院，要求××旅游公司无偿重新安排游览未游的 5 个景点，否则，应退回全程旅游费；应登报向原告赔礼道歉，并赔偿精神损失费共 200 元；赔偿重游 5 个景点的误工费共 800 元。

请问如果你是李某等人的代理律师，在起诉时，应拟写何种文书？应如何拟写？

启示：

在经济交往过程中，经常会出现类似的经济纠纷。很明显这是一起合同纠纷，最权威的解决方式是诉讼。在整个纠纷进入法律过程中，必然会涉及经济诉讼文书的写作。因此，作为从事经济活动的人士必须了解并掌握经济诉讼文书写作。

知识导读 经济诉讼文书概述

一、市场经济活动中的经济纠纷与调节

在市场经济活动中，难免会出现一些诸如合同纠纷、债权纠纷、专利纠纷等经济纠纷。这些纠纷对于社会经济秩序、企业的经营活动和一般公民的经济利益会带来一定的负面影响。在我国，解决经济纠纷的途径和方式主要有协商、调解、仲裁和诉讼四种。其中，最具权威性的一种途径和方式就是诉讼。

二、经济诉讼文书的概念

经济诉讼文书指用来处理经济事务，解决经济纠纷的诉状。所谓诉状，是指诉讼当事人为保护和实现自身的合法权益，在依法行使其诉讼权利时书写的法律文书。这种法律文书在社会生活中起着重要作用，而且与实际经济工作、司法工作紧密结合在一起。

三、经济诉讼文书的种类

根据不同的内容，经济诉讼文书可分为起诉状、上诉状、答辩状、申诉状四种。

起诉状用于一审诉讼程序。上诉状用于二审诉讼程序。答辩状则是一审、二审诉讼程序都可使用，主要用于对一审起诉和二审上诉的反驳。申诉状是申诉人对人民法院已经发生法律效力的判决、裁定不服，向人民法院要求重新调查或重新审理所提出的书面请求，主要用于再审程序。

仲裁书和公证书属于非诉讼文书，对于避免经济纠纷的发生或解决已经发生的经济纠纷都有着十分重要的作用。因此，特把这两种文书放在本项目中一并加以介绍。

任务一 起诉状、上诉状和答辩状

一、起诉状

（一）起诉状的概念

起诉状俗称“状子”，它是指公民或法人在经济纠纷中为维护自身合法权益免受侵害，依法向有管辖权的法院提起诉讼请求的法律文书。

我国法律规定，任何公民、法人或其他组织，认为自身受法律保护的权益受到侵犯和损害，都依法享有起诉权，请求法院予以保护。在诉讼过程中，提出诉讼者为原告，

被诉讼者为被告。

没有起诉状，一审诉讼程序就无从开始。原告诉讼时应向法院提交诉状，叙述事实、理由和法律依据，并具有正本、副本。以便法院受理案件，并按规定对案件进行审理。

（二）起诉状的格式与写法

案例点评

民事起诉状

原告：张三，女，19××年×月×日出生，汉族，户籍地：××省××市××区××路××号××室，身份证号码：××××，联系方式：××××

被告：李四，男，19××年×月×日出生，汉族，户籍地：××省××市××区××路××号××室，身份证号码：××××，联系方式：××××

诉 讼 请 求

1. 依法判令被告立即偿还原告借款本金 5 万元及利息。（注：利息计算至债务全部清偿为止。现暂从 2022 年 10 月 1 日计算至起诉之日即 20××年×月×日，以 5 万元为本金，按年利率×计息，共×××元整）;

2. 诉讼费由被告承担。

事实与理由

被告于 2022 年 10 月 1 日向原告借款人民币 5 万元，并出具了借条一张，双方约定 2022 年 12 月 1 日还清，利息按年利率×计算。约定的还款日到来后，原告向被告多次催要欠款，被告一直借故拖延至今，分文未还，原告为维护自身合法利益，故诉至法院，请求法院支持原告诉请。

此致

××市××区人民法院

具状人：（原告签字或盖章）

20××年×月×日

想一想：

这是一份什么性质的起诉状？缺少了哪项内容？其格式规范吗？

评一评：

这是一份要求清偿拖欠借款及利息的起诉状。本状分条列项地提出两点诉讼请求，明确具体；案情的来龙去脉交代得比较清楚，并能根据事实，简明扼要地陈述了自己的理由。这份起诉状如果在正文列出“证据及其来源”，那就更加规范了。

小任务

根据本案例的格式，请试着给本章开头的情景写一份文书。

民事起诉状（格式）

原告：[姓名、性别、年龄（出生年月日）、民族、籍贯、职业或工作单位和职务、住址等。]

被告：[姓名、性别、年龄（出生年月日，确实不知的，只写年龄）、民族、籍贯、职业或工作单位和职务、住址等。被告是法人、其他组织的，应写明其名称和所在地址]

第三人：[姓名、性别、年龄（出生年月日，确实不知的，只写年龄）、民族、籍贯、职业或工作单位和职务、住址等。第三人是法人、其他组织的，应写明其名称和所在地址，并根据需要，写明第三人与原告、被告的关系]

诉 讼 请 求

事实与理由

证据及其来源

此致

××××人民法院

起诉人：×××

年　　月　　日

附：本诉状副本×份

工具箱

起诉状一般由首部、正文和尾部三部分组成。

1. 首部

（1）标题。经济纠纷属于民事案件，其标题可写为“民事起诉状”或“起诉状”，也可写为“经济纠纷起诉状”。

（2）当事人基本情况。当事人包括原告、被告和他们的代理人。按照先原告后被告的顺序，依次写明各方当事人的姓名、性别、年龄、民族、职业、工作单位和住所等情况。如果系法人或其他组织，应写明法人或其他组织的名称、地址，并写明该单位的法定代表人或主要负责人的姓名、职务、电话、企业性质、工商登记核准号、经营范围和方式、开户银行、账号。

2. 正文

正文部分包括案由和诉讼请求、事实和理由、证据及其来源等内容。

（1）案由和诉讼请求。案由，即控告的罪名；诉讼请求是说明被告犯有何罪，请求法院依法追究其法律责任。原告的诉讼目的和要求，应在诉讼请求中向法院明确具体地提出来。

（2）事实和理由。所谓事实，即指权益纠纷的事实和原因、发生、发展的过程以及结果等。起诉状的理由，指的是对被告侵权行为或违法行为的性质和应承担的责任的阐述。

（3）证据及其来源。证据要求真实、具体、可信。在诉讼中常用的证据有：书证、物证、视听资料、证人证言、当事人的陈述、鉴定结论、勘验笔录等。一般采用清单式列举的方法，即依照一定顺序列举证据和证据来源、证人姓名和住址。

3. 尾部

起诉状的尾部应依次写明以下内容：

（1）致送人民法院的名称。

（2）起诉人的姓名或盖章。由他人代书，应写明代书人的姓名、工作单位和职务。

（3）起诉的时间。

（4）附件。在诉状的左下角，详细列明提交法院的材料的名称和份数。

二、上诉状

（一）上诉状的概念

上诉状是诉讼当事人或其法定代理人因不服人民法院第一审判决或裁定，在法定期限内，依法向上一级人民法院提出请求撤销、变更原判或重新审理的诉讼文书。

我国法律规定，案件审理实行二审终审制。当事人对第一审判决不服，有权提出上诉，任何人不得以任何借口剥夺其上诉权。经济纠纷上诉状是引起二审的法律文书，其内容具有针对性和辩驳性，对于推动二审法院依法改正或维持正确判决，维护司法公正和当事人的合法权益具有重要意义。

（二）上诉状的格式与写法

案例点评

民事上诉状

上诉人：××县××农村信用合作社。住所地：××县××乡××村。

法定代表人：李××，主任。

被上诉人：薛×，男，195×年6月2日出生，汉族，住××县××乡×××村。

被上诉人：薛××，男，194×年7月26日出生，汉族，住××县××乡×××村。

被上诉人：××县××乡×××村村民委员会。

法定代表人：路××，该村党支部书记兼村委会主任。

上 诉 请 求

1. 依法撤销（××××）×民初字第165号民事判决书；

2. 依法改判或者发回××县人民法院重新审理；
3. 本案一切诉讼费用由二被上诉人承担。

事实与理由

上诉人不服××县人民法院（××××）×民初字第 165 号民事判决书，现提起上诉，具体事实和理由如下：

一、一审法院认定事实错误

该案审理中，二被上诉人薛×和薛××辩称所诉贷款属实，但款项用于被上诉人×××村委会，一审法院遂追加村委会为被告参加诉讼。村委会提供的证据系单独的一页账页复印件，该复印件不符合证据规则关于提供原件的要求，且一页单独账页而不是整个账本非常容易伪造。此外，该账页仅能够证明村委会为被上诉人偿还了部分利息，并不能证明被上诉人辩称的事实。众所周知，农村税费改革后，村委会没有可供执行的财产，本案三被上诉人之间明显属于互相串通恶意逃废农村信用社金融债务。

二、一审法院判决理由不符合法律规定、合同法理论和逻辑推理

本案中，与信用社签订借款合同的是二薛，而非村委会，根据合同法理论中的合同相对性原则，与信用社存在法律关系的也只能是借款人，而非借款合同当事人之外的任何第三人！即使二薛款项借出后真的用于村委会，也与上诉人无关，这只能证实二薛违反借款合同约定擅自改变借款用途，应当按挤占挪用利息承担违约责任。信用社作为善意的合同当事人，对借款人款项借出后的去向没有审查负责的权利，也无此义务，更不应当对此承担不利的法律后果。二薛的这一行为，在其与村委会之间形成了借款关系，在这一借款关系中，上诉人不是当事人，不享有权利也不应承担义务！举一个不恰当的例子，假如某借款人在款项借出后用于嫖娼，那么按照一审法院主审法官的判决逻辑，信用社是不是要向妓女去追要款项？向上诉人承担还本付息义务的只能是二薛，而不可能是其他单位或者个人！

三、一审法院适用法律错误

根据《中华人民共和国村民委员会组织法》的规定，村民委员会系公法规定的村民自治性组织，并非作为私法的民法中规定的企业法人。《中华人民共和国民法典》第六十一条针对的是企业法人对其工作人员承担民事责任的规定，在本案中并无适用之余地。根据法律适用规则，在有明确法律规定的情况下，必须适用该规定，诚实信用等基本原则只有在无具体和明确法律规定情况下始有适用之余地，本案中两次引用（即《中华人民共和国民法典》第四百六十五条和第五百条）诚实信用原则实属不当！合同法对借款合同设有专章进行规定，法院审理借款合同案件，应当按照合同法的具体规定进行判决，引用《中华人民共和国民法典》第二百八十八条关于债的定义的原则性规定，也属法律适用不当！

综上所述，一审法院判决认定事实错误，判决理由违反法律规定、合同法理论和逻辑推理，适用法律错误，依法应当予以撤销！

此致

××市中级人民法院

上诉人：××县××农村信用合作社

××××年×月×日

资料来源：百度文库，有删改。

想一想：

这份上诉状有何特点？是否符合上诉状的写作要求？

评一评：

这是一份经济纠纷上诉状，符合上诉状的写作要求。本上诉状上诉请求有三项，采取了分条陈述的方式。在上诉理由部分，针对一审法院判决，分别从“认定事实错误”“判决理由违反法律规定、合同法理论和逻辑推理”“适用法律错误”等方面逐一进行了反驳。最后，用一句话综述全文，既强调了一审判决的错误，又再次申明了自己的请求。这份上诉状可供经济纠纷上诉状制作者借鉴。

小任务

根据这篇案例，你能拟订上诉状的基本格式吗？

民事上诉状（格式）

上诉人：

被上诉人：

上诉人因×××一案，不服×××人民法院××××年×月×日（××××）字第×号判决（或裁定），现提出上诉。

上 诉 请 求

____

上 诉 理 由

____

此致

×××人民法院

上诉人：×××

年　　月　　日

附：本上诉状副本×份

工具箱

1. 首部

（1）标题。标题应根据案件性质写明“××上诉状”，如“民事上诉状”等。

（2）当事人基本情况。当事人基本情况应按照先上诉人后被上诉人的顺序分别列写，写法与起诉状相同。在“上诉人”和“被上诉人”之后，要用圆括弧注明他们各自在原审中的诉讼地位，如“一审原告”“一审被告”。

2. 正文

（1）上诉案由。这一部分主要写一审人民法院名称、处理时间、案件编号、案由和对第一审判决或裁定不服。通常的写法是：“上诉人因××（案由）一案，××法院××××年×月×日（××××）字第×号的判决（或裁定），特提出上诉。”

（2）上诉请求。它是针对第一审人民法院的裁判，向第二审人民法院提出撤销或者部分变更原判决或裁决的请求。应写得具体、明确，切忌模棱两可、含糊其词。上诉请求有多项，应该使用序码，分条列项陈述。

（3）上诉理由。这部分应以上诉请求为中心，针对原判决或裁定的不当之处进行说理，以驳论为主，在批驳中阐明自己的观点。一般情况下，可以从四个方面入手：

一是阐明一审判决所认定的事实全部错误或部分错误，并提出纠正或否定错误的事实和证据；二是否定一审判决对案件定性的准确性，具体指出其错误或不当之处；三是指出一审判决所援引的法律条文不准确，并提出法律依据；四是指出一审判决所采用的审判程序不合规定，如审判组织不合法，应回避而未回避，必须辩护而无辩护人等。

3. 尾部

在正文后，另起一行空两格写“此致”，再另起一行顶格写本上诉状所要提交或转达的人民法院名称。另起一行右下方，由上诉人签名或盖章，下面注明上诉的年月日。如有附件，应和起诉状一样依次写清。

三、答辩状

（一）答辩状的概念

答辩状是指在诉讼活动中，被告或被上诉人收到人民法院送达的起诉状副本或上诉状副本后，针对其中的内容作出答复和辩驳的诉讼文书。

民事诉讼法规定，被告或被上诉人收到人民法院送达的起诉状副本 15 日内应该提交答辩状，人民法院收到答辩状后，应当在 5 日内将答辩状副本发送原告。民事诉讼法还规定，当事人提交答辩状，不影响人民法院对案件的审理。

（二）答辩状的种类

答辩状根据审判程序的不同，可分为一审程序答辩状和二审程序答辩状。前者指被告针对原告的起诉状而提出的答辩；后者指针对被上诉人的上诉状而提出的答辩。

（三）答辩状的格式与写法

案例点评

民事答辩状

答辩人：××市发电厂　　　　　　　　　地址：××市××区××街××号

法人代表：刘××　　　　　　　　　　　职务：厂长

委托代理人：陈×，男，律师

因××村要求赔偿环境污染的损失一案，现提出答辩如下：

起诉状控告我厂锅炉排放大量烟尘，污染了环境，使该村的粮食和蔬菜产量下降，蒙受巨大损失，这是不实之词。事实是我厂早已采取措施，有效降低了烟尘排放量。根据调查，该村的粮食产量，在某些年度，由于种种原因，确实有所减少，但总的来看，还是略有上升。至于蔬菜，也只是个别季节产量下降，但未有普遍减产减收现象，这说明我厂锅炉排放的烟尘数量不多，对该村的农田危害不大。

起诉人还称，该村的鱼塘也受到严重污染，难以整治，要求我厂申请同等面积的土地，另造一个新鱼塘。事实是诉状中所指的鱼塘，只是一条自然水沟，不是人工开掘的鱼塘，岂能要我厂重起炉灶。

基于上述理由，对起诉人提出的赔偿××万元的要求我厂难以接受，但考虑到工、农关系和该村受到损失的情况，我厂可以酌情予以补偿，请法院予以合理裁决。

此致

××区人民法院

答辩人：××市发电厂（章）

法人代表：刘××（印章）

委托代理人：陈×（印章）

××××年×月×日

附：1. 本状副本一份

2. 证明材料二份

想一想：

这是一份什么性质的答辩状？符合答辩状的写作要求吗？

评一评：

这是一份关于经济赔偿的答辩状。全文主要针对原告所提出的事实和理由，逐一进行答辩，以证明××市发电厂无太大责任，很有说服力。其格式和内容完全符合答辩状的写作要求，语言简明，条理清晰。

小任务

请为前述上诉状写一份答辩。

民事答辩状（格式）

答辩人：______________________________（写明基本情况）

答辩人因×××一案，提出答辩如下：

____

此致

××区人民法院

答辩人：×××

年　　月　　日

附：本答辩状副本×份

工具箱

1. 首部

答辩状的首部包括以下内容：

（1）标题。标题一般写明“答辩状”或“民事答辩状”等。

（2）答辩人的基本情况。答辩人的基本情况与上诉状中原、被告的写法大致相同。

2. 正文

由答辩案由、理由和答辩意见组成。

（1）答辩案由。写明因何人起诉或上诉的何事而进行答辩。一般用“关于×××（原告）诉答辩人×××一案，现提出答辩如下”或“上诉人×××因×××一案，不服××人民法院××××年×月×日×字×号判决，提出上诉，现答辩如下”。

（2）答辩理由。通常是从两个方面进行答辩。一是就案件事实展开辩驳。要针对对方诉状中违背客观实际的事实和证据进行驳斥，澄清事实真相。二是就案件适用的法律进行答辩。一旦证明了原告所述事实和理由有误，就必然会引起法律责任上的变化，说明原告适用法律依据不当。

（3）答辩意见。在充分答辩之后，应综合归纳，简明扼要地提出自己的意见和主张。一般包括——说明自己的答辩理由正确、合理、合法，指出对方的谬误，提出主张，请求依法裁判。

3. 尾部

依次写明致送人民法院名称（全称）、答辩人署名盖章、具状日期和有关附项。其中附项部分要注明副本份数，人证、物证、书证等名称和数量。

任务二　经济仲裁书和公证书

一、经济仲裁书

（一）经济仲裁书的概念

经济仲裁是指仲裁机构应当事人的申请，对双方在经济交往中发生的经济争论，依照一定的规则和法律作出裁决。

经济仲裁书是指仲裁机关根据当事人的一方或双方提出的仲裁申请，在自己的职权范围内，依照仲裁程序，处理经济纠纷等权益时所制作的具有法律效用和法律意义的文书。

（二）经济仲裁书的特点

1. 内容的法律性

仲裁书是仲裁机关行使职权的一种形式，是实施国家法律的工具。仲裁书的内容，必须充分体现国家的法律、政策，叙述案件、阐明理由、作出裁定，都必须以事实为根据，以法律为准绳，严格依法办事。

2. 执行的强制性

仲裁书一旦发生法律效力后，当事人应依照规定的期限自动履行。如一方逾期不履行，另一方可向有管辖权的人民法院申请强制执行。

3. 制作的合法性

仲裁书只能由国家仲裁机关制作，其他任何组织和个人都无权制作。非经法定程序，不能变更或撤销。

4. 格式的规范性

仲裁书必须按照一定得格式和要求制作，把应具备的内容和统一的项目，准确、扼要地反映出来。这一方面有利于仲裁书的制作、审阅、处理和执行，使人看了一目了然；另一方面也是为了保证仲裁文书的完整性、正确性和有效性。

（三）仲裁书的格式与写法

案例点评

仲裁协议书

甲方：××省××有限责任公司

地址：××省××市××路××号

法定代表人：洪××，经理

乙方：××省××县××经贸公司

地址：××省××市××路××号

法定代表人：刘××，经理

甲方与乙方愿意提请××仲裁委员会按照《中华人民共和国仲裁法》（简称《仲裁法》）的规定，仲裁如下争议：

双方于20××年×月×日签订了《×××电视购销合同》。合同履行中，如果买方对卖方提供电视的质量提出异议，导致双方发生争议，经协商解决不成，双方一致同意选择××市××仲裁委员会，由该委员会依据《仲裁法》及该会仲裁规则，对双方合同中所涉及的电视的质量和双方如何继续履行合同的问题作出裁决。

本协议一式三份，甲乙双方各执一份，××仲裁委员会一份。

本协议自双方签字之日起生效。

甲方：××省××有限责任公司
法定代表人：洪××（盖章）
乙方：××省××县××经贸公司
法定代表人：刘××（盖章）
二〇××年×月×日

想一想：

这份仲裁协议书是由几个部分构成的？其格式规范吗？

评一评：

仲裁协议书是双方当事人自愿将彼此可能发生或者已经发生的依法可以仲裁解决的合同纠纷和其他财产权益纠纷提交仲裁机构并按仲裁规则裁决的书面协议。根据我国《仲裁法》，不论何种形式的仲裁协议，都应当具备三项内容，即请求仲裁的意思表示、仲裁事项和选定的仲裁委员会。这份仲裁协议书完全涵盖了上述三项内容，都很明确具体。全文格式符合要求，形式要件齐备，用语简洁，是一份较规范的仲裁协议书。

小任务

你能写作仲裁调解书和决定书吗？请上网查询相关格式。

仲裁申请（格式）

申请人：__________
住址：______________________________
电话：__________
法定代表人：__________ 职务：____________________
委托代理人：__________ 单位：____________________
被申请人：__________
住址：______________________________
电话：__________
法定代表人：__________ 职务：____________________
委托代理人：__________ 单位：____________________
案由：（即提起仲裁申请的事由）

仲 裁 请 求

____

事实和理由

____

此致

×××仲裁委员会

申请人：　　　　（盖章）

法定代表人：　　　　（盖章）

年　月　日

工具箱

1. 首部

主要包括以下内容：

（1）标题。写明仲裁文书的名称，如“仲裁协议书”“仲裁申请书”等。属于仲裁机构制作的文书，应在文书名称上一行写明制作机构的名称。

（2）编号。在标题右下方另起一行写明年月日和字、号，如“（2023）××仲裁字第×号”。当事人向仲裁机构提出的仲裁申请书等是没有编号的。

（3）当事人的基本情况。当事人为自然人的，应写明其姓名、性别、出生年月、民族、职业、职务、住址等；当事人是非自然人的，要写明其名称、地址、法定代表人或代理人职务及与当事人的关系。涉外当事人还应注明其国籍。委托代理人是律师的，要写明其姓名和所在律师事务所及职务。

2. 正文

根据仲裁要求不同，正文内容有所区别：

仲裁协议书应写明请求仲裁的意思表示、仲裁事项和选定的仲裁机构。仲裁申请书应写明仲裁请求、事实与理由、证据。仲裁答辩书应写明答辩意见和反诉要求。仲裁裁决书应写明本案案情、仲裁庭意见和裁决结果。仲裁调解书应写明申请人的仲裁请求、协议经过、协议内容和协议结果。

3. 尾部

仲裁协议书的尾部包括当事人各方的签名盖章、订立仲裁协议的日期。仲裁申请书的尾部包括所提交的仲裁机构名称、申请人签名盖章、提出仲裁申请的日期和附项。仲裁答辩书的尾部包括所提交的仲裁机构名称、答辩人签名盖章、仲裁答辩的日期和附项。仲裁裁决书的尾部包括首席仲裁员签名、仲裁员签名、制作裁决的时间和地点及仲裁机构印章。仲裁调解书的尾部包括仲裁员或仲裁庭组成人员署名、制作调解书日期并加盖仲裁机构印章、书记员署名。

二、公证书

（一）公证书的概念

公证书是指国家公证机关根据公民、法人或者其他组织的申请，依照事实和法律，按照法定程序制作的具有特殊效力的证明文书。

（二）公证书的特点

1. 专门性

公证书是公证机关的专用文书，是公证机关代表国家进行的证明活动所形成的法律文书，是遵照国家法律规定对公民、法人身份、财产的权利或合法权益的一种特殊保护方法。只有代表国家的公证机关在公证活动中才能使用这种特殊效力的法律文书，其他机关、组织的证明书不能代替公证书。

2. 权威性

公证书的权威性比其他证明书要大。一般的证明书只能在特定范围起作用，而公证书的可靠性及其证明能力要比一般的证明书大得多。

3. 广泛性

公证书的使用范围比一般证明书广泛，其效力不受国籍、地域、行政级别、行业范围的限制，在国内外都通用。

（三）公证书的格式和写法

案例点评

公 证 书

（××××）沪证外经字第××××号

出卖人（甲方）：×××，男，××××年×月×日出生

身份证号码：××××××××××××××××××

台湾居民来往大陆通行证号码：×××××××××（××）

买入人（乙方）：×××，男，××××年×月×日出生

身份证号码：××××××××××××××××××

公证事项：房地产买卖合同

甲乙双方于日前向本处申请办理《上海市房地产买卖合同》公证。

经查，甲乙双方经协商一致订立了《上海市房地产买卖合同》。甲乙双方在订立合同时具有法律规定的民事权利能力和相应的民事行为能力。

甲方转让的房屋坐落于上海市××路××弄××号××室，建筑面积为×××平方米，甲方对该房屋持有沪房地市字（××××）第××××××号《上海市房地产权证》。该房屋查无转让及其他权利受限制的登记记录。该房屋设有抵押，现已于××××年×月×日在上海市××区房地产登记处注销抵押。根据《中华人民共和国城市房地产管理法》《上海市房地产转让办法》的规定，该房产可依法转让。

甲乙双方在合同中约定，甲方以人民币××××元整将上述房屋转让给乙方，合同中约定的付款方式，房屋交付日期及违约责任等条款具体、明确。

依据上述事实，兹证明甲方×××与乙方×××于××××年×月×日签订了《上海市房地产买卖合同》，合同双方当事人的签约行为符合《中华人民共和国民法典》第一百四十三条的规定，合同上双方当事人的签名、印鉴均属实。合同内容符合《中华人民共和国民法典》的规定。

中华人民共和国上海市×××公证处

公证员：×××

××××年×月×日

想一想：

这是一份什么性质的公证书？　语言上有何特点？

评一评：

这是一份房地产买卖合同公证书。这份公证书内容完备，语言准确简明，完全合乎房地产买卖合同的写作要求

小任务

王某和黄某即将结婚，为避免将来产生经济纠纷，影响家庭生活，为此二人决定将婚前财产进行公证，请你拟写一份公证书（内容可自行设置）。

工具箱

1. 首部

首部一般由标题、编号、申请公证当事人的基本情况等内容组成。

标题一般由所证明事项的性质确定，如“遗嘱公证书”“学历公证书”等，有时也可以简写为“公证书”。

编号由年度、公证机关代号、证书顺序号组成，如“(2023) ×字第××号”。

当事人的基本情况不是所有公证书都要写，但对于继承权、收养关系、亲属关系的公证书必须写明白。

2. 正文

正文是公证机关的证词，是公证书的主体部分。正文部分要写明证明的对象、证明的范围和内容，说明证明所依据的法律和法规等。证词应简明扼要、具体准确、通俗易懂。根据不同性质公证书有所不同，具体如下：

合同公证书

（××××）×字第××号

兹证明×××（单位全称）的法定代表人（或法定代表人的代理人）×××与×××（单位全称）的法定代表人（或法定代表人的代理人）×××于××××年×月×日，在××（签约地点或本公证处），在我的面前（如合同并非在公证员面前签订，“在我的面前”可以不写），自愿签订了《××合同》。

经审查，上述双方当事人的签约行为符合《中华人民共和国民法典》第一百四十三条的规定，合同上双方当事人签字、印章属实，合同内容符合《中华人民共和国××××法》的规定。

中华人民共和国××省××市（县）公证处

公证员：×××（签名）

年　　月　　日

（公章）

招标公证书

（××××）×字第××号

兹证明××××（招标单位全称）于××××年×月×日在××××（地点）对××××（招标项目名称）举行了公开招标，××××、××××、××××（投标单位全称）参加了投标，××××（中标单位全称）中标（或全部投标单位均未中标）。

经审查和现场监督，招标项目与招标活动已获主管部门批准，招标方与投标方××××、××××、××××（投标单位全称）均具有合法的招标、投标资格［或增加：××××（投标单位全称）因××（原因），不具有投标资格］，投标方××××、××××、××××（投标单位全称）所投标书均符合招标文件的规定，为有效标书［或增加：××××（投标单位全称）所投标书，因××（原因）无效］，整个招标过程的投标、开标、评标、定标活动均符合《中华人民共和国××××》（相应的法律、法规、规章）和招标文件的规定，招标结果合法、有效。

中华人民共和国××省××市（县）公证处

公证员：×××（签名）

年　月　日

（公章）

3. 尾部

尾部由公证机关名称、公证员签章、出证时间、公章等项目组成。公证机关应用全称，如“中华人民共和国××省××市公证处”等。公证员签名应先写“公证员”后签名，即“公证员：×××”。

任务小结

本项目介绍了起诉状、上诉状、答辩状、经济仲裁书、公证书五种经济法律文书。其中，起诉状、上诉状和答辩状属于经济诉讼文书，经济仲裁书和公证书属于非经济诉讼文书。在理解这些文书的概念、特点、作用和种类等知识的同时，要着重掌握其结构模式与具体写法。希望大家仔细阅读、揣摩案例，把握通用格式，通过反复练习，培养并提高运用这些文书来解决相关经济纠纷的能力。

同步测试

一、概念解释

起诉状　上诉状　答辩状　经济仲裁书　公证书

二、复习思考

1. 起诉状与上诉状有什么区别？
2. 陈述上诉理由可从哪几个方面入手？
3. 起诉状的正文一般要写哪些内容？

三、问题诊断

请指出下面这份起诉状存在的问题或不足，并提出修改意见。

民事起诉状

原告人：徐××，女，50 岁，××县百货公司营业员，住××县城关镇 58 号

被告人：张××，男，55 岁，××市机械厂工人，住××市××街 26 号。

案由：房屋纠纷。

我原住××市××街 58 号，于××××年八月调入××县百货公司工作。我原在××市××街有房屋一栋（三间），系捆绑房子，有少数木料，其余为楠竹。我调离时将该房托交曹××照管使用，随后她未经我同意又将房屋转给张××居住，多年来一直未给房租。

后因国家建设需要，将我房屋拆除。张××领了拆迁费，并分得住房一套（二间）。现我退休后回××市无房居住，向张××交涉，她一口否认，破口大骂。我当即找居委会主任讲过此事，后又向××房管所查询，承办人朱××同志证实张××领取了房屋拆迁费。为此，特向贵院起诉，要求判给我历年的全部房租及所领取的拆迁费和房屋的全部材料诉款。

此致

××区人民法院

具状人：徐××

××××年 4 月 5 日

（资料来源：百度文库）

实训设计

1. 实训目的

把握起诉状、答辩状的写法

2. 实训目的

王某系珠宝文化公司之法定代表人。赵某参加了王某于 202×年 3 月 1 日在其家中组织的“易经风水高端私人聚会”，主要宣讲水晶洞具有转运招财等特殊功能的风水内容。202×年 3 月 3 日，赵某萍在珠宝文化公司购买了 5 个水晶洞，支付了一半价款 97 218 元，另向王某出具了余款 97 218 元的欠条。赵某称其按照王某和“风水大师”所说天天给水晶洞浇水、沟通许愿，但生意比原来还差。后赵某醒悟，找王某要求退款，王某拒绝。故赵某诉至人民法院，要求判令珠宝文化公司、王某向赵某退还货款 97 218 元，取回货物 5 个水晶洞，赔偿损失 291 654 元。王某反诉要求判令赵某支付水晶洞欠款 97 218 元及利息损失。

请参考《民法典》第一百五十三条及合同编中的相关规定。

3. 实训思路

根据格式与写法，仔细研究，写出文书。

4. 实训做法

（1）这是一个明显的违反公序良俗进行欺骗交易而产生的民事经济纠纷案例。学生6人为1组，为赵某写此案起诉状和答辩状。

（2）仔细研读材料，查阅《民法典》相关条款

（3）格式要正确，内容要完整，表述要简洁明晰。

拓展阅读

经济纠纷起诉的注意事项

1. 注意证据的收集

民事诉讼实行的是“谁主张谁举证”的原则，如果债权人对自己提出的主张举证不能，则要承担不利的法律后果。在欠款纠纷中，债权人在起诉前一定要收集好能说明双方存在债权债务关系的证据，如协议、合同、送货单、提货单、电话录音等。对于因客观原因不能自行收集的证据，可及时申请人民法院调查收集。另外，须注意对于收集的证据要及时，一般是在举证期限内向人民法院提交，否则，可能对方已超过举证期限而不予质证。同时，为了确保将来判决的执行、债权的实现，债权人可在起诉之前或起诉同时，向人民法院申请财产保全。

2. 诉讼时效不应忽视

欠款纠纷，诉讼时效至关重要，如果债权人在法律规定的期限内不主张自己的权利，则将丧失胜诉权。根据我国相关法律的规定，此类纠纷的时效一般为 2 年。具体时效的起算一般以权利人知道权利被侵害之日起计算。对于已经超过诉讼时效而未主张权利的，建议债权人不要盲目起诉，应当寻找专业人士采取补救措施，如与债务人重新达成还债协议等等。借款、欠款纠纷看似简单，但实际上涉及的法律问题诸多，如何才能迅速收回欠款，对于债权人来说，具备一点法律知识是不可少的。

模块四　经济交往类文书

项目八

商务礼仪文书

学习目标

知识目标：

- 理解商务礼仪文书的特点和种类。
- 掌握商务礼仪文书的格式、写作要求及注意事项。

能力目标：

- 能熟练进行常用商务礼仪文书写作。

素质目标：

- 具有做人以真、待人以礼、与人为善的良好品性。
- 具备真诚严谨的写作态度和较高的人文修养。

情境设计

在现代交往活动中，商务礼仪文书被频繁使用。在重要节日发一封贺信，给陷入困境的人发一封慰问信，能加深彼此的感情，让人感到慰藉。一份情感真挚、措辞得体的邀请信，是个人、组织、单位之间交往顺畅的润滑剂，可以起到协调关系、沟通信息、增进交流等作用。

假设你所在的公司将举办一场学术研讨会，需要邀请国内知名教授出席会议。

请你以公司的名义拟写一份邀请函，你会如何撰写这份邀请信呢？

启示：

邀请信是商务礼仪文书的一种，在工作中发挥着越来越重要的作用。邀请信正文一般需要写明邀请的缘由、目的、事项及要求，写明日程安排、时间、地点、邀请对象及邀请对象所做的工作等，并对被邀请方发出得体、诚挚的邀请。结尾一般要写常用的邀请惯用语，如“敬请光临”“请届时出席”等。

知识导读　商务礼仪文书概述

中国是礼仪之邦，礼仪文化源远流长。孔子曰：“不学礼，无以立。”荀子曰：“人无礼则不生，事无礼则不成，国家无礼则不宁。”礼仪对个人交往、组织沟通、治国安邦都发挥着重要作用。

一、商务礼仪文书的概念

礼仪是礼节和仪式的合称，是人与人沟通交往的桥梁。礼仪活动中用文字来进行交往、密切联系、显示风貌而使用的各类文书统称为礼仪文书。

商务礼仪文书指人们在社会交往、礼仪活动和商务活动中，遵循相应的习俗和规范所撰写的礼仪文体。商务礼仪文书包括请柬、邀请词、答谢词等，是常用的交流与沟通的应用文体。

二、商务礼仪文书的特点

（一）行文的针对性

商务礼仪文书一般都是在特定场合或为解决某个问题而写的，它都具有针对性。

（二）体式的规范性

商务礼仪文书的写作都有一定的结构和格式，因此，在写作上不能随心所欲。书信体的商务礼仪文书一般包括标题、称谓、正文、结尾和落款五部分，不同的文种，结构稍有不同。

（三）语言的礼貌性

商务礼仪文书是用来协调人与人之间的关系的，是以书面形式进行情感交流的，因此，不能是行政命令式的态度，应文辞典雅，用语得体礼貌。

三、商务礼仪文书的写作要求

（一）措辞得体，注重场合

商务礼仪文书的写作要求分清对象和场合，选用不同的称谓、措辞。比如大会致辞庄重严谨，答谢、邀请言辞恳切，悼词、讣告情感哀伤。写作时要根据一定的场合或一定的条件加以运用，要自然而有分寸，注意与场景气氛的和谐融洽。

（二）格式要规范，情感真挚

不同的文体有不同的结构与写法，格式一定要规范。同时不同的文体在用词上一定要讲究，基调和要表达的情感一致，让对方感受到态度的诚恳和感情的真挚，不可敷衍了事。

任务一　礼仪信函

一、贺信

（一）贺信的概念

贺信是表示祝贺、赞颂的函电，一般用于企事业单位或个人对取得巨大成就、作出突出贡献的集体或个人表示表彰和祝贺，或在重要会议、节日、婚礼、寿辰或者对国内外发生的重大喜事表示祝贺。

（二）贺信的特点

1. 祝贺性

祝贺性是指祝贺对方，为对方取得成就增加喜庆气氛，增加彼此间的感情。

2. 时限性

贺信可以通过人工投递或电子邮件的方式直接送达，也可以通过新闻媒介广泛传播，但无论怎样传达，都要讲究祝贺的时机。

（三）贺信的格式与写法

案例点评

习近平致“奋斗者”号全海深载人潜水器成功完成万米海试并胜利返航的贺信

值此“奋斗者”号全海深载人潜水器成功完成万米海试并胜利返航之际，谨向你们致以热烈的祝贺！向所有致力于深海装备研发、深渊科学研究的科研工作者致以诚挚的问候！

“奋斗者”号研制及海试的成功，标志着我国具有了进入世界海洋最深处开展科学探索和研究的能力，体现了我国在海洋高技术领域的综合实力。从“蛟龙”号、“深海勇士”号到今天的“奋斗者”号，你们以严谨科学的态度和自立自强的勇气，践行“严谨求实、团结协作、拼搏奉献、勇攀高峰”的中国载人深潜精神，为科技创新树立了典范。希望你们继续弘扬科学精神，勇攀深海科技高峰，为加快建设海洋强国、为实现中华民族伟大复兴的中国梦而努力奋斗，为人类认识、保护、开发海洋不断作出新的更大贡献！

习近平

2020 年 11 月 28 日

资料来源：新华网，http://www.xinhuanet.com/politics/2020-11/28/c_1126797207.htm，2020-11-28.

想一想：

该文行文有何特点？

评一评：

这是国家领导人以个人名义发出的贺信。全篇仅三百余字，简练流畅，热情洋溢，给人激励与鼓舞。贺信由标题、正文、结尾、落款四部分构成。标题由致信人、事由和文种构成。正文首先道明祝贺的事由，并借此向获得成就者表示祝贺和问候；其次，高度赞扬这一成就的科学价值和社会意义，概括取得成就的原因，赞颂深潜精神和宝贵品质；最后，向被祝贺者提出希望，激励前行。

小任务

××学院在全省诗歌朗诵会上获得一等奖，请你以学校的名义拟写一封庆贺信。

工具箱

贺信一般由标题、称谓、正文、结尾、落款组成。

1. 标题

标题位于第一行正中，一般可直接写“庆贺信”或“贺信”；对一些重要的贺信，可由致信者名称、受贺事由和文种构成。

2. 称谓

称谓就是被祝贺的对象，位于第二行顶格位置。如是单位要，称谓要写全称或规范化简；如果是个人要，称谓用尊称敬称；如果被祝贺对象有多人，称谓可用称呼如“女士们”“先生们”“同志们”“朋友们”等。称谓之后要用冒号。

3. 正文

（1）概括说明祝贺事由，表明祝贺之意。可以结合当前形势，说明取得成绩的大背景或某一会议召开的历史条件。

（2）介绍对方取得的成绩，分析其成功的主客观原因，给出恰当评价。如是会议，则要指出其重要性；如是同级单位，除表示祝贺外，还应提出向对方学习的内容；如是下级单位给领导机关的贺信，除表示祝贺外，还应表示向对方学习的决心和态度；如是给个人的贺信，应结合具体情况写明祝贺的理由。

4. 结尾

结尾要写上祝愿的话。贺信一般有固定的语言，如“此致”“敬礼”“祝取得更大的成就”“祝您健康长寿”等。

5. 落款

在正文右下方写明单位全称（章）或个人姓名以及成文时间。

（四）贺信的写作要求

（1）情感要真挚。贺信要表达饱满充沛的感情，要体现最最真诚的祝福。

（2）内容要真实。贺信内容要实事求是，评价成绩恰如其分，表达决心要切实可行，不能空喊口号。

（3）行文要规范，称谓要得体。

二、慰问信

（一）慰问信的概念

慰问信是单位或个人，以组织或个人的名义在他人处于特殊的情况下（如战争、自然灾害、事故）或在节假日，向对方表示关怀、问候、慰勉的专用信函。

其内容要求态度诚恳、情感真切，能充分体现组织的温暖、社会的和谐及人与人之间的深厚情谊，给人以继续前进的信心，克服困难的勇气以及勤奋努力的力量。

（二）慰问信的分类及特点

慰问信包括两种：一种是在特殊情况下表示同情安慰；另一种是在节假日表示问候。

慰问信的主要特点是针对性、鼓励性、感情性、亲切性。

（三）慰问信的格式与写法

案例点评

致邹韬奋夫人沈粹缜的慰问信

粹缜先生：

在抗战胜利的欢呼声中，想起毕生为民族的自由解放而奋斗的韬奋先生已经不能和我们同享欢喜，我们不能不感到无限的痛苦。您所感到的痛苦自然是更加深切的了。我们知道，韬奋先生生前尽瘁国事，不治生产，由于您的协助和鼓励，才使他能够无所顾虑地为他的事业而努力。现在，他一生光辉的努力已经开始获得报偿了。在他的笔底，培育了中国人民的觉醒和团结，促成了现在中国人民的胜利。中国人民一定要继续努力，为实现韬奋先生全心向往的和平，团结，民主的新中国而奋斗不懈。韬奋先生的功业在中国人民心目中永垂不朽，他的名字将永远是引导中国人民前进的旗帜。想到这些，您，最亲切的了解韬奋先生的人，一定也会在苦痛中感到安慰的吧！您的孩子——嘉骝，在延安过得很好，他的品格和勤学，都使他能无负于他的父亲，这也一定是可以使您欣慰的事吧！

谨向您致衷心的慰问，并祝您和您的孩子们健康！

周恩来

九月十二日

资料来源：周恩来选集（上卷）. 北京：人民出版社，1980.

想一想：

这封信最打动你的是什么？

评一评：

这封慰问信表达了周总理对韬奋先生的敬慕和对沈粹缜女士及家人的关怀之意。慰问信情真意切，高度评价了韬奋先生为革命事业所做的贡献和工作。“他的名字将永远是引导中国人民前进的旗帜。”这是多么高的赞颂！周总理除了歌颂逝者的功德外，没有忽略生者的贡献和生者的情感需要，赞扬了沈粹缜女士的功绩，同时没有忘记告知她孩子的生活和学习情况。这封慰问信真挚的慰问之情溢于言表，充分表达出周总理对逝者的情谊和对生者的关心。

小任务

百年大计，教育为本。习近平总书记指出，教育兴则国家兴，教育强则国家强。在教师节即将到来之际，××区工会向全体教育工作者致以真挚的祝贺和诚挚的问候，对他们辛勤工作表示崇高的敬意。

请你代××区工会向教育工作者写一封慰问信。

工具箱

慰问信跟一般的书信一样，包括标题、称谓、正文、结尾和落款五个部分。

1. 标题

标题在第一行居中位置，一般有三种格式：一是文种式标题，直接写“慰问信”；二是由被慰问对象和文种组成，如“致×××的慰问信”；三是由慰问对象、被慰问对象和文种组成，如“×××致×××的慰问信”；四是由慰问对象、被慰问对象、事由和文种构成，如“×××致×××的春节慰问信”。

2. 称谓

标题以下另起一行顶格写被慰问的单位或个人，个人的一般应在姓名后加上相应的称谓表示尊敬，如“先生”“女士”“同志”等。

3. 正文

具体内容要根据事件和对象的不同有所区别。例如，向作出巨大成就或突出贡献的集体或个人表示慰问，应鼓励他们戒骄戒躁，继续努力；向由于某种原因而遇到重大损失或巨大困难的广大人民群众表示慰问，应鼓励他们充满信心，坚强乐观，通过努力战胜困难；向节假日坚守在岗位的广大干部、职工表示慰问，则应着重赞颂他们的敬业精神和奉献精神。

4. 结尾

结尾一般写表示敬意、鼓励或祝愿的话语，或者写“此致”“敬礼”。

5. 落款

一般写在右下角，署上姓名及成文日期。

三、感谢信

（一）感谢信的概念

感谢信是单位或个人为了感谢对方的关心、支持和帮助而写的一种书信。它的对象及事迹，一般都和写信人有直接的关系，所以应满怀感激之情，把对方的好思想、好品德和模范事迹概括地写出来，然后向对方表示感谢和学习的决心。

（二）感谢信的特点

（1）确指性。感谢信要有明确的感谢对象，以便让大家清楚是在感谢谁。

（2）真实性。叙述的事情要真实存在。

（3）感召性。感谢信的情感色彩要具有感激之情和号召力。

（三）感谢信的格式与写法

案例点评

感　谢　信

尊敬的中国铁路通信信号集团有限公司：

一方有难，八方支援。在我省抗击新冠肺炎疫情的关键时刻，你们认真贯彻落实习近平总书记重要指示精神和党中央决策部署，慷慨解囊，捐款捐物。奉献爱心，体现了岂曰无衣，与子同袍的大爱境界。为我们战胜疫情提供了有力支持和帮助，增添了巨大信心和力量。在此，谨代表省新冠肺炎疫情防控指挥部和 6 100 万湖北人民，向你们致以崇高敬意和衷心感谢！我们将及时把你们所捐善款善物拨付到疫情防控一线。并做好公开公示工作，接受你们及社会的监督。

万众一心，众志成城。当前，我省疫情防控形势虽有好转，但任务依然艰巨。省新冠肺炎疫情防控指挥部坚决贯彻落实习近平总书记重要指示精神和党中央决策部署，按照坚定信心、同舟共济、科学防治、精准施策的总要求，正在以更坚定信心、更顽强意志、更果断措施组织开展疫情防控的人民战争。我们坚信，有以习近平同志为核心的党中央坚强领导，有中国特色社会主义制度优势，有广大医务工作者的精心救治，有众多像你们一样的爱心机构、组织、企业、人士的鼎力相助，我省一定能够打赢新冠肺炎疫情防控的总体战、阻击战，夺取疫情防控斗争的全面胜利。

再次向你们表示诚挚感谢!

湖北省慈善总会

2020 年 03 月 23 日

资料来源：中国铁路通信信号集团有限公司官网。

想一想：

这封感谢信写作特色有哪些?

评一评：

这是一封感谢爱心援助的感谢信。正文第一段高度礼赞抗疫时刻施善公司的善举，并揭示深刻意义，简洁交代了感谢缘由，随即表达崇高的敬意和由衷的感谢，并告知处理善款善物的方式。第二段明确当前疫情防控形势，紧接着表明抗疫的决心与信心，给人鼓舞与慰藉。第三段重申感谢之意。整篇文章文思通畅，逻辑性强，气势磅礴，鼓舞人心。语言流畅，措辞得体，字里行间洋溢着感激之情与必胜信念。

小任务

大冶市陈彦珍助学基金会成立于 2017 年 8 月，由退休教师陈彦珍创立。5 年多来，陈彦珍用最质朴的方式，为家庭贫困的孩子们“挡风遮雨”，先后捐出 100 多万元善款，资助贫困学生 1 056 人，先后被评为大冶楷模、黄石楷模、荆楚楷模、中国好人、全国道德模范，被群众亲切称为“爱心爹爹”。

请你以被资助学生的身份，向陈彦珍写一封感谢信。

工具箱

感谢信通常由标题、称谓、正文、落款四部分组成。

1. 标题

标题在第一行居中位置，有三种写法：一是文种式标题，只写文种名称；二是由被感谢对象和文种构成，如“致×××的感谢信”；三是由感谢对象、被感谢对象和文种构成，如“×××致×××的感谢信”。

2. 称谓

标题下一行顶格写称谓，即被感谢对象的单位名称和个人姓名。个人姓名后可以加适当的称呼，如“同志”“先生”等。

3. 正文

正文应包括以下几个方面：

（1）感谢的事由。概括叙述感谢的理由，表达谢意。

（2）对方的事迹。对方的感人事迹，叙述时务必交代清楚时间、地点、人物、事件、原因和结果，重点叙述对方在关键时刻给予的关心、支持和帮助以及所产生的效果。

（3）揭示意义。热情赞颂对方的可贵品质和美好品德，或表示向对方学习的态度和决心，或表达美好的祝福。

（4）最后写上“此致”“敬礼”等惯用语。

4. 落款

落款要署上写信的单位名称或个人姓名，署名下再写成文日期。

（四）感谢信的写作要求

1. 叙事要精练，内容要真实

感谢信的内容以主要事迹为主，叙述要详略得当，篇幅要适中。内容要真实，不可夸大。

2. 用语要得当，评价要中肯

用语要求精练、简洁，要把握好一个度。要以感谢为主，表扬为辅，表达谢意要真诚，学习态度要坚决。评价对方要恰当，不能夸大其词。

四、邀请信

（一）邀请信的概念

邀请信，称邀请书（函），是单位、团体、个人邀请有关人士前往某地参加某项活动或事宜时发出的礼仪文书。

（二）邀请信的特点

1. 邀请信的礼仪性

邀请信也具有邀请的功能，要求有一些礼仪色彩，更朴实、更常用一些。它不像请柬那么庄重、严肃，用语除了使用惯用语外，还应恰当使用礼仪性文言词语表达。

2. 邀请信的书信体格式

邀请信用语上比请柬随意，而且要求有较详细的邀约内容，所以采用书信体的格式，务必将事情、时间、地点、要求等情况写得准确无误。

（三）邀请信的格式与写法

案例点评

邀　请　信

尊敬的女士/先生：

非常感谢您及贵司多年来对××公司的大力支持!十余年来，依靠与客户的持续合作，业务取得了重大进展，服务种类日渐丰富，客户基数不断扩大。2023年5月，我司成立了四大专业服务中心，为客户提供更为系统、专业、定制化的培训及管理咨询服务。

今年是我司成立的第十个年头。我们计划于2023年6月16日上午10点在××酒店举办××公司客户交流年会，邀您与我们共同回顾我司在这十余年取得的长足进步，共同展望未来。届时，我们将向您传递有关我司的最新发展动态，分享企业管理新视野。我们还将与您共同探讨最热门的营销管理话题，并邀请来自知名企业的管理者分享实践心得。详情请参阅以下活动日程。

诚挚邀请您参与我们的活动!

××公司

2023年6月6日

想一想：

这封邀请信包括哪些内容?

评一评：

这是一封由××公司客户答谢会的邀请信。邀请信结构布局合理，内容完整，称谓得体，措辞讲究。信中交代了会议时间、会议地点、会议内容和对参会人员的答谢，最后用礼节性的问候语作结，是一篇规范的邀请信。

小任务

××职业技术学院将于本周六上午8:00—12:00在学院篮球场组织一次招聘会，摊位50个，免摊位费，现邀请××单位参加，请拟写一份邀请信。

工具箱

邀请信通常由标题、称谓、正文、结尾和落款五部分组成。

1. 标题

邀请信的标题有两种方式构成。一是单独以文种名称命名，直接写“邀请信”或“邀请书”。二是由发文事件和文种名称共同组成，如“关于出席××市经济发展会议的邀请信”。

2. 称谓

标题下一行顶格写称谓，即被邀请对象的单位名称或个人姓名。个人姓名后可以加适当的称呼，如“同志”“先生”等。

3. 正文

邀请信的正文通常要求写明举办的活动内容、活动目的、活动时间、活动地点、活动方式、邀请对象、邀请对象所做的工作以及所应准备的材料等。活动的各种事宜务必在邀请信中写清楚、写详细。若附有票、券等物，也应同邀请信一并送给被邀请的单位或个人。

4. 结尾

结尾处要求写上礼节性的问候语。如“欢迎光临”“致以敬意”等。

5. 落款

署上发文单位名称或发文个人的姓名，署上发文日期。邀请单位还应加盖公章。

（四）邀请信的写作要求

1. 语言要含有尊敬之意

邀请信的主要内容类似于通知，但它不能是行政命令式的态度，所以在用词上一定要礼貌。

2. 邀请信务必事项周详

邀请信是被邀请人进行必要准备的一个依据，所以各种事宜一定要在邀请信上显示出来，使被邀请对象可以有备而来，也会使主办活动的个人或单位减少一些意想不到的麻烦。

3. 邀请信提前发送

邀请信要提前送给被邀请人，这样可以使他对各种事务有一个统筹的安排，不会因来不及准备或拿到邀请信时已过期了而参加不了举办的活动。

五、求职信

（一）求职信的概念

求职信是求职者根据自己的条件和意向，向用人单位介绍自己的实际才能，并希望得到录用的一种专用书信。

多数用人单位都通过求职材料对众多求职者有一个大概的了解后，再通知面试或面谈。因此，求职信写得好坏将直接关系到求职者是否能进入下一轮的角逐，关系到求职目的能否最终实现。

（二）求职信的特点

1. 针对性

要针对求职单位的用人需求、本人的专业、兴趣爱好和个人的求职目标而写，阐明求职理由，证明自己的能力。

2. 自荐性

求职信是一种媒介，写作者要善于推荐自己，并恰如其分地推销自己，把自己的亮点和优势让用人单位在未曾谋面的情况下产生一种好的深刻的印象。

3. 独特性

内容和形式要非同一般，能够在众多的求职信中脱颖而出，出类拔萃。

（三）求职信的格式与写法

案例点评

求　职　信

尊敬的人力资源部王部长：

您好！

真诚地感谢您在繁忙的公务中浏览这份求职材料，请允许我向您毛遂自荐。

我叫张三，是××职业学院会计系2023届应届毕业生。我在高校人才招聘网上看到贵单位“招聘会计”的启事，为此不揣冒昧，向您寄上我的求职信。

在校学习期间，我系统地完成了会计专业的所有课程，取得了优异的成绩（附各科成绩单）。业余时间苦练普通话，获得了一级乙等证书，还学习了计算机文字处理技术和操作，取得计算机等级证书。

思想积极上进，学习上本着求真求实创新的原则，重点掌握专业知识，成绩一直名列前茅，且每学期均获二等或三等奖学金。我积极参加专业竞赛，获得校级以上奖项四项。

作为一名学生干部，我也注重自己能力的培养。乐观、执着、拼搏是我的航标。由我组织的多次活动得到了老师同学们的认可，使我以更饱满的热情投入新的挑战之中，向着更高的目标冲击。

为了更全面的锻炼自己的能力，我利用假期先后在政府机关、企事业单位进行了社会实践，这些经验为我走入社会，参与会计工作奠定了良好的基础，而且从中学到了如何与人为善、袒露真诚。

贵公司多年来不断创新、发明和再创造，成为同行业不朽的传奇。特别希望能够加入公司的团队，圆自己的会计梦。鉴于所学专业知识和实践经历，我相信自己适合从事会计相关工作。

我以满腔的真诚和热情企盼着能加入贵公司，领略您公司文化之魅力，为公司效力。恳请给我一个面试的机会，热切期盼回音！

我的联系方式：手机：××××；Email：××××；微信号：××××

附件1：学士学位证书复印件

附件2：成绩单复印件

附件3：学校就业推荐信

附件4：竞赛获奖证书复印件

附件5：英语四级证书复印件

附件6：计算机国家一级证书

求职人：××（手签）

2023年6月6日

想一想：

这封求职信打动用人单位的地方有哪些？

评一评：

这是一封颇受用人单位青睐的求职信，语言简练，态度真诚，措辞得当，将侧重点放在自身的专业能力上，展现了个人优势。正文针对招聘单位的招聘要求，就自己所学的专业、所修课程、实践经历、学习成绩、翻译水平、性格优点和精神追求等进行了针对性的叙述，与所聘职务吻合，岗位优势非常突出。结尾部分对公司的介绍展示求职者对招聘公司的了解，继而展示想要加入该公司的强烈意愿。附件内容的补充及完整的联系方式，亲笔签名等细节体现了求职者认真、细致、严谨的态度，这正是一名优秀的文秘工作者所需具备的素质。

小任务

××注册会计师事务所现招聘会计专业的学生，而你恰好学会计专业，请根据所提供的材料写一份求职信。

工具箱

求职信一般由标题、称谓、正文、落款和附件五部分组成。

1. 标题

标题一般在首页第一行居中位置，要写得醒目。

2. 称谓

这是求职信的读信对象。如果是写给单位的负责人，可以称其为“×××经理”“×××公司负责人”等，求职信不同于一般的私人书信，故称呼要注意，为了表示礼貌与尊敬，可用“尊敬的×××”来称呼。

3. 正文

这是求职信写作的重点，一般包括求职缘由、自我介绍、求职目标和条件、结尾等内容。

（1）求职缘由。开门见山向用人单位表达自己求职的意向，阐述求职的缘由。一般从三方面入手：一是说明求职信息的来源渠道，以使自己理由充分。一般这样开篇：“非常高兴在××获悉贵公司正在招聘××人员”，或是“得知贵公司正在招聘人员，贵公司一位资深人士竭力推荐我前来应聘此职位”等。二是表明自己对该用人单位的向往，写明自己为何要选择应聘该单位和岗位。三要阐明自己的理想与所求岗位的吻合，为自己的求职寻找最充分理由。

（2）自我介绍。写明求职者基本情况，这是求职信的重点内容。求职成功的关键是求职者的基本情况是否符合所求岗位的要求。主要写清两方面内容：一是本人姓名、性别、年龄、学历、籍贯、民族、政治面貌和健康状况等；二是还要具体地介绍自己的专长和取得的优异成绩，尤其是与用人单位有关的科研成果、论文及工作经验、重要社会关系等。

（3）求职目标和条件。应明确提出想到用人单位担任什么样的职位，并强调自己的哪些优势对任职非常有利，如专业特长、实践经验、创新设想等。要针对目标，扬长避短，具体体现自己的优势，也可以介绍所学的专业与特长，兴趣与爱好，可提及曾获得的奖励，表明足以胜任职位的能力。

（4）结尾。写上祝愿的话，强调你的愿望和要求，还有“此致”“敬礼”或“顺颂”

"商祺"等习惯用语。

4. 落款

在正文右下方写上求职者姓名，再注明具体日期。

5. 附件

附件是最具有说服力的，对求职者起着证明或介绍作用的重要材料。它包括求职者的个人简历、所学专业课程成绩一览表、发表的论文或论著、单位的推荐信，还有获得的一系列证书，如英语等级证书、计算机等级证书、荣誉证书、学历证书等。附件中求职者的个人简历非常重要，介绍如下：

（1）简历的概念。它是一个人的简明扼要的履历。一般采用一览表的形式，是求职者向用人方证明自己具备某项工作资历与条件的专用文书。

（2）简历基本格式。一份完备的简历包括封面和正文两部分。

封面。主要写清姓名、单位或毕业学校即可。设计要精致、版式要美观大方，图文并茂，富有创意。

正文。应至少包括五方面内容：一是身份简历，包括姓名、性别、年龄等基本状况以及常用联系方式；二是教育背景，包括就读学校、专业、主要课程、学习成绩以及相关培训经历等；三是工作实践经历，包括在校期间勤工俭学、兼职、实习成果、就业时间等，要写明具体的成绩或绩效等；四是个人兴趣、爱好、特长，包括专业技术特长和一般特长，如外语、计算机、写作、驾驶等；五是个人资历的佐证人及其单位、联系方式等，增加建立的真实性和可靠性。

此外，还可以根据需要写入诸如各种获奖、自我评价、人生理念、奋斗目标、对应聘单位的展望等。

（四）求职信的写作要求

1. 突出重点，有针对性

要对用人单位有所了解，针对自己所谋求的职位和用人单位的要求，重点展示自己的专长和技能，以便用人单位决定是否录用。

2. 实事求是，礼貌得体

对自己的基本情况、专业特长和主要成绩如实叙写。提出求职要求时，要真诚坦率、礼貌恳切、充满自信，给用人单位留下美好的印象。

3. 格式规范，富有美感

求职信在内容上应该按照规范的格式来写，在形式上应该注重美观大方。

任务二　礼仪致辞贴卡

一、祝贺词

（一）祝贺词的概念

祝贺词又称祝贺辞，是在喜庆的仪式上发表的表示祝贺的一切形式的言辞或文章。

祝贺词是人际交往活动中不可缺少的重要工具。是在日常生活中，遇到值得庆贺、纪念的重大事件，或个人、集体在某一方面作出突出贡献，在正式的场合表示祝贺，都要用到祝贺词。

（二）祝贺词的格式与写法

案例点评

国家主席习近平发表二〇二三年新年贺词

大家好！2023年即将到来，我在北京向大家致以美好的新年祝福！

2022年，我们胜利召开党的二十大，擘画了全面建设社会主义现代化国家、以中国式现代化全面推进中华民族伟大复兴的宏伟蓝图，吹响了奋进新征程的时代号角。

我国继续保持世界第二大经济体的地位，经济稳健发展，全年国内生产总值预计超过120万亿元。面对全球粮食危机，我国粮食生产实现“十九连丰”，中国人的饭碗端得更牢了。我们巩固脱贫攻坚成果，全面推进乡村振兴，采取减税降费等系列措施为企业纾难解困，着力解决人民群众急难愁盼问题。

疫情发生以来，我们始终坚持人民至上、生命至上，坚持科学精准防控，因时因势优化调整防控措施，最大限度保护了人民生命安全和身体健康。广大干部群众特别是医务人员、基层工作者不畏艰辛、勇毅坚守。经过艰苦卓绝的努力，我们战胜了前所未有的困难和挑战，每个人都不容易。目前，疫情防控进入新阶段，仍是吃劲的时候，大家都在坚忍不拔努力，曙光就在前头。大家再加把劲，坚持就是胜利，团结就是胜利。

2022年，江泽民同志离开了我们。我们深切缅怀他的丰功伟绩和崇高风范，珍惜他留下的宝贵精神财富。我们要继承他的遗志，把新时代中国特色社会主义事业不断推向前进。

历史长河波澜壮阔，一代又一代人接续奋斗创造了今天的中国。

今天的中国，是梦想接连实现的中国。北京冬奥会、冬残奥会成功举办，冰雪健儿驰骋赛场，取得了骄人成绩。神舟十三号、十四号、十五号接力腾飞，中国空间站全面建成，我们的“太空之家”遨游苍穹。人民军队迎来95岁生日，广大官兵在强军伟业征程上昂扬奋进。第三艘航母“福建号”下水，首架C919大飞机正式交付，白鹤滩水电站全面投产……这一切，凝结着无数人的辛勤付出和汗水。点点星火，汇聚成炬，这就是中国力量！

今天的中国，是充满生机活力的中国。各自由贸易试验区、海南自由贸易港蓬勃兴起，沿海地区踊跃创新，中西部地区加快发展，东北振兴蓄势待发，边疆地区兴边富民。中国经济韧性强、潜力大、活力足，长期向好的基本面依然不变。只要笃定信心、稳中求进，就一定能实现我们的既定目标。今年我去了香港，看到香港将由治及兴十分欣慰。坚定不移落实好“一国两制”，香港、澳门必将长期繁荣稳定。

今天的中国，是赓续民族精神的中国。这一年发生的地震、洪水、干旱、山火等自然灾害和一些安全事故，让人揪心，令人难过，但一幕幕舍生取义、守望相助的场景感人至深，英雄的事迹永远铭记在我们心中。每当辞旧迎新，总会念及中华民族千年传承的浩然之气，倍增前行信心。

今天的中国，是紧密联系世界的中国。这一年，我在北京迎接了不少新老朋友，也走出国门讲述中国主张。百年变局加速演进，世界并不太平。我们始终如一珍视和平和发展，始终如一珍惜朋友和伙伴，坚定站在历史正确的一边、站在人类文明进步的一边，努力为人类和平与发展事业贡献中国智慧、中国方案。

党的二十大后我和同事们一起去了延安，重温党中央在延安时期战胜世所罕见困难的光辉岁月，感悟老一辈共产党人的精神力量。我常说，艰难困苦，玉汝于成。中国共产党百年栉风沐雨、披荆斩棘，历程何其艰辛又何其伟大。我们要一往无前、顽强拼搏，让明天的中国更美好。

明天的中国，奋斗创造奇迹。苏轼有句话："犯其至难而图其至远"，意思是说"向最难之处攻坚，追求最远大的目标"。路虽远，行则将至；事虽难，做则必成。只要有愚公移山的志气、滴水穿石的毅力，脚踏实地，埋头苦干，积跬步以至千里，就一定能够把宏伟目标变为美好现实。

明天的中国，力量源于团结。中国这么大，不同人会有不同诉求，对同一件事也会有不同看法，这很正常，要通过沟通协商凝聚共识。14亿多中国人心往一处想、劲往一处使，同舟共济、众志成城，就没有干不成的事、迈不过的坎。海峡两岸一家亲。衷心希望两岸同胞相向而行、携手并进，共创中华民族绵长福祉。

明天的中国，希望寄予青年。青年兴则国家兴，中国发展要靠广大青年挺膺担当。年轻充满朝气，青春孕育希望。广大青年要厚植家国情怀、涵养进取品格，以奋斗姿态激扬青春，不负时代，不负华年。

此时此刻，许多人还在辛苦忙碌，大家辛苦了！新年的钟声即将敲响，让我们怀着对未来的美好向往，共同迎接2023年的第一缕阳光。

祝愿祖国繁荣昌盛、国泰民安！祝愿世界和平美好、幸福安宁！祝愿大家新年快乐、皆得所愿！

谢谢！

资料来源：中国政府网，https://www.gov.cn/xinwen/2022-12/31/content_5734452.htm，2022－12－31.

想一想：

这篇贺词的包括哪些内容？

评一评：

新年前夕，国家主席习近平通过中央广播电视总台和互联网发表了2023年新年贺词。这篇贺词提出祝贺，随即回顾2022年我国发生的大事，接着从四个角度展示今天的中国的风采，最后从三个方面对明天的中国提出希望和号召。整篇贺词真情实感，充满鼓励、期望之情，富于感染力、号召力和启发力，使人感到热血沸腾，深受鼓舞。

小任务

××学院将于下周三举行元旦晚会，请你以学院领导名义写一份祝词，祝晚会取得圆满成功。

工具箱

祝贺词的结构一般包括标题、称谓、正文和落款四部分构成。

1. 标题

标题在首页第一行正中，应写明祝贺的对象或主旨。如“祝（贺）词”“×××年元旦祝（贺）词”等。

2. 称谓

称谓要视不同对象而定。写给个人的可根据对象的身份而定；写给集体的常用泛称，如“各位来宾、各位朋友”“女士们、先生们”“同志们、朋友们”等。称谓要亲切，要注意先后顺序，用语要恰如其分。

3. 正文

正文内容包括开头、主体和结尾三项。

开头简要说明祝贺的原因，一般要表达致辞者的心情。

主体应具体陈述祝贺词的内容，主要根据不同的祝贺对象，或肯定工作成就，或赞颂业绩、品德，还要表明祝贺对象的积极意义、作用和影响等。节日或某些特定纪念活动的贺词，可根据需要提出希望、表达祝愿。

结尾提出希望或表达祝愿，如“祝大会取得圆满成功”“祝新年快乐”。

4. 落款

写明致辞者与时间。有的也可以省略。

（三）祝贺词的写作要求

（1）篇幅要适中，用语要热情洋溢，富有喜庆色彩，亲切诚恳，典雅大方，自然得体。

（2）多用褒扬的语言，忌用谴责的言辞和语气。

二、欢迎词

（一）欢迎词的概念

欢迎词是指客人光临时，主人为表示热烈的欢迎，在正式场合发表的热情友好的讲话。

欢迎词和欢送词一样，都是出于礼仪的需要而使用的，不仅是表示迎送致谢，讲话人还要在其中畅谈友谊，交流思想，联络感情，往往也对国内外大事表明立场和看法，公开发表后能起到宣传、教育和鼓舞的作用。

（二）欢迎词的格式与写法

案例点评

习近平在北京2022年冬奥会欢迎宴会上的致辞

（2022年2月5日）

尊敬的巴赫主席，
尊敬的各位同事，
女士们，先生们，朋友们：

在中国人民欢度新春佳节的喜庆日子里，同各位新老朋友在北京相聚，我感到十分高兴。首先，我代表中国政府和中国人民，代表我的夫人，并以我个人的名义，对来华出席北京冬奥会的各位嘉宾，表示热烈的欢迎！向所有关心和支持北京冬奥会的各国政府、各国人民及国际组织表示衷心的感谢！我还要特别感谢在座的各位朋友克服新冠肺炎疫情带来的困难和不便，不远万里来到北京，为冬奥喝彩、为中国加油。

昨晚，北京冬奥会在国家体育场正式开幕。时隔14年，奥林匹克圣火再次在北京燃起，北京成为全球首个“双奥之城”。中国秉持绿色、共享、开放、廉洁的办奥理念，全力克服新冠肺炎疫情影响，认真兑现对国际社会的庄严承诺，确保了北京冬奥会如期顺利举行。

让更多人参与到冰雪运动中来，是奥林匹克运动的题中之义。中国通过筹办冬奥会和推广冬奥运动，让冰雪运动进入寻常百姓家，实现了带动3亿人参与冰雪运动的目标，为全球奥林匹克事业作出了新的贡献。

女士们、先生们、朋友们！

自古以来，奥林匹克运动承载着人类对和平、团结、进步的美好追求。

——我们应该牢记奥林匹克运动初心，共同维护世界和平。奥林匹克运动为和平而生，因和平而兴。去年12月，联合国大会协商一致通过奥林匹克休战决议，呼吁通过体育促进和平，代表了国际社会的共同心声。要坚持相互尊重、平等相待、对话协商，努力化解分歧，消弭冲突，共同建设一个持久和平的世界。

——我们应该弘扬奥林匹克运动精神，团结应对国际社会共同挑战。新冠肺炎疫情仍在肆虐，气候变化、恐怖主义等全球性问题层出不穷。国际社会应当“更团结”。各国唯有团结合作，一起向未来，才能有效加以应对。要践行真正的多边主义，维护以联合国为核心的国际体系，维护以国际法为基础的国际秩序，共同建设和谐合作的国际大家庭。

——我们应该践行奥林匹克运动宗旨，持续推动人类进步事业。奥林匹克运动的目标是实现人的全面发展。要顺应时代潮流，坚守和平、发展、公平、正义、民主、自由的全人类共同价值，促进不同文明交流互鉴，共同构建人类命运共同体。

女士们、先生们、朋友们！

“爆竹声中一岁除，春风送暖入屠苏。”中国刚刚迎来农历虎年。虎象征着力量、勇敢、无畏，祝愿奥运健儿像虎一样充满力量、创造佳绩。我相信，在大家共同努力下，北京冬奥会一定会成为简约、安全、精彩的奥运盛会而载入史册。

最后，我提议，大家共同举杯，

为国际奥林匹克运动蓬勃发展，

为人类和平与发展的崇高事业，

为各位嘉宾和家人的健康，

干杯！

资料来源：央广网，http://china.cnr.cn/gdgg/20220205/t20220205_525733879.shtml，2022-02-05.

想一想：

这篇欢迎词分为几个部分？有何特点？

评一评：

2022年2月5日，国家主席习近平和夫人彭丽媛在北京人民大会堂金色大厅举行宴会，欢迎出席北京2022年冬奥会开幕式的国际贵宾。这是习近平在宴会上发表致辞。这篇精彩的欢迎词主要包括三个部分：（1）对出席嘉宾表示热烈的欢迎与衷心的感谢；（2）首先阐释北京冬奥会办奥理念及重要意义，接着回顾奥林匹克运动的初心、精神、宗旨，并对国际社会提出期望与号召；（3）表达良好的祝愿，将气氛带入高潮。整篇欢迎词语言严谨得体，结构条理清晰，感情真挚诚恳，感召力强，展现了大国国家领导人的风度。

小任务

××博览会开幕式上，负责人要作为代表对来宾发表友好讲话，请你以负责人的名义拟写一份欢迎词。

工具箱

欢迎词一般由标题、称谓、正文和落款四部分组成。

1. 标题

欢迎词的第一行正中写标题，通常有两种格式：一种是文种式；另一种是由内容和文种构成，如“在×××职业技术学院新生入学教育大会上的欢迎词”。

2. 称谓

标题下另起一行顶格写称谓。称谓要讲究礼仪，使用尊称、全称。可根据主客之间的关系、客人的身份及参加人员的情况确定相应的称谓。

3. 正文

正文包括开头、主体和结尾三部分。

开头要对宾客表示热烈的欢迎；主体要根据双方的关系，阐述来访的意义，回顾交往的历史，展望美好的未来；结尾可再次对宾客的到来表示欢迎，并预祝来宾做客愉快。

4. 落款

要署上致辞单位名称、致辞者姓名和成文时间。

三、欢送词

（一）欢送词的概念

欢送词是指客人应邀参加了活动，主人为表达对客人的欢送之意，在活动结束时的为表达惜别之情所做的讲话。

一般在会议闭幕、客人来访结束、领导离任、人员外出执行重要工作任务等情况下都要表示热烈欢送，以表达依依惜别之情。

（二）欢送词的格式与写法

案例点评

让我们扬眉出剑——在×××解放军学院毕业典礼上的欢送词

同学们：

花开花谢，潮起潮落，三年的大学时光马上就要结束，作为即将要跨出校门的毕业生，我们应该做些什么？应该怎样把我们自己的形象和最后的努力，自己的梦想和民族的希望紧紧连在一起？

“毕业生”这三个沉甸甸的字眼今天终于落在我们头上。但我们蓦然发现，这并不是什么耀眼的光环，反而是一种压力，甚至可以说是一种无奈，一种你非往前走不可的无奈。

这也是一种动力，一种责任。一种催人奋进的动力，一种青年人不可推卸的责任。不久，我们就会握手言别，各奔东西，但无论你是远赴天涯，戍守边疆，还是工作于条件优越的大都市，有一点是相同的，那就是，我们真正开始了从军报国的生涯。父辈已经把希望寄托在我们身上，我们靠什么来实现父辈的那为之梦回千转的希望呢？靠的是我们手中的“剑”！

我们手中的剑，不光是指自己的专业知识是否过硬，还有报国思想是否坚定，身体素质是否优秀……所有这些，铸成了我们手中这把来日依其建功立业的长剑！

十年磨一剑！

这把剑我们已经磨了很久，就要派上用场了。再把剑磨利些，再把剑擦亮些。毕业来临时，祖国，人民都会凝视着我们拔出长剑，看我们手中的长剑是否寒光闪闪？看纷繁的日月，许多勇士冲锋陷阵，谱写了一曲又一曲惊天动地、荡气回肠的歌，我们相信，年轻的军人大学生们也一定能在地平线上立下一柱又一柱的辉煌。

同学们，让我们扬眉出剑吧。

×××

××年×月×日

评一评：

告别三年同窗师友步入大千世界，每一个毕业生都会伤感，分别之际，我们应该怎样话“离情别意”呢？该欢送词令人振奋，昂首挺胸一直向前走、迎接新的挑战。离别是一种无奈，一种你非往前走不可的无奈。无奈之中是消沉还是奋进呢？握手言别，今日的分别是为了祖国明天的发展进步。为了建功立业。作为毕业典礼的欢送词，它并没有催人泪下而是把握了言辞的分寸，为“明天”的“辉煌”奠定基础，恰到好处的致词表达了发言人真挚诚恳的感情与心愿。最后勉励大家“扬眉出剑”去创造“辉煌”“建功立业”。可谓做到“情切意尽”了。

小任务

你的同事因公司业务发展需要即将赴新加坡继续深造一年，请你以公司的名义拟写一份欢送词。

工具箱

欢送词的结构和欢迎词基本一致，都是由标题、称谓、正文和落款四部分组成。只是正文稍有不同。欢送词的正文一般由开头、主体和结尾三部分构成，这里只介绍正文的写法。

1. 开头

开头应对客人的离去表示热烈的欢送。

2. 主体

主体部分应对客人在这一阶段取得的成绩予以充分的肯定和适当的评价。

3. 结尾

结尾应以生动感人的语言对客人表示勉励和寄予希望。亦可加上一些祝愿的话语，如“祝一切顺利”“祝一路顺风”等。

四、悼词

（一）悼词的概念

悼词是对死者表示哀悼的话或文章。它有广义与狭义之分。广义的悼词指向死者表示哀悼、缅怀与敬意的一切形式的悼念性文章；狭义的悼词指在追悼大会上对死者表示敬意与哀思的宣读体悼念文章。

（二）悼词的分类

按照悼词的用途，可分为：

1. 宣读体悼词

这种悼词专用于追悼大会，有一定身份的人进行宣读。悼词表达对死者的敬意与哀思，同时勉励群众化悲痛为力量。宣读体悼词以记叙或议论死者的生平业绩为主。

2. 艺术散文类悼词

这类悼词大都发表在报纸杂志上，包括所有的向死者表示哀悼、缅怀与敬意的情文并茂的文章。通过对死者的生平事迹，展现死者的品质和精神，激励活着的人。

（三）悼词的格式与写法

案例点评

在×××同志追悼会上的悼词

今天，我们怀着十分沉痛的心情，悼念我们的好经理×××同志！

×××同志系中国共产党党员，××公司经理，因病治疗无效，于××××年×月×日晚八时五十分在县人民医院不幸逝世，终年五十七岁。

×××同志一九五一年三月参加革命，一九五二年六月参加中国共产党，历任百货公司营业员、采购员、会计、财务股副股长、百货公司经理等职。在工作中，他大公无私，热爱集体，工作积极，勤勤恳恳，认真负责，任劳任怨，作风平易近人，谦虚谨慎，是党的好干部。他三十多年如一日地忠于党和人民的事业，为党的财贸事业做了大量的工作，作出一定的贡献！

现在，×××同志与世长辞了，我们党失去了一名好党员，我们财贸战线失去了一名好干部，我们感到无限悲痛！

我们沉痛地悼念×××同志，我们要化悲痛为力量，学习×××同志勇往直前的革命精神和大公无私的高贵品质，在党的领导下，为建设我们伟大的祖国，为实现四个现代化而努力奋斗！

×××同志安息吧！

××××年×月×日

想一想：

本篇悼词的目的是什么？

评一评：

开头以沉痛的心情说明参加此次追悼会是为了悼念×××总经理，然后简述了死者的职务及死亡时间、地点和原因。主体部分先是写了×××同志的生平事迹，又写了该同志对人民和社会作出的贡献，结尾写了对逝者的悼念以及化悲痛为力量的决心。全篇慷慨激昂，铿锵有力，是一篇不错的范文。

小任务

在一次执行任务时警察×××同志不幸牺牲，请你以警察局的名义拟写一份悼词。

工具箱

1. 标题

位于首页第一行正中，主要有两种格式：一种是文种式；另一种由死者姓名和文种共同构成，如“在×××同志追悼会上的悼词”。

2. 正文

悼词的正文通常由开头、主体和结尾三部分构成。

（1）开头。以沉痛的心情说明召开或参加此次追悼会的目的，尽可能全面而准确地说明死者的职务、职称，以示尊崇，要注意这些称呼之间的先后顺序。然后简述逝世者逝世时间、地点、原因及终年岁数等。

（2）主体。该部分主要由两方面组成：一是介绍死者的生平事迹，即对死者的籍贯、学历以及生平业绩进行集中介绍，应突出死者对人民、对社会的贡献。二是对死者的思想、精神、作风、品质、修养等作出综合的评价，介绍其对他人和社会产生的积极影响。写作上可采用概括介绍与具体叙述相结合的方式。

（3）结尾。结尾主要表达生者对逝世者的悼念及化悲痛为力量的决心。基调要积极向上，语言要铿锵有力。

3. 落款

悼词一般在开头就已介绍了参加追悼会的人员情况，所以悼词的最后落款一般只署上成文日期即可。

五、请柬

（一）请柬的概念

请柬是邀请他人参加某种会议、宴席、聚会活动的邀请卡片。使用请柬，既可以表示对被邀请者的尊重，又可以表示邀请者对此事的郑重态度。请柬在款式和装帧设计上应美观、大方、精致，使被邀请者体味到主人的热情与诚意，感到喜悦和亲切。

（二）请柬的分类

（1）会议类请柬。专为庆祝会、纪念会、座谈会等发出。

（2）活动类请柬。专为仪式、宴请等发出。

（3）工作类请柬。专为成果的评审、鉴定，决策的论证而发出。

（三）请柬的格式与写法

案例点评

请　　柬

××电视台：

兹定于五月四日晚八时整，在××大学小礼堂举行五四青年诗歌朗诵会，届时恭请贵台记者光临。

××大学团委

五月二日

评一评：

这篇请柬是以团体的名义发出的，所不同的是该文的邀请对象不是要作为客人参加会议或聚会，而是要前往进行采访工作。这份请柬实际还起到了提供某种新闻信息的作用。虽然用语不多，却将所要告知的信息全部说出，简洁明快，不拖泥带水。

小任务

××学院将于下周三下午 4:00 在学院圆形报告厅举行“挑战主持人大赛”，现邀请二级学院辅导员参加，请拟写一份请柬。

工具箱

1. 标题

居中写“请柬”二字，字体略大，要美观大方。

2. 称谓

首行顶格写被邀请单位名称或个人姓名，其后加冒号。个人姓名后要注明职务或职称，如“××先生”“××经理”等。

3. 正文

另起行，空两格，写明邀请的目的、活动内容、时间、地点及其他应知事项。

4. 结尾

结尾一般以“敬请（恭请）光临”“敬请光临指导”等作结。

5. 落款

落款要写明邀请单位或个人姓名，下一行注明日期。

六、聘书

（一）聘书的概念及作用

聘书是聘请书的简称。它是用于聘请某些有专业特长或名望权威的人完成某项任务或担任某种职务时的一种特殊文书。聘书可以成为双方协作的纽带，加强应聘者的责任感，荣誉感和促进人才交流，更表示了郑重其事、信任和守约。

（二）聘书的格式与写法

案例点评

聘　　书

兹聘请赵××同志为××家电集团维修部总工程师、主任，聘期自××××年×月×日至××××年×月×日，聘任期间享受集团高级工程师全额工资待遇。

××家电集团（章）

××××年×月×日

评一评：

这则聘书是由印制好的聘书格式填写而成。正中“聘书”字样为标题，正文是交代受聘者担任的职务、聘任期限和聘任待遇。落款署上发文单位名称及加盖公章、落款日期。

小任务

刘××同志是一家建筑设计院的高级工程师，××建筑公司想要聘请他作为本公司的工程顾问，聘期一年，聘任期间享受全额工资待遇，请根据上述内容拟写一份聘书。

工具箱

1. 标题

在正中写上“聘书”或“聘请书”字样。已印制好的聘书标题常用烫金或大写的“聘书”或“聘请书”字样。

2. 称谓

聘请书上被聘者的姓名称呼可以在开头顶格写，然后再加冒号；也可以在正文中写明受聘人的姓名称呼。常见的印制好的聘书则大都在第一行空两格写“兹聘请××……”。

3. 正文

正文一般包括：交代聘请的原因和请去所干的工作，或所要去担任的职务。写明聘任期限。如“聘期两年”“聘期自××××年×月×日至××××年×月×日”。聘任待遇可直接写在聘书上，也可另附详尽的聘约或公函写明具体的待遇，这要视情况而定。

4. 结尾

聘书的结尾一般写上表示敬意和祝颂的结束用语。如“此致”“敬礼”“此聘”等。

5. 落款

要署上发文单位名称或单位领导的姓名、职务，并署上发文日期，同时要加盖公章。

任务小结

商务礼仪文书在经济迅速发展的今天，正在发挥着越来越重要的作用。围绕概念、分类、格式与写法等方面介绍商务礼仪文书几种常见的文体，通过实例和评析，给读者一个更直接和深刻的印象。通过学习，大家应该掌握一些平时比较常用的文体写作格式，如贺信、感谢信、邀请信、求职信、祝词、欢迎词、欢送词、请柬、聘书等，以满足工作和生活的需要。

同步训练

一、概念解释

感谢信　祝贺词　欢迎词　悼词　聘书

二、复习思考

1. 祝贺词、欢迎词、欢送词各自的写作要求是什么？
2. 感谢信由几部分组成？
3. 求职信写作的重点是什么？
4. 贺信格式包含几个部分？

5. 邀请信和请柬的使用有何不同？

三、问题诊断

阅读下面这个案例，回答问题：文中有哪些不当之处？请指出并加以改正。

求　职　信

公司领导：

我是某高等职业学院会计班的毕业生，本人主修会计专业，拥有各种专业技能，成绩中上，在校表现良好。同时，我也具备良好的团队合作和沟通能力，并且能够熟练运用电脑进行财务管理工作。我对财务管理工作充满热情，希望能够加入贵公司，为公司的发展作出一份贡献。

在校期间，我曾参与学校的会计实践课程，并且在实践中积累了一定的经验。同时，我也曾在某企业进行过实习，在实习期间，我主要负责财务管理工作，并且得到了领导的好评。

我相信我的能力和经验能够胜任贵公司的财务管理工作，希望能够获得贵公司的面试机会。谢谢！

此致敬礼！

××谨上

2023 年 6 月 6 日

实训设计

1. 实训目的

通过实践写作，让学生能熟悉倡议书和感谢信的写作格式和写作要求，能尽快地掌握感谢信的写法。

2. 实训项目

××大学文学院的学生王××因患尿毒症必须住院治疗，而手术费用极高。王××家庭贫困，还有一个妹妹在读高中，××大学发出倡议，要全校师生为王××同学捐款，在全校师生的爱心帮助下，王××的手术费用筹集得差不多了。他的手术很成功，身体恢复很好。王××的父母为了表示对学校的感谢，特意写了一封感谢信。请根据提供的材料：

（1）请为学校拟定一份倡议书。

（2）请为王××父母给××大学写一封感谢信。

（3）格式规范，用语恰当，有真情实感。

3. 实训做法

以小组为单位，共同完成倡议书、感谢信的撰写，再由小组向班级同学展示，其他小组打分，评价最高的小组分享撰写心得。

拓展阅读

中国古代礼仪中的常用“敬语”

礼仪是人类为维系社会正常生活而要求人民共同遵守的最起码的道德规范。在交往过程中，为表现双方尊重之意，常常会使用尊敬和礼貌的敬语。中华民族是礼仪之邦，千年流传下来很多“敬语”，但在使用过程中必须区分对象和区分场合：

一、“令”字一族

尊称他人的亲属，相当于“你的”，如：

令尊，称对方的父亲；令堂，称对方的母亲；令郎，称对方的儿子；令爱（媛），称对方的女儿。

二、“尊”字一族：用来称与对方有关的人或物

尊上，称对方父母；尊亲，称对方亲戚；尊驾，称对方；尊命，对方的嘱托；尊意，对方的意思。

三、“高”字一族：敬称别人的亲属或事物

高堂，尊对方父母；高就，指人离开原来的职位就任较高职位；高论，称别人的议论；高见，称对方的见解。

四、“拜”字一族：用于动词之前表示尊敬

拜访，看望别人；拜望，指探望别人；拜托，指托对方办事情；拜读，指阅读对方的文章。

五、“华”字一族：称美之词，通常用于跟对方有关的人或事物

华诞，称对方的生日；华堂，称对方的房屋；华翰，称对方的书信。

六、“谨”字一族：多用于署名下

谨禀，用于祖父母及父母；谨肃，用于尊长；谨启、谨白，用于平辈；谨复，用于复信。

七、“垂”字一族：多用于尊称长辈、上级对自己的行为

垂问，表示别人（多指长辈或上级）对自己的询问；垂爱，称对方（多指长辈或上级）对自己的爱护；垂青，称别人的重视；垂念，称别人对自己的思念。

八、“贤”字一族：表示对尊辈、平辈或晚辈的敬称

贤弟，称自己或对方的弟弟；贤郎，称对方的儿子。

九、“屈”字一族：表示委屈对方

屈驾，委屈大驾（多用于邀请人）；屈就，多用于请人担任职务；屈居，委屈地处于（较低的地位）；屈尊，降低身份俯就。

十、“老”字一族：用来尊称别人，有时特指老年人

老伯、老大爷、老太爷，可尊称老年男子；老前辈，尊称同行里年纪较大、资格较老、经验较丰富的人；老兄，尊称男性朋友。

“老”字用于表示姓氏的词后，也可以表示尊重，如称巴金为巴老。

十一、“光”字一族：表示光荣，用于对方来临

光顾（多用于商家欢迎顾客），称客人来到；光临，称宾客到来。

十二、“雅”字一族：用于称对方的情意、举动

雅教，称对方的指教；雅量，称对方的度量大；雅兴，称对方的兴趣大；雅意，称对方的情意或意见；雅正，把自己的诗文书画等送给人时表示请对方指教。

项目九

商务网络文案

学习目标

知识目标：

- 理解商务网络文案的概念、种类。
- 掌握商务网络文案写作要求及格式。

能力目标：

- 学会搜集辨别整理归纳分析网络信息的能力，掌握商务网络文案撰写的基本思路。
- 学会区别写作情境，熟练运用正确的格式拟写不同种类的商务网络文案。

素质目标：

- 具备一定的创新思维和创新意识。

情境设计

2012 年以前，“褚橙”还不叫这个名字，它只是云南普通特产冰糖脐橙。然而年逾八旬的褚时健通过种植这种橙子再次创业时，这个橙子就被贴上了“励志橙”的标签，引发了人们购买热潮。这是因为王石、冯仑等企业家对改革开放第一代企业家褚时健再次创业的敬佩，在他们的微博等社交媒体平台上主动传播褚时健再次创业的故事，“励志橙”由此为人熟知。

2013 年褚橙销售季到来时，褚橙网络销售商本来生活网与名人韩寒合作，展开了个性、幽默、娱乐方式营销，韩寒发布了一个微博：“我觉得送礼的时候不需要那么精准的……”，附图是一个纸箱子，上面摆着一个橙子，纸箱上印着一句话“复杂的世界里，一个就够了”。这一年褚橙供不应求，成为送礼佳品。

从上述材料中看，褚橙成功的重要因素是什么？

启示：

互联网时代，社交媒体影响力日益巨大。微博、微信、小红书等通过其文案的软推广，利用名人博主效应，通过言简意赅、短小精悍、通俗有趣的文字，配以图片或视频，引发受众群体共鸣，达到传播观念和情感营销的目的。由此可见，互联网时代，网络文案成为经济活动一个新的文案模式。

知识导读　商务网络文案概述

一、商务网络文案概念

伴随着网络信息技术发展，作为信息交流和存储的重要工具的网络文案日益活跃在当今社会中，发挥着越来越重要的社会功效。

商务网络文案是指个人、企业、政府等借助网络传播媒介如网页、电子邮件等拟写和递送的各种商务文书。主要包括：一是网络新媒体文书，如电子邮件、博客、手机短信等；二是电商文案，如微博推广文案、电商品牌故事文案、电商软文文案等。

商务网络文案的作用：一是索取信息或传递信息，二是处理经济交流中有关事宜，三是联络与沟通感情，四是展现企业文化和品牌形象。商务网络文案是以网络和信息技术为支撑，利用其大容量、实时性和交互性，可以跨越地理界限及时交流，极为便捷。

二、商务网络文案的写作结构

大部分商务网络文案具有习惯格式，一般包括信头、标题、称谓、正文、信尾、附件标注、附言等。

（一）信头

信头由发送方的名称、地址、电话、传真、电子邮件地址、邮政编码、日期等组成。

（二）标题

直接写明的文种，如“询价函”等

（三）称谓

称谓即发文对象，应加尊称，如“××公司××经理”“××科长”等，在标题左下方，顶格书写。

与港澳台地区的商务往来，在函的称谓后加“台鉴”“台览”“惠览”“雅鉴”等词语，以示对对方的尊重，如“××台鉴”。

（四）正文

根据不同文案，内容有所不同，具体后文详述。

（五）结尾

结尾包括落款、日期及印章。

（六）附件标注

附件是指附在文案之后的有关材料，如报价单、产品介绍或说明书、订购合同等，作为商业业务往来的确认手续。附件标注的位置一般在落款左侧靠下方，写“附件”或“附”字样，后面注明附件的名称和件数。

（七）附言

附言指补充说明的话，在商函末页左下方用“又及”“又启”等字样引出。附言仅在正文主体部分内容有遗漏需补叙时才用，大多数文案没有附言。

三、商务网络文案的写作要求

（一）行文准确

商务网络文案中的内容往往与双方利益有直接的利害关系，因而要完整、精确地表达意思，以免造成不必要的麻烦。所谓的准确包含三个方面：内容正确，所涉及的产品、价格、数量等必须准确无误；观点要正确，要有道理；文字表达要正确，选择恰当的表达方法和词语，专业术语要符合国际规范，标点符号要准确无误。

（二）语言简洁

网络文案对简洁的要求更高。文字简练，力戒修饰语堆积，函件冗长、拖沓，使人阅后抓不住要领。

（三）内容具体

文案中所写内容需具体明确，态度明晰，不可语焉不详。忌一般化、抽象化、含糊其词。表达清楚“做什么”“要求什么”，如“按照你们要求，我们已将样品寄出”不如写成“遵照贵方 8 月 17 日 FW－48 号文的要求，我销售部已于 8 月 21 日通过 EMS 将 5 号与 7 号样品寄至贵方”。

（四）思路清晰

首先，思路及行文层次要清楚，明确目的。其次，表达要清楚，让人一目了然看明白，避免双重意义或模棱两可、似是而非的表述。如“虽然我们公司的政策同意收回完好的退货，但是我们无法同意收回再也卖不出去的退货”，不如“我们公司只接受可以再度销售的退货”清楚。

（五）态度真诚

态度真诚，为对方着想，这也是拟定商务网络文案时的重要原则。例如“你在 8 月 24 日的订单里忘记注明旅行车的颜色”，就不如用“请让我知道您喜欢哪一种颜色的旅行车，以便我立即将订货发出”舒服，尤其是拒绝、职责、投诉一类文案，更要注重。礼貌也是基本要求。态度诚恳、亲切，措辞妥帖得体，谦恭有礼，语调平和客气。使用礼貌得体的文字表达方式，有利于双方保持良好关系。

任务一　网络新媒体文书

一、网络新媒体文书概述

（一）网络新媒体文书的概念

新媒体，是随着卫星通信、数字化、多媒体计算机网络等技术发展而出现的新型传播媒介。它是除报纸、杂志、广播和电视这四个传统媒体之外的第五大媒体。网络新媒体文书即是借助网络新媒体进行写作、传播信息的文书。

当下，我国现有传媒形态多种多样，按照媒介分为：网络媒体（网站、电子邮件报刊、电子公告板等）；手机媒体（手机短信、手机彩信、手机彩铃、手机游戏、手机电视、手机电台、手机报纸等）；视频媒体（数字电视、直播卫星电视、网络电视、楼宇视频、户外大屏幕）；网络社交媒体（网上即时通信、虚拟社区、博客、微博、播客、威客、搜索引擎、简易聚合等）。

（二）网络新媒体文书的写作特点

1. 技术性

写作与新媒体结合，尤其要技术性结合。其技术性要求包括两大方面：一是网页设计与编辑功能借助于工具，要展现个人风格，吸引受众注意。二是数字化文本制作多形态，如文字、图片、音乐、动画交错。

2. 交互性

网络新媒体文书写作是开放性写作。新媒体传播方式为传播者和受众提供了双向交流平台。传播者和受众、受众者之间可以无障碍交流，并能影响传播者写作。

3. 即时性

基于数字化的新媒体打破时空阻隔，使新媒体写作具有“第一时间、第一现场”的优先权，即时互动性强。

4. 超文本

运用超链接的方法，将各种不同空间的文字信息组装成网状文本，从而使原先单一文本变成无限延伸扩展的超级文本。超文本普遍以电子文档方式存在，其中文字包含有可以连接到其他位置或者文档的链接。

5. 多形态

将文本、图片、动画、音频、视频各种信息形态结合起来，给人传达多种感官的信息内容。

（三）网络新媒体文书的写作要求

1. 创新

创新体现在三个方面：一是新兴的数字技术创新；二是新的内容；三是新的文字表达。

2. 快速

网络新媒体文书是新媒体时代产物，新媒体是一个快速滚动的信息平台，要求网络新媒体文书写作迅速及时，更新频率快。

3. 简洁

新媒体阅读是快速阅读，要求迅速留下深刻印象。因此，网络新媒体文书写作要求语言明白晓畅，开门见山，直截了当，抓住要点，不拖泥带水，不铺垫渲染。

二、电子邮件

（一）概念

电子邮件又称电子信箱、电子邮政，指各种社会组织和个人在沟通信息、联系业务、商洽事项等活动中，用电子手段传送信件、单据、资料等信息的通信方法。

（二）电子邮件的格式与写法

案例点评

教育部学位中心向某校某老师发出新春祝福的电子邮件

电子邮件

发件人：xscj@vip.cdgdc.edu.cn

收件人：×××@163.com

主题：尊敬的××老师，教育部学位中心向您致以癸卯年新春祝福！

内容：

尊敬的××学院××教授：

您好！

感谢您参与 2021/2022 学年度全国本科毕业论文（设计）抽检评审工作，为兜底本科人才培养基本质量所做的辛勤付出！经统计，本学年度您通过全国本科毕业论文（设计）抽检信息平台评审本科毕业论文（设计）1 篇，该平台所有参评专家的意见提交平均时间为 1.27 天，您的评审意见提交平均时间为 0.03 天供您参考。您可在平台在线申请后生成电子版评审专家聘书（在提交评审意见后的当年可以申请，有效期一年；已经申请过的仍可在平台下载）。

希望您在 2023 年继续积极参与 2022/2023 学年度全国本科毕业论文（设计）抽检评审工作，公平公正认真严格评审，继续为兜底本科人才培养质量做贡献！

衷心感谢您对我们工作的大力支持！值此农历癸卯新年来临之际，谨代表教育部学位中心向您发送新春电子贺卡，并致以诚挚的新春问候！

教育部学位与研究生教育发展中心

2023 年 1 月 16 日

附件（1 个）：2023 年新春电子贺卡

想一想：

这封电子邮件包括哪些内容？

评一评：

这是一封官方发送的电子邮件。题目简洁明确，内容清晰，条理性强，语言礼貌得体，符合规范。正文包含了四层意思：（1）感谢的事由并致以感谢；（2）言简意赅介绍该教师的评审工作及后续事项；（3）对新一年评审工作提出期望；（4）再次表达了诚挚的祝福。

小任务

请以电子邮件形式向老师发送一份自我介绍信。

工具箱

电子邮件主要包括信头、邮件正文和附件三个部分。

1. 信头

电子邮件的信头包括发件人、收件人、抄送和主题四个部分。

（1）发件人。发件人就是自己的电子邮箱名字，一般由电子信箱自动生成。为了便于对方明确发件人的身份，最好在邮箱里统一把自己的姓名设置为发件人。

（2）收件人。收件人是对方的电子邮箱地址。就是“用户名+连接符号@+域名”。例如：××××@163.com，这个电子邮件中：××××是用户名；@符号是连接符；163.com是提供邮件服务的主机域名。应当准确填写对方的电子邮箱地址，以免电子邮件误发。

（3）抄送。抄送是指电子邮件的发送范围，一般分为抄送、密送和分别发送三种形式。抄送指一封邮件同时发给多人，并且让彼此知道发给了谁。

（4）主题。一封邮件尽可能只设一个主题，一般用陈述性的标题，如“××学院期末工作安排”。主题不能过于太简单，比如用“通知”“工作安排”“邀请函”等来指代；不宜用可能会被电子邮件系统当做垃圾邮件过滤掉的主题，如“相关信息”“免费礼物”“谢谢你”等。

2. 邮件正文。一般分为称谓、开头、主体、结尾、署名、日期六个部分。与其他商务信函内容类似、格式相同、表达明确简洁。

3. 附件

附件是电子邮件的必备结构，如果邮件带有内容篇幅较长的文档或其他材料，可以用“附件”发出。附件一般是对邮件正文内容的补充说明，或者是独立完整的公文或资料信息。在电子邮件编辑页面“添加附件”按钮，即可在电脑上按照路径上传附件。

必须注意的是，首先，邮件附件名称简明扼要，直截了当，避免收件引起误会；其次，添加附件要对附件进行检查，保证文件传送，防止收件人打不开。

为了使所发送的电子邮件文面更美观，根据需要可以选择适宜的信纸背景。方法是在“新邮件”的下拉菜单中挑选，用鼠标左键单击选中的背景，即可在显示出的信纸上输入内容。邮件内容输入完成后，即可点击“发送”按钮邮出。

（三）电子邮件的写作要求

1. 表达清晰准确

为方便阅读，邮件内容要尽量简短，一般以不超过一屏为宜；需收件人注意的内容，可采用☆号、大写字母、斜体字或粗体字等形式强调。

2. 注意电子邮件礼仪

要仔细检查邮件文本是否有错漏，避免不得体语气或不恰当网络俚语，要有署名。

3. 回复邮件的技巧

慎用自动回复功能，根据回复内容需要更改主题，回复邮件要完整。

4. 确保邮件信息安全

邮箱使用公私分明；发送前要仔细核对相关内容，避免误投；谨慎使用转发、抄送、群发功能；对于机密邮件，可以采用邮件加密功能。

三、博客

（一）博客的概念

“博客”一词来自英文BLOG，指在网络上流水记录形式，也译为网络日志、部落格或部落阁等。通常由个人管理、不定期张贴新文章，这些文章按照年份和日期，以倒序方式由新到旧排列。

博客最初是网民们记录和存放自己在畅游网络时的一些下载资料、个人体会及感想看法的地方，后来逐渐发展成为网民们展示个性、发表个人言论的场所，成为“网络日记”。一个典型的博客结合了文字、图像、其他博客或网站的链接及其他与主题相关的媒体，从自我表达到与大众沟通交流几乎同步完成。

（二）博客分类

1. 按功能分

（1）基本博客。博客中最简单的形式。单个的作者对于特定的话题提供相关的资源，发表简短的评论。这些话题几乎可以涉及人类的所有领域。

（2）微型博客。即“微博”，目前是全球最受欢迎的博客形式，博客作者不需要撰写很复杂的文章，而只需要抒写140字内的心情文字即可（这是大部分的微博字数限制）。比较有代表性的有推特、新浪微博、随心微博、网易微博、搜狐微博、腾讯微博等。

2. 按用户分

（1）个人博客。这是最常见的博客形式，由个人创建，抒发个人观点和言论。

（2）企业博客。企业为宣传企业形象或商品服务而创建的博客，是典型的博客营销。它以企业官方博客、企业高管个人博客等形式出现。

3. 按写作内容分

按写作内容分，博客可分为时政新闻类、时尚生活类、公关与营销类、学术与科技类、文学创作类、综合类。

（三）博客的写法

案例点评

顾全大局的民族忠义之魂

（2023－03－10　07:35:30）

古往今来，凡治理国事、政务者，必懂得顾全大局。顾全大局，是政治家的远见卓识，体现了中华民族不屈不挠的伟大精神。古代先贤顾全大局的举止和气度，蕴含着中华民族的忠义之魂，凝聚了中华民族刚毅忠直的浩然正气。中国历史上著名的“周公还政”和“管鲍之交”就是其中的典范。

周武王十一年，周武王姬发在牧野大破商师，逼杀商纣王，在镐京（今陕西西安）

正式建立了周王朝。武王克商后，曾经和弟弟周公姬旦谋划发展宏图，他还准备将来传位给周公。可惜武王这些宏大计划还未付诸施行，就溘然长逝了。武王逝世对新生的周王朝是一个极大的震动。第一，“天下未集”，周人能否真正地代商而抚有天下，尚不可知；第二，当时武王的儿子姬诵（即后来的成王）是一个未成年的孩子，难以担当大任。为了稳定新建的政权，周公毅然担当起了经国大任。这就是史书记载的“周公受命称王”或“周公摄政”。但是，周公这种公而忘私的苦心却引起了同宗兄弟的怀疑和中伤。武王之弟、周公之兄管叔勾结蔡叔、霍叔等势力，妄图以武装叛乱夺取周的最高权力。管蔡武庚之乱，使新生的周王朝处于风雨飘摇之中。为了国家利益，周公“内弭艾兄，外抚诸使”，披心沥胆做好内部团结工作，反复说明“摄政”苦心，之后便在三年的东征中，诛灭武庚为首的贵族叛乱势力，杀管叔、流放蔡叔。接着挥兵东进，从而把周王朝的统治一直延展到黄河下游和东部沿海地区。东征之后，周公遵照武王遗愿，营建东都洛邑（今河南洛阳），以镇抚东土。洛邑竣工后，周公感到武王嘱托给自己的任务已经完成，即开始做还政成王的准备。周公在摄政七年后，召集臣工于新建的洛邑举行归政成王的典礼。周公在告诫成王时，满怀感慨地对臣工们说：“孺子王矣！”表现出他对新王长成亲政的喜悦和关怀之情。成王即位后恳切挽留周公在洛邑继续帮他执政，周公答应了他的请求，制礼作乐，釐定各种制度典章，并不断谆谆教导成王不要荒逸，勉励他励精图治，明德慎罚。成王成为周代有名的贤王之一。

鲍叔牙，春秋齐国的贤大夫。他年轻时就和管仲交好，知道他很有政治才能。当时，管仲家里很穷，他们在一起做买卖时，管仲常占鲍叔牙的便宜，但鲍叔牙始终对他很好。后来，鲍叔牙做了公子小白的师傅，管仲做了公子纠的师傅。二人虽各事其主，但彼此交谊如初。鲁庄公八年，齐国发生内乱，鲍叔牙保护着公子小白，管仲保护着公子纠，分别亡命到莒国和鲁国。不久，齐襄公被杀，两位公子为争立在回国途中发生冲突。鲁国为阻止小白回国，派管仲率兵拦截，管仲想射杀小白，结果射中了带钩。小白“佯死”先回到齐国，被立为国君。这就是齐桓公。齐桓公即位后，马上发兵攻鲁，必欲杀公子纠和管仲而后快。鲁国不得已，杀死公子纠，并将管仲囚禁起来送回齐国受死。管仲送回齐国后，齐桓公要杀他。后桓公听从了鲍叔牙的劝告，消除仇恨，委以重任。管仲积极进行内政改革，使齐国很快地富强起来。管仲以“尊王攘夷”为号召，“九合诸侯，一匡天下”，终于使齐桓公成为春秋列国争霸的第一位霸主。

在中国历史文化中，顾全大局观念占有重要位置。随着历史的进程，它成为中华民族的优良传统。所谓大局观，也就是考量自己的作为是不是放在了国家的一盘棋中。翻检历史，古之名臣良吏，多数都具备大局观。

首先，顾全大局要出以公心。商朝名臣伊尹，跟随商汤讨伐夏桀，辅佐朝政。商汤驾崩后，太甲帝即位，但伊尹为了商汤社稷，将在位三年暴虐乱德、不循法度的太甲帝放逐到桐宫，自己摄行政当国。三年后，太甲“悔过自责”，修德返善。于是，“伊尹乃迎帝太甲而授之政”，出现了诸侯归、百姓宁的局面。伊尹写了《太甲训》，嘉勉太甲的政绩，自己退隐政坛。

其次，顾全大局要忠直不阿。古代贤臣掌控一方政事，要顾全大局，还要排除强权干扰，在自己的管辖范围内，只要有利于国，就坚决地去执行其事。战国赵惠文王时，赵奢做赵国的田部吏，管收租税。因平原君家自恃权贵而不交租，赵奢依法杀平原君家主事者九人。平原君大怒，要杀赵奢，赵奢道："以君之贵，奉公如法则上下平，上下平则国强，国强则赵固，而君为贵戚，岂轻于天下邪？"平原君听罢幡然悔悟，并向赵王举荐赵奢任治理全国赋税的总管。国家赋税因此公平合理，百姓富裕，国库充实。

最后，顾全大局要忍辱负重。清乾隆年间与缅甸发生战事，清军知府从军杨重英受命去缅军谈判被扣，他拒不投降。然而，乾隆皇帝据误传以为杨已降缅，将其子关进监狱。到乾隆五十三年，缅甸向清朝求贡，并归还杨重英，清王朝方知杨重英身陷缅甸后，独居佛寺逾二十年仍心系祖国，大节不辱，始终"未改中国衣冠"。乾隆皇帝大喜，将杨重英进封道员，释其子出狱，并御制《苏杨论》予以嘉奖，称赞杨重英有当年"苏武之节"。

古代贤者顾大局、识大体，以国事为重，维护国家和民族大义的事例是很多的。他们或则在国事操作上，或则在个人仕途上，或则在政坛纷争中，或则在外交活动中，都表现出一种深思熟虑、顾全大局的政治家的远见卓识，体现了中华民族那种不屈不挠的伟大精神。他们的举止和气度，蕴含着中华民族"舍生取义"的忠义之魂，凝聚了中华民族刚毅忠直的浩然正气。

资料来源：新浪博客，https://blog.sina.com.cn/s/blog_4a015e940102zask.htm.

想一想：

从这篇博客可看出博客写作的特点是什么？

评一评：

这篇博客探讨了中华民族历史中顾全大局、忠义正直的精神内涵，主题凝练，立意深远，富有教育意义和启发性，脉络清晰，结构严谨。开篇提出主题，然后通过历史故事进行阐述，最后进行总结和升华。每个部分都紧密相连，使读者能够清晰地把握文章的主旨和脉络。

工具箱

1. 标题拟定

博客标题是吸引读者眼球的首要法宝。简洁、明了、生动、新颖是一个好标题的重要标志。一般而言，标题应巧妙概括内容，巧用定语和形容词，可使用引导式问句。

2. 段落的安排

多分段，不宜长，每个段落行数在 3～5 行间，可以形成轻松愉悦的阅读节奏，符合网络阅读心理。

3. 文章的剪裁

一个电脑荧屏大约能容纳 500 个汉字，就篇幅而言，博客文章大多在 600～1 500 字时比较适合阅读。对于篇幅较长文章，可以进行拆分或者系列化写作。

4. 锤炼语言

在字词运用上，尽量使用常见的、通俗易懂的、不含歧义的字词，避免使用艰深难懂的专业术语；多用主动语态，少用被动语态；多用短句，少用长句；尽量用具有表现力和生命力的语体。

5. 排版的要求

博客是网络阅读，没有好的排版，就会使阅读兴趣降低。因此，排版应该富于条理性、表现力和个人风格。

（四）博客的写作要求

1. 注重原创

博客作为个人化的写作，要吸引读者注意，原创作品才能够引起更广泛的关注，因为读者更关心博客作者的喜好兴趣、情感生活等细节。

2. 实时更新

新的信息是博客吸引人阅读的动力之一，实时更新博客才是具有活力的“活博客”，才会有稳定的读者群。

3. 突出个性

博客数量众多，只有彰显个性，才能成为有吸引力的博客。这不单是从模板、页面设计及颜色上去取悦读者，更要从内容上迥异于他人。

4. 凝练主题

博客因媒介等方面因素而不宜篇幅过长，因此要用最准确的字词来表达最精确的内容。博客写作需要通过充分的梳理、对比、分析、定位等一系列的整理活动，提炼出一个鲜明的主题，再围绕主题对素材进行取舍、优化，然后谋篇布局，进行写作。

5. 交流共享

网络时代平等、共享、交流是核心，博客写作是基于开放平台写作，因此要用平等友善的心态抒写，才能有更多的“志同道合者”。

四、网络短信

（一）网络短信的概念

网络短信是指通过移动网络工具传递的简短信息，是一种类似于信件而形式上又较为简短的文体形式，也称短消息或短信息。按照网络短信所涉及的内容，可以把网络短信分为以下四类：

（1）商务短信。涉及商务活动的各种短信息，如商务邀请、商务洽谈、商务询价、商务营销、商务通知等。借助互联网短信群发平台进行商业用途的短信发放的活动的统称。具体如广告短信群发，可以像其他媒体广告一样提升宣传效果。商务短信以其快捷方便、价格低廉等优势，已经成为其他媒体不可取代的优势媒体。

（2）日常短信。它用于日常生活中沟通交流。

（3）礼仪短信。它包括各种节日祝福、生日等祝贺以及道别、感谢、纪念、问候等。

（4）文学短信（文学快餐、拇指文学）。它是把对日常生活中片段感悟加以提炼加工，遵循轻松、随意、休闲的创作原则，创作短小有趣的文字语段。

（二）网络短信的特点

1. 短小精悍

网络短信文本信息量限制为 160 个英文字符或 70 个汉字（含标点符号）。发送者要用最短的篇幅来表达自己想要传达的信息，因而需要语言简洁精练，言之有物，这也便于人们利用碎片化的时间快速地编写与阅读短信内容。

2. 灵活自由

短信的语言与格式都很灵活自由。从格式上看，网络短信写作不必严格按传统抒写形式，可以灵活处理书信写作要素；从语言上看，可随对象、情况不同而适时变化。

3. 多样丰富

多样丰富包括两个方面：一是写作手段多样性；二是写作内容多种多样。

4. 即时快捷

可以即时互动，有针对性。作为短信载体的手机携带方便，可以打破时间、地域的限制，也不必依靠互联网，随时都可以发送信息浏览短信。

（三）网络短信写作要求

案例点评

自从吃过你的饭，发现我的饭难咽，人生最快乐事莫过于请客吃饭，香甜的滋味使我深深地把你想念。发条信息对你表感谢，您能否赏一个脸，一起吃吃饭聊聊天！地点：绍兴饭店，徐汇龙华西路 1 号龙华机场 2—3 楼。

一行轻如龙舟的问候，泛起我的惦记；一株暗香四溢的艾草，传递我的情意；一笼香甜圆润的粽子，包裹你的幸福；一杯浓郁甘洌的雄黄酒，敬祝你春风得意。端午佳节，愿你事业像龙舟竞技，家庭像艾草温馨，幸福像粽子香甜，生活像美酒惬意!

想一想：

这两则网络短信分别是什么类型短信？在语言上运用了什么手法？

评一评：

第一则短信是商务宴请短信，运用对比手法发出邀请，时间、地点和相关准备一目了然，又颇具人情味。第二则短信是礼仪短信，采用排比、比喻写法，用诚挚深情的语言表达出端午节祝福。

小任务

教师节将至，请为你的老师写一则教师节祝福短信。

工具箱

1. 遵循语法，规范语言

网络短信也是一种实用文体，写作应当遵循汉语用语要求，不能不打标点符号和乱打标点符号、生造词、基本格式不规范。

2. 内容扼要，言简意赅

网络短信的短小精悍和情境性特点，要求用最精练语言表达最多信息。要求写作时必须做到：心中有数，目的明确；突出重点，删繁就简；根据情境，适当省略；有效交流，换位思考。

3. 语言真诚，礼貌得体

网络短信是即时互动交流，因此要根据发短信人的身份、年龄特征，与收短信人的关系，发短信的目的、时间等做充分准备，不乱说，不乱表达感情。

4. 注意原创，大胆翻新

网络短信以原创为佳，显得情真意切。

5. 巧用修辞，生动有趣

网络短信创作要巧妙运用各种修辞手法，才能充满魅力。

任务二 电 商 文 案

一、电商文案概述

（一）电商文案的概念

电商文案是基于网络平台传播的一种文案形式，往往通过网站、论坛、微博、微信等交流平台进行发布、传播，通过文案内容传递产品或品牌信息，引起浏览者注意，并激起其购买欲望，从而达到促进产品销售、塑造品牌形象的目的。

电商文案不仅可以通过文字传递信息，还可以加入图片、音频、视频和超链接等元素来丰富文案内容，使之更具吸引力，带来更多的外部流量。

电商文案主要有网站展示类文案、网络推广类文案、电商品牌类文案、电商软文类文案等。

（二）电商文案的撰写步骤

1. 洞察用户，明确受众群体

电商文案写作遵循铁三角理论，即基于洞察确定策略，在策略的引导下进行文案创作，创作出的文案影响受众的感知和行为，受众的行为再不断印证洞察。

电商文案面向的目标受众是产品的用户群体，洞察是通过文字等形式让消费者发现产品之间一些“不被察觉的真相”。不同商品、品牌都有针对的、固定的受众群体，因而文案创作要明确受众群体，分析其消费需求，考虑用户潜在阅读时长。

2. 制定策略，确定写作主题

电商文案写作的策略是围绕品牌定位、商业目标展开，文案是在策略的方向引导下进行的。

电商文案写作策略是创作者对与创作行为有关的一切活动的整体性把握，包括创作方向、选定的目标受众以及创作方式方法等。在做好受众分析，确定写作策略后，需要结合受众的购买动机及之前掌握的创意策略确定主题，再选择合适的主题表达方式，并根据主题构思场景。

3. 提炼概念

概念是策略到创意的关键所在，有了概念，策略和文案就有了灵魂。概念的提炼能力往往影响文案是否优秀。如何提炼概念，可以从以下三点入手：一是关注产品的核心卖点，也就是产品能给消费者带来什么改变；二是浓缩品牌的核心价值观，从品牌的价值观中浓缩出一个观点，使之与消费者产生共鸣；三是始终关注产品，概念只有结合产品卖点，才能让受众从对概念的认同转到对产品的认同。

4. 找准切入点，完善构思

电商文案写作的切入点，也是实现电商营销的关键点，只有找准切入点，才能有效地将文案内容与消费者需求联系起来，从而吸引消费者，激发其购买欲望。常见的切入点有：新闻故事“博”眼球、热门话题来“炒作”、日常生活寻“难点”制造冲突获关注、创设情境引共鸣等。

在确定写作切入点和内容后，就可以进行文案的具体写作了。写作主要包括标题写作和正文写作两部分。标题是消费者对文案的第一印象，正文是对标题的补充和阐明，二者相辅相成。创作者在下笔前、中、后，都需要按照一定的逻辑进行文案内容的构思，以完善文案内容，使文案表达效果更加出众。提纲是对构思的呈现，一般围绕文案主题和构思进行。有的文案需要展现许多卖点，可以按内容分类或内容呈现顺序制作一份文案提纲，梳理写作思路，不断填充细节。

（三）电商文案的写作要求

1. 标题要具吸引力

一般来说，标题的吸睛度越高，文章的点击率和阅读量越高，推广的信息越容易被消费者接受。标题要具备两个要素：一是内容的真实性，切忌为了吸引消费者而撰写虚假信息；二是具有利益点，让消费者感觉有利益可得。那如何在满足这两点基础上撰写吸引消费者的标题呢？可以从以下方面入手：

（1）制造冲突。文学常制造矛盾冲突表现对立两个方面，矛盾冲突越激烈，冲击力越大，越吸引人。文案创作中的冲突是指与消费者习惯认知不同的观点等，这种认知上的冲突可以打破消费者对已有事物的固有看法，吸引他们从新的角度认知事物。

（2）内容具象。标题内容要具象化，即将抽象的、难以捕捉的、无法理解的内容用直观、简明、具体的方式叙述，使消费者能够直接看见、容易理解。

（3）利益化。所谓的利益，可以是可能获得的好处、学到的技能、解决困境的方法等。利益是消费者最为关心的事情，在标题中如果能将消费者能获得的利益具体表现出来，就可以快速吸引其注意力。

（4）情感化。所谓的情感化，是通过情感的抒发与表达激起消费者的共鸣，通过情感唤起消费者心理与情感上的认同，激发消费者产生思考，从而提高他们对商品或信息的认同感。

2. 正文要具有可读性

电商文案是以标题吸引眼球，以内容质量取胜的一种营销方式，因而要注重内容的可读性，以增强消费者黏性。正文写作时，要从消费者自身需求出发，写出具有深度和创意的内容才能更好地吸引消费者阅读。

（1）契合消费者需求。作为商业营销的一种手段，电商文案要以消费者需求为中心，以消费者思维为立足点，读懂消费者，了解其需要，知道如何打动他们，从而引起他们对文案的理解与认同。文案常见的写法是唤起消费者某种需求，如商品功能类表面需求、商品诉求类情感需求、品牌文化内涵类的自我实现需求等，接着满足这种需求。

（2）提升内容趣味性。消费者喜欢阅读具有趣味性的内容，因而可以适当将内容趣味化、娱乐化。例如，2018 年农夫山泉联合故宫文化服务中心推出一款限量版瓶身包装“故宫瓶”。其包装一共 9 种，每种包装上都有一个人物画像和一句主题文案，并根据主题文案展开一系列对应的人物独白文案。其文案用语诙谐优美，趣味横生，一经推出就吸引广大网友的注意。

（3）独具创意。随着电商的不断发展壮大，文案的作用也越来越大，独具创意是提升文案吸引力的重要因素。创意可以是独特的写作手法，也可以是夸张的图片设计，也可以是别具一格的内容，只要是能够令人眼前一亮的东西都能在某种程度上刺激消费者思维，使他们产生新鲜感。

二、微博推广文案

（一）概述

微博是微型博客的简称，是一个基于社交关系进行简短信息的获取、分享与传播的广播式社交网络平台，属于博客的一种。例如，作为受欢迎的社交平台之一，其在线注册的用户类型非常广泛，微博用户、企业微博用户、政务微博用户、组织机构微博用户和临时微博用户等。不管哪种类型的微博，微博主都可以通过写作文案来进行营销推广。

微博推广文案注重价值的传递、内容的互动、系统的布局和准确的定位，其文案类型根据微博的不同表现形式主要分为短微博、长文章和话题。创作者要熟悉微博文案的写作和推广方法，以吸引更多的用户成为消费者。

（二）微博推广文案的写法

案例点评

三只松鼠推广文案

运动的风在这个夏天，
终究还是吹进了松鼠窝，
凭借阿鼠我这么多年减脂（不）成功的经验，
终于明白原来减肥的真谛就在于少吃，
所以，这款奇亚籽紫薯吐司是减脂人的梦中情餐吧。
绵软面包胚带着紫薯的清甜香气，
搭配口感清脆奇亚籽，饱腹感十足哦！
蔗糖 0 添加，配料表超干净，饱腹感十足哦！
随手一块，充能解馋又扛饿。
资料来源：https://weibo.com/2559971200/OndQNcmwa.

想一想：

这则微博推广文案叙述角度是什么？有何效果？

评一评：

这则文案以第一人称，从日常生活的角度写作，以散文诗化手法营造了一个夏日午后场景：运动后，一只胖胖松鼠慵懒地吃着零食，惬意而享受。以“运动+零食”对比组合吸引特定目标人群，软文广告植入有情感、有画面，生动有趣，且针对性强。

小任务

请为外卖平台写一篇微博推广文案。要求语言简洁幽默，能使消费者加深对该外卖平台产品干净、便宜和便捷的特点，从而激发他们的消费欲望。

工具箱

一篇能够吸引受众注意力甚至成为网络新热点的微博文案，往往具备转化为企业利润和收益的价值。因此，微博推广文案具有短小精悍、主题鲜明、即时传播等写作特点。常见的写作方法如下：

1. 新闻故事

不同寻常和不可思议的事情往往能够引发人们的好奇心理，特别是新闻这具有话题性的内容，非常具有可读性，能够快速吸引用户的注意力。通过将要营销的产品包装成吸引人眼球的新闻故事，采用对话、描写和场景设置方式，在展现事件情节和细节的同时，凸显事件中隐含的目标来推广产品故事类的微博文案写作需要注意以下四点：

（1）可读性。采用新闻故事的写作方法能够更好地进行消息的传播，让人们快速查看发的消息，并极大地丰富消息的背景，增加人们谈论的资本。采用这种方法要特别注意语言的描述，要让用户在环环相扣的故事讲述过程中产生新鲜感与好奇感，增加文案的可读性。

（2）亲近性。大部分的消费者都不喜欢广告类的微博，因此，要尽量通过较为日常与生活化的方式来进行描述，增加微博文案的生活气息，让人们有一种身临其境的感觉，拉近与消费者之间的距离。

（3）真实性。既然文案来源于新闻，就必须保证其真实性，不能为了博眼球而夸大事实，欺骗消费者。

（4）叙述角度。新闻事件的主体是人，因此要从人的角度（如人的性格、生存环境等）来进行写作，使新闻故事具有感染力。

2. 热门话题

微博中的热门话题往往是一段时间内大多数用户关注的焦点，凭借话题的高关注度进行产品或服务的宣传，可以快速获得人们的关注。热门话题营销是一种借势营销，在选择话题时，还应注意热门话题的时效性，不能选择时间久远的话题。热门话题营销还要注意文案的措辞，不能使用生硬、低俗的话语进行牵强附会的关联，一定要保证文案与话题之间的自然关联与协调，不能引起用户的反感。

3. 疑难解答

微博推广文案要引起用户的关注，其素材除了选取新闻故事、热门话题外，还可选取与用户工作、生活息息相关的话题或普遍面临的问题、难题。文案创作者若能针对这些问题给出良好的解决方案，就可以得到用户的认可。例如，某则微博文案，它通过直截了当的方式，分享了一个将文件 PDF 格式转化为 Word 格式的网站，因其内容的实用性，既为网站进行了宣传，也增加了用户对该微博文案的好感。

4. 趣味内容

当娱乐成为社会生活的重要元素之一，营销也越来越倾向于娱乐化、趣味化，微博也不例外，娱乐性和趣味性的话题更容易得到广泛和快速的传播，将推广营销信息巧妙地融合在趣味的情节中，可以成为吸引用户关注的有效方式。

除了趣味性的文本内容，微博推广文案还可以为微博搭配有趣、好看的图片来吸引用户。与文字相比，图片的表现能力更强，可以带给用户良好的视觉体验。图片类文案大多数只包含关键文案，句子简短精练，或具有创意，或轻松诙谐，非常方便用户快速阅读，比起文字，更容易引起广泛的传播。

三、电商品牌故事文案

（一）概述

电商品牌故事文案塑造的是一种更深层次的营销方式，以营造文化氛围的方式来提升品牌和产品的内涵，以达到吸引消费者的目的。电商品牌故事文案能很好地树立起品牌的公众形象，为产品赋予鲜活的生命力，激发消费者对产品的认同，利于品牌的传播，便于消费者铭记于心。好的电商品牌故事文案代表着品牌对消费者利益和服务的承诺，让消费者感受到自己所拥有的一种特殊的价值。

（二）电商品牌故事文案的写作要求

案例点评

“张小泉”品牌的品牌故事文案

张小泉剪刀源于一个与乌蛇有关的民间传说。

传说一名叫“张小泉”的铁匠和他的几个儿子在杭州大井巷开了一家铁匠铺。在铁匠铺附近有一口井，井水清冽甘甜，附近的百姓都靠这口井的水生活。有一天，人们忽然发现这口井的水变得很浑浊，翻着泡沫，还散发出刺鼻的气味。前来围观的百姓都很惊慌，不知道出了什么事情。这时一位长者告诉大伙说：“这口井是通钱塘江的，江里有两条乌蛇，每隔一千年就会钻到这口井里来生小乌蛇。现在井水变坏了，有可能就是它们来了。”大伙听了长者的话，都非常焦虑。

精通水性的张小泉听说了此事后，自告奋勇要去井底看看。于是张小泉叫儿子买来了雄黄酒，喝了之后，便系上绳子，拿上大锤，跳进井里。在井下张小泉果然发现了两条紧紧盘绕在一起的乌蛇，张小泉眼明手快，果断地举起大锤朝着两条乌蛇的颈脖处砸去。张小泉除掉了乌蛇，井水也重新恢复了清澈。

被张小泉砸死的两条乌蛇修炼了几千年，早已炼成钢筋铁骨了。随后张小泉和儿子们把死蛇拖回家，喜欢思考和创造的张小泉，见蛇尾弯曲，不由得灵光一现。他画了一个图样，并按图样在蛇颈相交的地方安上一枚钉子。把蛇尾弯过来的地方做成把手，又把蛇颈上面的一段敲扁，打磨光滑。这就成了张小泉造出的第一把大剪刀。

在这之前是没有剪刀这种物品的，人们要裁衣或者要断线都只能使用刀子。自从张小泉制造出了剪刀以后，大家裁衣、断线就方便多了，因此，使用剪刀的人也越来越多。后来，张小泉的铁匠铺也不再制作售卖别的铁器了，就专门制作售卖剪刀。

想一想：

“张小泉”的品牌故事文案是如何吸引消费者的？

评一评：

在这个民间传说故事里，张小泉剪刀的来历很神奇，若是没有这个传说，谁能想到剪刀与乌蛇的关系呢。这个传说故事，不仅让消费者了解了张小泉剪刀的来历，还歌颂与赞美了剪刀业的代表者张小泉的勇敢与才华。虽然故事可能只是一个传说而已，故事的真实性无法去考证，但它向人们展示的情感是真实的。

小任务

M企业是一家专门生产、销售花生油的电商企业，该企业从种植、收割到压榨装瓶，全程严格遵循传统的生产制作过程。请根据所学的知识，为M企业撰写一篇品牌故事文案，尽量让消费者融入故事，并对该电商品牌产生好感。

工具箱

创作品牌故事文案时，不仅需要创作者掌握基本的写作方法，还需要创作者具有一定的广告创意、文字功底以及知识积累等素质。创作品牌故事文案时，写作要求如下：

1. 选择有趣的故事素材

品牌故事首先必须是一个“故事”，而写故事则需要有好的素材。故事化的沟通是传递信息的最佳方式之一，大多数人都喜欢听一些有意思的事。文案创作者如果选择有意思的故事作为品牌故事的素材，那么创作出来的故事文案往往能获得更多消费者的喜爱和认可。

2. 契合消费者的心理需求

生动的、能激发情感的内容信息更容易给人们留下深刻的印象。如果品牌故事能够激起消费者强烈的情绪，无论这种情绪是悲伤的、喜悦的、感人的、冷酷的、狂喜的或是愤怒的，只要这种情绪足够强烈，就容易使消费者对品牌和产品产生深刻的印象。

消费者的心理需求其实是具有一定的共性和规律的，消费者都渴望内心世界被关怀、渴望舒适，优秀的品牌故事要契合众多消费者的这些共同的心理需求。

3. 展示具有吸引力的利益点

在品牌故事文案中一般都会表现品牌赋予消费者的某些利益点，只有将这些利益点描写得足够有吸引力，才能有效地发挥品牌故事的宣传效果。通常，文案创作者在撰写品牌故事文案时会通过两种方式来发挥利益点的吸引力：一是直接告诉消费者品牌的功效；二是通过故事间接地让消费者对品牌产品感情。例如，某乳制品，在其品牌故事文案中采用了最简单直接的叙述方式向消费者介绍了该品牌对牛奶严苛的金牌标准，对于那些对牛奶品质感到担忧的消费者来说，这样的描述正好契合了他们的痛点，因此，该品牌故事文案也就具有了更强的吸引力。

4. 提升故事的可分享性

在互联网传播时代，品牌故事文案不仅要能够吸引大众进行阅读，还要能够被分享和传播。因此，文案创作者在撰写品牌故事文案时，还要注意提升品牌故事可分享性。

四、电商软文

（一）概述

软文类文案即软性广告文案，是指不直接介绍产品或品牌信息，而是通过故事、情景等看似与产品无关的内容，间接介绍产品或品牌的一种推广营销文案。与直接宣传产品或品牌的硬广告文案相比而言，软文类文案能够起到“润物无声”的传播效果，使消费者在不知不觉中被文案的内容所吸引，从而走进商家所设定好的“思维圈”中，产生购买产品的欲望和行为。

软文类文案注重消费者的感受和体验，能够让消费者主动地接受商家所传播的产品和品牌的信息。软文类文案具有互动性强、性价比高等优势，是目前很多的电商商家都非常喜欢的一种营销文案模式。软文类文案同样需要通过各种网络渠道进行宣传，电商商家可以将文案发布到各种平台中，比如微博、微信、资讯类网站、社群等平台。

（二）电商软文的写作要求

案例点评

《油烟情书》文案

丈夫：两个人相遇，就像两种食材，从天南海北，来到了一口锅里。

妻子：那年下乡，我嘴馋，你嘴笨，每次你要讨好我，就会给我做些叫不出名字的东西。哼，果然，食物中毒了。

丈夫：得亏了这次中毒，我终于有机会在诊所和你朝夕相处了。

妻子：可是，刚在一起，没多久你就回了城。186 天，每天给你一封信，对未来却越来越没有自信。

丈夫：想你的时候，就做个你爱吃的菜。思念和油烟，也说不清哪个更浓。

妻子：记得那天，你突然出现在我面前，说，结婚吧，要是我还敢吃你做的菜。

丈夫：就这样，我们过起了柴米油盐的日子。锅碗瓢盆里，装满了苦辣酸甜。

妻子：你再忙也会回家做饭。你说你爱吃青椒，把肉丝都留给了我。

妻子：后来，我们俩变成了我们仨。

丈夫：我就再也没有和你吵过架，一对二，我赢不了的。

老婆：时间走得太快，我没还吃够你做的菜，牙齿就快掉光了。

丈夫：你还是每天给我写信，字还是那么秀气，只可惜，我戴着老花镜也看不大清。

妻子：50 年了，我给你写过 1 872 封信，你做饭时升腾的油烟，就是你一天三封回我的情书。

第三人称解说：

我们上门收集方太油烟机油盒中累积的废油，转化为油墨，印成这本油烟情书。

因为，油烟是爱的印记。

爱，值得我们铭记。

画外音：

方太智能油烟机，四面八方不跑烟。

为你吸除油烟危害，只留下柴米油盐中的爱。

想一想：

这篇文案为何能引起消费者情感共鸣？

评一评：

本片由新片场创作人@付彬彬执导，根据李建国、丁琳夫妇50年的来往书信制作。短片以手写书信、钢笔、纸卷为背景，配合男女声旁白，将二人多年的生活缓缓道来。既创造了视觉上的趣味，又以平实的细腻的叙述传递了夫妻多年浓厚踏实的感情。五十年的信就是我大大的世界，里面有不变的深情和身边的你。方太以《油烟情书》广告戳中了凡夫俗子的心！这支广告不仅有韵味，还格外精巧。因为无论是从拍摄的形式上，还是创意的观念转换上，又或者是站在与国人做情感沟通的话术上，它都有让人动容的一面。

小任务

某电商想要推出一款小型家用电饭煲，其产品特点为老式小型，适合家用及宿舍使用，多功能，容量1升，请你针对产品构思一篇电商软文。

工具箱

一般而言，电商软文的写作没有固定的格式，但在写作时需要注意以下方面：

1. 打动消费者的四个要点

写作软文就是为了得到消费者的认可，以达到宣传产品或服务的目的。因此，软文一定要从消费者可以接受和信服的角度来撰写，这样才可能得到他们的认可，文案创作者可以从消费者的心理需求出发来进行研究，以及抓住下面四个要点，快速创作出打动消费者的软文。

（1）安全感。每个人都渴望安全感，因为安全感能让人放心、舒心。在写作软文时也可以通过软文给消费者带来安全感，一般的写法是将产品的功效和安全性结合起来。比如，某新型电热毯的销售软文，就可以从电热毯的温度可以调节、没有辐射、可定时断电等方面来展开描写，因为这是目前普通电热毯可能忽略的问题。如果产品能够符合消费者的需求，从根本上有效解决消费者担心的问题，那么就会获得良好的销量反馈。也可以从反面的角度来说明安全性。

（2）价值感。得到别人的认可会使一个人发自内心地感到高兴，并获得一种实现自我价值的满足感。写作软文时，将产品与个人价值结合起来，从消费者的价值体现上去打动他们，不仅可以得到消费者的认可，还能激发他们购买产品的决心。

（3）支配感。每个人都喜欢自己处理自己的事情，不喜欢他人从中干涉。这不仅是对自己生活的一种掌控，也是对生活的自信。写软文时也要考虑消费者的支配欲望，不要以太过强硬的语言来描写或强调消费者应该怎么做。

（4）归属感。归属感其实就是人的标签，使软文具有归属感就是要针对消费者的具体定位来进行软文写作。比如年轻人喜欢比较时尚、流行的东西，成功人士喜欢比较沉稳、大方的东西，文艺的人比较喜欢清晰、自然的东西，关键是要将产品和消费者的喜好、定位结合起来，这样才能达到打动消费者的目的。

2. 数据具体化更具说服力

互联网大数据的应用，使得信息与数据越来越透明、公开。当文章中出现数据信息时，不要以模糊的口吻来描述，而是要以具体的数字来表现。比如，描述一件兔毛的围巾时有以下两种表述：

该围巾的兔毛含量较高，纯度较高。

通常围巾的兔毛含量为 50%，而我们的围巾经检测后的兔毛含量为 80%。

显然，第二种表述方法更能体现产品的特点，也更容易让消费者信服。

如果文章中需要表述时间，也需要做到具体化。比如，某产品的促销活动有如下两种表述方法：

本次活动一直持续到月底结束。

感谢大家的积极参与，本次活动将于本月 28 日结束。

显然也是第二种表述更好。

文案创作者在撰写软文时也可以通过第三方来侧面论证自己提出的观点。如果第三方比较有知名度或能够在网络上检索到，则一定要清楚地表述第三方的信息，这样可以增加文章的可信度，更容易使消费者信服。

3. 利用多种元素增强感染力

如果写出来的软文空洞乏味，缺少感染力，那么文章的可读性和耐读性就会很低，也就不能吸引消费者的阅读欲望，得不到他们的认可。要想写出富有感染力的软文，文案创作者一定要对事物具有很高的敏感度，要能够捕捉到生活中的一些敏感点，要善于采纳他人的优秀想法，寻找共鸣点；写作一些富有真实情感的文章，如与亲情、爱情、友情等相关的内容。

任务小结

微信、微博和网络直播等新媒体平台的飞速发展，商务网络文案的重要性日益突显，它不仅是个人或企业用于联系业务、洽谈生意、磋商问题、沟通信息的重要工具，也是展现企业文化和品牌形象，引起消费者的注意，激发消费者的购买欲望，从而达到促进产品销售、塑造品牌形象的有效途径。创作商务网络文案时，不仅要掌握不同的文案的创作特点、创作思路和创作方法，还要创作出有针对性的、有水平的、有创意的文案，提升文案的创作能力。

同步训练

一、概念解释

电子邮件　新媒体文书　电商文案　微博推广文案　电商软文

二、复习思考

1. 网络新媒体文书写作特点有哪些？
2. 你认为电子邮件和普通信件有什么区别？
3. 博客的写作要求有哪些？
4. 网络短信写作要求是什么？
5. 电商文案的写作要求有哪些？
6. 创作品牌故事文案，可以从哪些方面入手？
7. 电商软文打动消费者的四个要点有哪些？

三、问题诊断

张三想要应聘杰出电脑公司，他为此通过电子邮件向杰出电脑公司经理写了一封求职信，原文是这样写的：

杰出电脑公司人事部经理：

您好！

在报纸里看到你们公司的招聘启事，我对营销主管一职很感兴趣。我现年24岁，今年毕业于北京外国语大学国际贸易系。大学期间，我的成绩非常好，每年都拿到了奖学金。业余时间，我还积极参加社会实践，暑假经常在一家贸易公司打工。还有，我一直对计算机感兴趣，曾参加过计算机课程的学习。

相信根据我的经验和努力，一定能给你们公司带来效益。希望你们给我这样的机会，如能被录用，我将非常感谢。我的电话是：0111312456，电子邮箱：wan12@hotmail..com，希望你们快点儿回答。

信的后面有简历一份和复印好的获奖证书。

祝

工作顺利！

张三

2022—12—6

请说说张三这封电子邮件有什么错误，请你帮帮张三修改邮件。

实训设计

1. 实训目的

掌握微博推广文案写作的方法。

2. 实训项目

每年的“双 11”，都是淘宝、天猫众多商家开展大促销活动的日子，也是消费者购物频率和购物数量集中爆发的日子。由于“双 11”带来的巨大客流量和成交量，许多卖家要提前 1 个月甚至几个月开始着手备货、核算、策划活动等工作，火热备战“双 11”。为了迎接“双 11”购物狂欢，现要求文案创作者利用微博为某服装电商进行推广宣传，通过前期造势引流来增加店铺和商品的流量和热度，为“双 11”大促活动吸引流量进行预热。

文案创作者在写作推广文案前需要先明确本次预热活动的目的和相关信息，以确定推广的方式及手段，可以从以下几点入手：

（1）商品人气推广。由于本次推广的商家主要销售服装，“双 11”又是秋冬交替之际，因此主推商品为秋冬新品，推广的目的是增加商品的收藏量和人气，可以通过转发、评论抽奖的方式来激发用户的参与热情。

（2）活动和品牌推广。“双 11”本身具有很高的关注度，可以利用“双 11”活动的热度来进行品牌信息的推广，因此可通过带话题来增加热度，同时建议搭配美观的活动图片，并在图片中植入品牌和商品信息。

（3）用户累积。“双 11”活动需要吸引大量的用户才能为活动预热做好准备，因此，可通过微博长文章发布专业知识来累积用户，增加粉丝并吸引更多粉丝参与活动，增加人气。

3. 实训思路

让学生自由结组，每小组任选一点，构思微博推广文案。

4. 实训做法

（1）指导学生了解相关信息，做好实训前准备，明确创作目的。

（2）教师可提供文案范文，各小组可参考其写作方法或展开自己的创意进行创作。

（3）各小组在微博文案中添加商品链接，公开发布，测试微博推广文案的效果。

拓展阅读

电商文案之战

2013 年“6·18”电商价格战前夕，京东商城、天猫商城、苏宁易购等电商平台进行了大规模促销活动。在此次促销活动前夕，出现了一个现象：几乎所有大型电商平台的宣传文案都不再采用堆积产品的设计图，也没有明确的促销价格或折扣，而是采用以宣传语结合关键字的文案方式从心理学的角度加深用户对广告的印象。京东——别闹，苏宁易购——别慌，当当网——都别吵，国美——都别装，1 号店——都别信……这样的字眼出现在微博上，连行业内的不少人士都大吃一惊，新颖的文案方式一出现，立即吸引了广大网友的关注，该文案迅速得到转载与传播。

早在 2013 年之前，电商文案的个性化之战已经打响，这说明，电商文案要吸引消费者，不仅要从实用的角度出发，还要从创意设计着手，通过创意带来营销价值，通过文案说服消费者认可品牌并购买产品。

电商文案创作者不仅需要掌握文案的写作方法，还需要了解什么是电商文案，电商文案有哪些常见类型，以及优秀电商文案的特征和电商文案写作的误区。只有这样，电商文案创作者才能写出对消费者有吸引力的电商文案。一篇能够吸引受众注意力甚至成为网络新热点的微博文案，往往具备转化为企业利润和收益的价值。

参 考 文 献

［1］ 刘宏彬. 新编应用文写作教程. 北京：新华出版社，2008.
［2］ 郝立新. 经济应用文写作. 北京：清华大学出版社，2014.
［3］ 张耀辉，雷桂萍，徐中玉. 应用写作. 北京：高等教育出版社，2015.
［4］ 戴永明. 财经写作. 北京：高等教育出版社，2014.
［5］ 傅德岷，杨爱平，郑江义. 写作基础教程. 5 版. 重庆：重庆大学出版社，2013.
［6］ 许瑞蓉. 职场应用文写作训练教程. 重庆：重庆大学出版社，2012.
［7］ 杨群欢，李强华. 秘书理论与实务. 重庆：重庆大学出版社，2015.
［8］ 李艳婷. 应用文书写作. 上海：上海财经大学出版社，2012.
［9］ 何映红. 经济实用写作. 2 版. 上海：上海财经大学出版社，2013.
［10］ 张振华. 经济应用文写作教程. 北京：化学工业出版社，2011.
［11］ 施新. 实用商务文书写作. 北京：中国纺织出版社，2010.
［12］ 姬瑞环，卢颖，崔德立. 商务文书写作与处理. 3 版. 北京：中国人民大学出版社，2012.
［13］ 姬瑞环，张虹. 公文写作与处理. 4 版. 北京：中国人民大学出版社，2014.
［14］ 刘访. 党政机关公文处理工作条例精解与范例. 2 版. 北京：中国法制出版社，2014.
［15］ 陈涛涛. 党政机关公文写作处理规范方法与范本. 北京：中国法制出版社，2015.
［16］ 范卫锋. 新媒体十讲. 北京：中信出版集团，2015.
［17］ 冯章，等. 商务策划书写作范本. 2 版. 北京：经济管理出版社，2013.
［18］ 邹爱华，彭彦. 法律文书写作. 武汉：武汉大学出版社，2012.
［19］ 马宏俊，程滔. 法律文书写作与训练. 3 版. 北京：中国人民大学出版社，2013.
［20］ 包朗，王欣妮，金红华. 应用文写作. 南京：东南大学出版社，2015.
［21］ 母忠华，徐涛，唐建强. 大学应用文写作. 长沙：湖南师范大学出版社，2019.
［22］ 陈德余. 财经应用文写作. 成都：西南财经大学出版社，2022.
［23］ 肖琳，缪春光. 经济应用文写作. 北京：中国铁道出版社，2021.
［24］ 刘春玲. 财经应用文写作. 北京：人民邮电出版社，2021.
［25］ 彭海河. 新编经济应用文读写教程. 北京：北京理工大学出版社，2021.
［26］ 王茜，冯志英，崔丽. 财经应用文写作. 北京：清华大学出版社，2020.
［27］ 赵玉芬. 财经应用文写作. 北京：高等教育出版社，2019.
［28］ 蒋晖，三虎. 新电商文案写作. 北京：人民邮电出版社，2020.
［29］ 喻红艳，陈庆盛. 电商文案创意与写作. 北京：人民邮电出版社，2020.
［30］ 廖敏慧，吴敏，李乐. 电子商务文案策划与写作. 北京：人民邮电出版社，2019.